高原地区教育政策研究丛书
洪成文　主编

青藏高原民族教育政策研究

（1978—2021）

张春海　著

学苑出版社

图书在版编目（CIP）数据

青藏高原民族教育政策研究：1978—2021 / 张春海著. —北京：学苑出版社，2021.12
（高原地区教育政策研究丛书 / 洪成文主编）
ISBN 978-7-5077-6354-6

Ⅰ. ①青… Ⅱ. ①张… Ⅲ. ①青藏高原—少数民族教育—教育政策—研究—1978-2021 Ⅳ. ① G759.2

中国版本图书馆 CIP 数据核字（2022）第 009252 号

责任编辑：任彦霞
出版发行：学苑出版社
社　　　址：北京市丰台区南方庄 2 号院 1 号楼
邮政编码：100079
网　　　址：www.book001.com
电子信箱：xueyuanpress@163.com
联系电话：010-67601101（营销部）、010-67603091（总编室）
印　刷　厂：北京建宏印刷有限公司
开本尺寸：787×1092　1/16
印　　　张：20.25
字　　　数：292 千字
版　　　次：2022 年 1 月第 1 版
印　　　次：2022 年 1 月第 1 次印刷
定　　　价：72.00 元

编 委 会

总顾问 顾明远

委　员（以姓氏笔画排序）

　　　　　王　鉴　史培军　朱旭东
　　　　　刘旭东　苏　德　李晓华
　　　　　洪成文　梅　岩　曹昱源
　　　　　管培俊

总　序

　　党的十八大以来，习近平总书记多次到西部地区视察调研，深入基层和边疆一线，发表了系列重要讲话，为新时代西部大开发指明了方向，提供了基本原则。党的十九大明确提出，强化举措推进西部大开发形成新格局。2020年5月，中共中央、国务院在系统总结西部大开发战略实施经验基础上，顺应中国特色社会主义进入新时代、区域协调发展进入新阶段的新要求，统筹国内国际两个大局，发布了《关于新时代推进西部大开发形成新格局的指导意见》，这对于推动高原地区高质量发展、决胜全面建成小康社会、开启全面建设社会主义现代化国家新征程具有重要意义。

　　我国有青藏、黄土、云贵和内蒙古四大高原，高原地区虽然是中国地理的脊梁，但教育事业的发展却相对滞后。改革开放以来，党中央一直关心高原地区教育的发展，教育事业从入学率的提升，到教育质量的提高和教育均衡战略的实施，都取得了世人瞩目的成就。然而与东部发达地区相比，高原地区的经济发展和教育事业发展还是有差距的。如何缩小差距，现行的政策有哪些需要调整，如何在政策思想和手段方面不断创新，以更好地满足高原地区教育事业发展的需求，是高原地区教育研究者绕不过去的大难题。高原地区的发展与教育发展息息相关，没有教育事业的发展，就没有高原地区的经济社会发展。教育发展又与教育政策息息相关，没有良好的政策和举措，就不会有教育的良好发展。因此，如何对既往的教育

政策加以反思，如何创新当下的教育政策，如何为高原发展提供更好的政策思想和动议，都是当前需要做的紧迫工作。

在党中央提出的"两个一百年"宏伟目标的指引下，本着对高原地区教育发展的一腔热血，青海师范大学组织力量编写这套《高原地区教育政策研究丛书》（以下简称《丛书》），不仅是对高原地区教育在新时代如何更好发展的积极回应，也是对高原地区教育政策的一次系统性梳理，是高原地区教育研究的一个大手笔。应编辑部邀请，我欣然作序。

我认为，这套丛书的特点可以概括为三个方面：一是视角创新，二是内容聚焦，三是时机恰当。第一，这是改革开放以来第一套系统整理和研究高原地区的教育政策的丛书。《丛书》的出版将为高原地区教育研究和政策咨询提供系统性的资料，同时也会为促进高原地区教育政策的研究产生积极的影响，从这个角度看，这套丛书的研究视角具有独特性和创新性。第二，《丛书》丰富了我国区域研究的内容，填补了区域教育政策研究的空白，立足于高原地区教育发展，关注高原教育政策，内容具有很强的针对性。第三，《丛书》的编辑和出版恰逢建党百年、教育现代化的纲领刚刚颁布之际，从建党的角度看，有必要系统梳理一下党中央关心高原地区教育的政策和举措；从教育现代化的角度看，高原的教育现代化是全国教育现代化的短板，没有高原的教育现代化，就没有教育现代化的真正实现。研究高原教育现代化，就是要破解中国教育的难题，为高原教育现代化提供研究咨询，就是办大事，办实事，办好事，《丛书》的出版可谓恰逢其时。

《丛书》的第一批选题包括基础教育政策、高等教育政策和职业教育政策。待出版后，第二批的成果将逐渐拓展到高原教育发展的更多方面。如果合适的话，建议以后每五年编辑出版一次，让《丛书》发展成一个连绵不断的教育发展宝库、教育研究的数据库和资源中心。

这套丛书从编辑到出版，编辑委员会和出版社的相关同志都做出了巨大的努力，为全套丛书的出版贡献了各自的智慧。特别要感谢青海师范大学高原科学与可持续发展研究院对该丛书的大力支持。书中可能存在这样和那样的问题，恳请各位读者不吝赐教，让丛书不断提高水平，更好地满足不同层次读者的要求。

瞿振元

庚子年　季秋

（瞿振元，国家教育咨询委员会委员，中国高等教育学会原会长，第十、十一届全国政协委员）

序　言

教育发展在现代化国家建设中有着举足轻重的作用和价值，自新中国成立以来，党和国家就高度重视教育事业的发展，在党的十三大报告中指出"百年大计，教育为本"，在党的十九大报告中指出"教育是国之大计，党之大计"。教育事业的发展和质量提升离不开教育政策的支持。教育政策是教育政策主体在一定时期内为实现特定教育目标而制定的行动准则和行动规范，具有合法性、权威性、政治性、价值性和目标性特质。青藏高原民族地区的教育事业受地域、文化、人口结构和经济等方面的影响，与其他地区的教育事业发展呈现出相对独特的性状，在长期的历史进程中能够得到持续、有效、稳定的发展，主要依靠党和国家的教育政策来推动，加上当地人民群众的智慧，以达成青藏高原民族地区教育事业的规制和教育秩序的坚守，从而保障了青藏高原各民族群众的受教育权和国家教育主权的维护。张春海博士这一研究成果的出版，恰恰能弥补我们当下在青藏高原民族地区教育研究方面的不足，对于高原教育政策研究，有奠基性价值。

我与他的相识源于2018年我响应党中央"对口援青"战略部署来到青海这片西部热土之际。立足高原教育发展，青海省人民政府和北京师范大学共同成立高原科学可持续发展研究院，我有幸成为研究院中高原教育政策研究团队的带头人。在带团队的过程中，在指导做研究的过程中，我对青海师范大学教育学院各位同仁的研究有了进一步的了解，当我提议出版高原地区教育系列丛书时，春海表现出高度的研究兴趣并积极谋篇布局，研究过程中

我也给予了他多次建议和指导。此书立足于青藏高原多民族多文化的实际，在民族教育政策研究上取得一定的突破，今日见到此书付梓，我甚是欣慰，当受邀为此书作序，我欣然应允。

本书对青藏高原民族地区教育政策的研究具有以下几方面的深远意义。

其一，梳理青藏高原民族地区的教育政策可以系统阐阅我国教育政策的变迁演变历程。教育政策作为一种具体的规制形态，不仅对教育事业发展有着显著的促进作用，而且也是国家教育事业发展历史当中的重要组成部分，系统梳理特定地区的教育政策能够让人们对不同时期面向青藏高原民族地区颁布的教育经费政策、人才培养政策和管理体制政策等内容有详细的了解。

其二，可以系统地论证面向青藏高原民族地区教育政策对地区教育事业发展的促进作用。作为对教育资源进行权威性分配和宏观调控的教育政策，其关乎教育的持续发展，对特定地区的教育事业发展有着直接影响，甚至对国家整体教育的发展都有着深远的意义，理论和实践都证明面向青藏高原民族地区制定的教育政策具有强大的效力，具有显著推动教育事业发展的作用。

其三，能够为青藏高原民族地区未来教育政策的制定提供民主化、制度化和科学化的路径咨询。"没有对教育政策的研究就不可能产生良好的政策，不关心教育政策的研究就难以成为有价值的研究。"随着教育政策愈发规范，教育政策在制定时就必须与原有政策形成有序的衔接和科学的创新。对青藏高原民族地区教育政策的系统研究，可以从过去"既知的"经验形成面向未来"未知的"合理的教育政策制定。

其四，有利于树立民族地区教育研究者的政策自信，提高其参与当地教育决策的积极性。任何政策决策，从过程上来讲，可以分为教育政策研究和咨询阶段、教育决策阶段和教育政策实施阶段。要提高政策的科学性、有效性和地区的适切性，不仅需要当地教育科学研究者参与咨询，而且也需要对政策提供更多研究成果，在当前情况下，决策部门需要的是来自当地的基于证据本位的研究成果。所有这些都需要有更多的年轻人参与到高原教育政策的研究中。研究得越深入，证据越有说服力，参与决策的能力就会越强，参与决策的机会就会越多。

本书作者出生于青藏高原地区，并生活于青藏多民族多文化的现实场景中，故他对少数民族教育和少数民族教育政策理解都是颇有见地和心得，所以无论从行文还是释义都做到了深入浅出、融会贯通。其中在很多政策文件的内容分析和要理解析于平白处见奇崛，以专业的学术见地和宏阔的政策视野创出了一部让人欲释卷而不能的专著。本专著将青藏高原民族地区的教育政策变革从改革开放四十年以来的国家教育政策中做了很好的抽离，以专业的教育政策视角作为勃兴之经。在国家教育政策整体框架下，将青藏高原民族地区教育政策分为恢复与发展教育事业时期、教育体制改革初步探索时期、建立与社会主义市场经济体制相适应的教育改革时期为主要的政策时间节点，系统地梳理和分析了不同时期的关键性政策文件，把青藏高原民族地区教育政策的来龙去脉、精髓及其挑战与应对展示得非常清晰准确。

此外，专著以政策渐进的时序为轴线，对不同时期青藏高原民族地区的学校与政府关系的政策、国家通用语言和双语教育政策、教师发展政策、青藏高原民族地区学生权利政策、教育信息化政策、教育扶贫政策、教育公平政策、基础教育质量提升政策以及高质量的教育发展展望等进行了详尽的梳理。以教育政策研究的基本范式为逻辑主线，以"分化－渐进"和"贯通－综合"的思想表达方式对青藏高原民族地区的教育政策的变迁历史给出了简洁且完整的界定，使得著作做到了既深入完整又保证了可读性和客观思维空间。在"教育政策行动"的微观研究中切入对"教育政策事实"的宏观探讨，总体上表达了作者对教育政策知识体系的逻辑演绎方式。

对于这样一部面向青藏高原民族地区的教育政策研究的著作，不应该求全苛责，因为教育政策是一个内容极其丰富的概念，尤其是具有独特性的青藏高原民族地区的教育政策，内部不仅包含着普遍意义上的教育事业发展的促进政策、规制政策、保障政策等，还包括一些针对地域和民族等的特殊性教育政策，本来就容易受限于著作的文体容量和既有研究成果的观点等，难以做到详尽且全面。尽管如此，本书也不是完美之作，该书还是存在一些缺点，恭请大家不能不保持着批判性的态度。首先，教育政策的研究可以划分为内容的文本分析和整体结构或者说是总体格调的研究，两种研究方式框架之下又有着不同的研究思路和理论支撑，但在本专著当中，尽管对不同时期政府面向青藏高原民族地区的教育政策内容进行了搜集和整理，但从研究的规范性和研究的深度上来讲，仍有待进一步加强。其次，专著在内容结构的布局上略显松散，例如第十章，其中涉及和表达的内容其实并不属于教育政策，而是一种当前或者未来教育综合改革和政策供给的主要方向，可以理解为教育政策所要秉持的理念或原则，而非教育政策。另外在一些学术语言的表达上也有进一步完善的空间。

然而，瑕不掩瑜，可以说该专著确实是当前教育政策领域一部相对力作。它将青藏高原民族地区这一特定地区的教育政策与教育事实相勾连，对相关的教育政策进行了系统的梳理，同时面向未来国家整体或者民族地区教育事业发展的诉求和基本原则，提出了相应的建议和对策，为教育政策相关专业的学习者和研究者提供了良好的学习素材和范式指引。值得向相关专业的研究生和本科生以及同行推荐。

北京师范大学教授　洪成文

2021 年 8 月 10 日

目 录

第一章 回顾与展望 …………………………………………………… / 1
 第一节 恢复与发展教育事业时期的青藏高原民族教育政策
   （1978年—1985年）………………………………………… / 3
 第二节 教育体制改革初步探索时期的青藏高原民族教育政策
   （1986年—1991年）………………………………………… / 10
 第三节 与社会主义市场经济体制相适应的教育体制及其政策
   （1992年—2008年）………………………………………… / 14
 第四节 挑战与应对：教育改革与发展中的青藏高原民族教育
   政策问题 …………………………………………………… / 22

第二章 共生与改组：青藏高原民族地区政府与学校关系的演变 …… / 31
 第一节 改革开放初期青藏高原民族地区政府与学校的关系 … / 35
 第二节 1985年教育体制改革后青藏高原民族地区政府与学校
   关系的变化 ………………………………………………… / 40
 第三节 进入新时代青藏高原民族地区政府与学校关系的新
   阶段 ………………………………………………………… / 48
 第四节 青藏高原民族地区政府与学校关系发展的趋势与
   选择 ………………………………………………………… / 55

第三章 融合与善治：青藏高原民族地区国家通用语言文字政策教育发展研究 / 65

第一节 少数民族语言文字政策发展的历史脉络梳理 / 67

第二节 少数民族语言文字政策发展的阶段特征梳理 / 73

第三节 当前我国少数民族语言文字政策聚焦内容分析 / 76

第四节 面向新时代的我国"双语"教育走向分析 / 78

第四章 嬗变与发展：国家教师制度变迁中的青藏高原民族地区教师教育政策 / 83

第一节 青藏高原民族地区中小学教师培训政策 / 85

第二节 青藏高原民族地区基础教育教师流动政策 / 97

第三节 青藏高原民族地区教师相关制度 / 106

第五章 融合与全纳：法治进展中的青藏高原民族地区的学生权利 / 117

第一节 青藏高原民族地区学生观的变化与素质教育的实施 / 119

第二节 青藏高原民族地区学生地位的变化 / 127

第三节 从以学校管理权力为本到以学生权利为本，促进学生全面发展 / 134

第六章 探索与前行：青藏高原民族地区教育信息化政策 / 145

第一节 青藏高原民族地区教育信息化政策的主要内容 / 147

第二节 青藏高原民族地区教育信息化政策的价值取向分析 / 156

第三节 问题与展望 / 163

第七章　普惠与精准：青藏高原民族地区教育扶贫政策 / 175
第一节　青藏高原民族地区教育扶贫政策的变迁 / 177
第二节　青藏高原民族地区教育扶贫政策分析 / 185
第三节　青藏高原民族地区教育扶贫政策的优化路径 / 199

第八章　全面与底线：青藏高原民族地区教育公平政策 / 205
第一节　青藏高原民族地区教育公平政策内容 / 207
第二节　青藏高原民族地区教育公平政策的特点和不足 / 220
第三节　青藏高原民族地区教育公平政策改革方向 / 229

第九章　全面与个性：青藏高原民族地区基础教育质量观 / 235
第一节　改革开放40年青藏高原民族地区基础教育质量观演进的历史阶段 / 237
第二节　青藏高原民族地区基础教育质量观演变的趋势 / 246
第三节　青藏高原民族地区基础教育质量标准的反思 / 251
第四节　青藏高原民族地区基础教育质量监测路径 / 256

第十章　致力于高质量的教育 / 261
第一节　公平、教育公平、教育公平观 / 263
第二节　质量、高质量、教育高质量 / 268
第三节　致力于更加公平的教育 / 272
第四节　致力于高质量的教育 / 281
第五节　问题与对策 / 286

参考文献 / 291

第一章
回顾与展望

1978年12月中下旬，第十一届三中全会顺利召开，这次会议把"以经济建设为中心"确立为基本路线，这是新中国历史发展的一个重要转折点。从此，我国社会主义建设事业进入了一个崭新的历史时期，教育领域也迎来了新的挑战。如何使教育政策和法律在教育改革与发展中发挥保障和促进作用，以服务于社会主义现代化，成为我国教育政策和法制建设所面临的根本问题。

民族基础教育包括民族学前教育、民族小学教育和民族中学教育，是我国民族教育事业的重要组成部分，肩负着保护与传承少数民族语言文化，促进少数民族个体健康成长与发展，维护国家安全稳定与社会和谐共生，服务民族地区社会经济健康与可持续发展的特殊使命。中华人民共和国成立以来，党和国家始终将民族基础教育摆在重要位置，做出大力发展民族基础教育的决定，相继出台了一系列政策法规，极大地促进了民族基础教育快速健康发展。在民族基础教育相关政策的推动下，具有中国特色、世界水平的现代民族基础教育体系正在逐步形成。在新时代背景下，本章回顾梳理了从20世纪70年代末改革开放至21世纪初近40年来民族地区基础教育政策，深入分析其发展的历史变迁过程，探寻民族地区基础教育政策发展的挑战与应对策略，对于促进我国青藏高原民族基础教育持续高质量发展有着重要意义。

第一节　恢复与发展教育事业时期的青藏高原民族教育政策（1978年—1985年）

1978年到1985年的7年时间，是改革开放以来我国教育事业恢复和发展的重要时期。这一阶段内教育政策和法律的主要任务是贯彻十一届三中全会精神，恢复、调整和整顿在十年浩劫中被破坏了的教育秩序，拨乱反正，使教育工作回归正轨。在改革开放初期阶段，少数民族地区的基础教育发展水平仍然十分落后，个别地区依然处于无校舍、无桌椅、无正式教师的"三无"状态。为改善少数民族地区教育的落后局面，国家颁布了一系列教育政策，其中主要包括以下几个方面。

一、民族地区教育经费补助力度的加大

1980年7月在《教育部、国家民委关于从民族地区补助费中适当安排少数民族教育经费的建议》中提到："目前我国许多少数民族地区教育比较落后。对这种情况必须引起重视，并根据地区、民族特点，采取各种有效措施，逐步加以解决。"具体安排如下：根据新的财政体制，恢复和发展少数民族教育所需资金，主要靠地方在财政包干数内统筹安排解决。国家为加速少数民族地区的经济文化建设，逐步消除历史上遗留下来的落后状态，同年2月国务院批准的关于实行"划分收支，分级包干"财政体制的暂行规定中，对少数民族地区的特殊需要，在财政上给了一定照顾。从五个民族自治区（西藏自治区、广西壮族自治区、内蒙古自治区、宁夏回族自治区、新疆维吾尔族自治区）和青海省、贵州省、云南省三个视同少数民族地区待遇的省来看：第一，除原来有的特殊照顾（包括行政事业费补

助的5%机动金,预备费比一般地区多2%,八省、区一年可得到34800万元)仍予保留外,允许地方收入增长部分全部留给地方,中央补助的数额每年递增10%(八省、区每年可得4亿多元)。第二,为帮助经济落后地区加快发展,中央财政设立了"支援经济不发达地区的发展资金",1980年八个省、区共分配268000万元。第三,对边境少数民族地区,1980年还有一笔边境建设补助费,其中给八个省、区的事业补助费为6100万元,基建补助费为187000万元,根据当时新的财政体制,已将这笔补助费纳入地方财政包干范围内。根据这一情况,希望你们积极主动向本省(自治区)人民政府(革委会)建议,除正常教育经费照拨外,能够从国家对少数民族地区的各项补助费中安排一定比例的款额,用于解决少数民族教育的特殊需要,以加速培养少数民族干部和各种专业技术人才。以上三项共计12亿多元,说明国家对少数民族地区在财政上已经给了一定的支持和照顾,一定程度上缓解了青藏高原民族地区的教育发展压力。

1980年10月颁发的《教育部、国家民委关于加强民族教育工作的意见》中提到:"少数民族地区情况特殊,发展民族教育需要较多的经费。"如办一所同等规模的小学,在牧区所需资金要比农区、城镇高3~4倍。牧区供一名住校小学生的家长负担,相当于在城市供一名大学生。因此,除了正常的教育经费外,还必须给以特殊的补贴。最好在财政上设立少数民族教育专项补助费。此外,建议从支援经济不发达地区发展资金、边境地区事业补助费、边境地区基建补助费中划出适当比例,作为发展民族教育之用。国家拨给的民族教育经费,一定要用在少数民族身上,绝对不许克扣挪用,包括那种有了补助费就少给或不给正常经费的做法。少数民族地区教育事业所需的物资、设备,如教育专用运输车等应认真予以解决。

二、民族学院、高中班、预科班与西藏班的建立

1979年11月印发的《关于民族学院工作的基本总结和今后方针任务的报告》中提到民族学院已取得的三条经验:①一定要加强党的领导,得到所在地区各级党委的重视和大力支持的民族学院能取得显著的成绩,得

到迅速的发展。②一定要坚持"教育必须为无产阶级政治服务,必须同生产劳动相结合"的根本方针,为党和国家各个历史时期的民族工作任务服务。③一定要实事求是,从实际出发,充分照顾民族特点,这是马克思列宁主义、毛泽东思想的基本原则。并且指出了接下来民族学院需要做的六项工作:①切实把教学作为学校经常的中心工作。②加强思想政治工作。③加强教师队伍的建设。④积极开展科学研究工作。⑤搞好学校的基本建设。⑥拟订积极可行的发展规划。

1980年6月颁布的《教育部关于1980年在部分全国重点高等学校试办少数民族班的通知》中明确提到,"从1980年开始,有计划、有重点地在部分全国重点高等学校举办民族班,以后视情况逐步扩大"。具体要求有:①高等学校举办少数民族班,1980年除北京大学民族班是本科外,都是预科班。主要补习高中课程,特别是数理化,并提高汉语听课的能力。各校要派得力教师授课,使学生能扎扎实实地学到高中文化科学基础知识。②招生对象和入学条件。从参加高考的少数民族生源里选取优秀的录取进入民族班。除北京大学仍按全国重点高等学校最低录取分数线录取外,其他预科班招生如在全国重点高等学校最低录取分数线以上的考生不足计划招生数时,可适当降低录取分数线,但以降低总分30分为限。年龄最好在20岁以下。由办班院校直接到各省、区选拔。各省、区教育部门要同民委给予大力协助。要注意吸收少数民族山区、牧区学生。严禁"走后门"。③少数民族预科班学生经过一年或两年的补习,合格者根据少数民族地区的需要,直接升入本校有关专业学习。一般不单独编班。所有民族班学员大专毕业后一般回本地区工作。在学习期间因身体或其他原因不适合继续学习者,可送回原省、区安排。④1980年先在教育部所属五所重点高等院校试办少数民族班,共招生150人(在原定招生计划以外)。计有北京大学30人,清华大学30人,北京师范大学30人,大连工学院30人,陕西师范大学30人,从内蒙古、新疆、广西、云南、贵州、四川六个省、区招生。

1980年10月在《教育部、国家民委关于加强民族教育工作的意见》

中指出："少数民族地区的四化建设和繁荣发展，需要大批建设人才，必须发展各类学校教育；我们大力帮助少数民族，最有远见的办法，就是要从办好教育，大力培养人才做起。"具体措施有：第一，首先要办好和发展民族学院。第二，加强设立民族自治地方的大专和中专院校。第三，根据国务院批转的1980年高等学校招生工作的规定，全国重点高等院校和少数民族人口较多的省的一般高等院校，要积极举办民族班。第四，在少数民族地区也要积极发展各类业余大学。这就是要为少数民族学生进入这些院校积极创造条件。高考招生，应对少数民族学生实行择优录取和规定比例适当照顾相结合的办法，在各民族自治地方，少数民族学生的录取比例应力争不低于少数民族人口比例。设在民族自治地方和少数民族较多的省内的汉族的重点中学，应当积极为少数民族学生举办高考补习班，还应尽可能地办一些民族班。

1982年5月颁布的《关于中央、西北、西南、中南民族学院一九八二年预科班、高中班招生计划的通知》中明确："为了帮助经济文化不发展的边疆、牧区、高寒山区和老根据地的少数民族青年升入高等学校本科打好基础，1982年，中央、西北、西南、中南民族学院在省（自治区）少数民族高考生中共选招330名预科学生，从初中毕业生中选招高中学生。"培养目标是：从参加高考的学生中招收具有高中文化程度或同等学力的少数民族青年补习汉语文和高中各科课程，为其升入大专院校本科打好基础；从初中毕业生中招收少数民族青年为进入大专院校深造准备条件。学制：预科班一年，高中班三年。学习内容：预科班分文、理科，重点补习高中课程；高中班按照全日制高中开设课程。入学条件：预科班招生，其政治表现、健康条件的要求同高考录取标准；年龄不超过25岁的少数民族未婚青年；高中班按普通中学初中毕业生报考当地重点高中的条件录取。完成高中班的学业后需要参加全国统一考试。其中青海民族地区预科班招生名额为33人。

为了使边远贫困的农牧区学生接受高质量的教育，缩小藏区与内地教育发展的差距，中央在1984年决定在内地建立西藏班。在1985至1988年，平均下来每年招收 1300 名西藏地区的小学毕业生进入内地开设的西藏班。其招生数量在 1989 年后逐年增加。由此，西藏班逐渐成为中国发展青藏高原民族基础教育的一种重要的办学形式，成为青藏高原民族地区培养人才的重要方式之一。

三、少数民族师资队伍的培养

1980 年 10 月颁布的《教育部、国家民委关于加强民族教育工作的意见》指出：①少数民族地区的四化建设和繁荣发展，需要大批建设人才，必须发展各类学校教育；我们大力帮助少数民族，最有远见的办法，就是要从办好教育，大力培养人才做起，国家要采取积极措施，选派少数民族留学生出国深造，有计划地为少数民族培养高级的科技人才。②要大力发展民族师范教育，培养一支合格的民族教师队伍，师范教育是教育的工作母机。现在民族教育中最薄弱的环节就是缺少一支比较合格的民族教师队伍。所以大力加强和发展民族师范教育已成为当务之急。各自治区和各少数民族较多的省，一定要建立并办好一批民族师范院校。这些民族师范院校均应主要招收少数民族学生和少数有志为少数民族教育服务的汉族学生。民族师范院校的招生和毕业生的分配，都要注意照顾教育基础差的广大农牧场和山区，招生条件要放宽，学制、课程设置、教学内容等，都要从实际出发，切不可生搬汉族地区一般师范院校的经验和做法。一般的师范学院和师范学校也应当设立民族师范班，招收少数民族学生入学。③在发展民族师范教育的同时，必须采取多样的形式大力培训、提高在职的民族教师。内地有关省、市和高等学校要积极支援，并使用派专家、教授定期讲学，接受在职教师进修、代培等办法，为少数民族地区培养提高大专和中专师资。④在少数民族地区的中小学教师中，民办教师占 60%~70%。这是当前少数民族中小学教育落后的一个重要原因。应在 3~5 年内，逐步安排劳动指标，把经过考核合格的民办教师转为公办教师。使少数民族地区的公办教师达到 70% 以上。少数民族地区根据实际需要，教职工编制应适当增加。

1981年第三次全国民族教育工作会议强调:"要加强民族师范教育,搞好少数民族师资队伍建设。"1985年,教育部西北少数民族师资培训中心在兰州成立,其任务是为陕、甘、宁、青、新等省、自治区培训高中、中师和大专学校的少数民族教师,教师的职后培训为青藏高原民族地区教师质量的提高提供了重要保障。

四、寄宿制学校的设立

1982年12月颁布的《全国牧区、山区寄宿制民族中小学经验交流会纪要》强调:加强党和政府的领导,提高办学质量,试行国家办学和社队集体及个人办学相结合。寄宿制民族中小学成为少数民族地区办学的主要形式。此后,国家颁布一系列政策措施支持寄宿制学校的发展。1984年颁布的《中华人民共和国民族区域自治法》再次提出:"设立以寄宿制为主和助学金为主的公办民族小学、民族中学。"寄宿制学校的大力发展,保证了青藏高原民族地区受教育者的入学机会,为提高接受义务教育的比率做出了突出贡献,也为青藏高原民族地区减轻了教育导致的经济负担,同时为实现青藏高原民族地区"两基"目标奠定了基础。

五、双语教育的实施

1980年10月在《教育部、国家民委关于加强民族教育工作的意见》中提到:"凡有本民族语言文字的民族,应使用本民族的语文教学,学好本民族语文,同时兼学汉语汉文。为此,必须加强民族文字教材的编译出版工作。民族文字教材内容一定要注意民族特点和地区特点,要适应多种形式办学的实际需要。没有本民族文字而有独特语言的民族,也应以本民族语言辅助教学。"由此,双语教育开始在少数民族地区正式拉开帷幕。1984年印发的《中华人民共和国民族区域自治法》指出:"招收少数民族学生为主的学校,有条件的应当采用少数民族文字的课本,并用少数民族语言讲课,小学高年级或者中学设汉语文课程,推广全国通用的普通话。"这些政策既保证了少数民族地区的学生学习、使用本民族语言的权利,也保证了汉语普通话在少数民族地区的推广。

六、少数民族考生录取率增加以及统考卷答题方式的拓展

1978年9月颁布的《教育部关于一九七八年高等学校录取新生的意见的通知》中提到：①为了照顾边疆少数民族地区，凡是重点院校在该省、区招生计划在十名以内的，不作调整；十名以上的，必须在录取十名以外进行调整。调整的名额，要在成绩较好的省、市增加招生任务，多录取一些。②在坚持择优录取的原则下，对边疆地区的少数民族考生，可适当放宽对考试成绩的要求，在能跟班上课的情况下，予以录取。

1979年5月在《教育部关于少数民族考生参加统考答卷问题的通知》中指出："凡报考用汉语授课的高等学校的边疆民族考生，仍须参加全国统一考试。民族自治区、州、县和少数民族聚居地方的少数民族考生，在参加全国统一考试中，可以用本民族文字答卷，但要具有一定的汉语听写能力。"

1981年2月印发的《教育部1981年高等学校招生工作的规定》中指出，民族自治区用本民族语文授课的高等学校或系，由自治区命题、考试和录取，不参加全国统一考试。用本民族语文授课的民族中学毕业生，报考用汉语文授课的高等学校，应参加全国统一考试。汉语文由教育部另行命题，不翻译，并用汉文答卷；其他各科（包括外语试题的汉语部分）翻译成少数民族文字，考生须用本民族文字答卷。在考汉语文的同时，由有关省、自治区决定也可以考少数民族语文，并负责命题；汉语文和少数民族语文的考试成绩分别按50%计入总分；但汉语文的成绩必须达到及格水平方能录取。高等学校举办少数民族班，可适当降低分数，招收边疆、山区、牧区等少数民族聚居地区的少数民族考生。高等学校录取学生，对边疆、山区、牧区少数民族聚居地区的少数民族考生可根据当地的实际情况适当降低录取分数。对散居在汉族地区的少数民族考生，在与汉族考生同等条件下优先录取。

第二节　教育体制改革初步探索时期的青藏高原民族教育政策（1986年—1991年）

1985年,《中共中央关于教育体制改革的决定》的实施标志着我国教育改革与发展进入了一个对教育体制进行全面改革的新时期。一系列相互关联的教育政策和法律的颁布与实施，确立了我国改革的指导方针，提出了教育体制改革的具体对策和措施，保障了我国教育事业的迅速、健康发展。同时国家也出台了适用于民族地区的基础教育政策，关注点主要有以下几个。

一、义务教育的逐渐普及

1986年,《中华人民共和国义务教育法》明确规定："我国实施普及九年制义务教育制度。"在国家"普九"的浪潮中，青藏高原少数民族基础教育逐步建立与青藏高原民族地区经济政治相符合的良性运行机制。其实青藏高原民族地区义务教育的普及是一个循序渐进的过程，早在1980年，教育部、国家民委在《关于加强少数民族教育工作的意见》中就提出："中小学是教育的基础，少数民族的中小学教育应注意抓质量……反对形式主义。"《关于加强少数民族教育工作的意见》为少数民族地区中小学教育的发展提供了新的方向。而在1981年，第三次全国民族教育工作会议再次强调"切实抓好中小学教育"。少数民族地区可以根据本地实际，逐步完成"普及小学教育"的任务，中学教育也应根据实际适当发展。在国家采取因地制宜的方式的推动下，青藏高原民族地区的中小学教育得到了迅猛的发展，同时也激发了青藏高原民族地区办学的积极性。

二、民族团结教育的初步开展

1981年，教育部、国家民委颁布的《关于进一步加强民族教育工作的报告》中指出："四项基本原则的教育、热爱社会主义祖国和民族团结的教育要在各级各类学校中贯穿。"这是最早提到民族团结教育的国家教育政策。而在1987年国家教委颁发的《关于在各级学校注意进行党的民族政策和加强民族团结教育的通知》里明确提到："要将民族团结教育灵活融入积极有趣的中小学教学活动中。"民族团结教育既可以在学校的思想道德课程中进行，也可以渗透到各式各样的校内外活动中。比如组织学生参观红色历史文化博物馆，在参观红色展品时，给学生讲解我国民族团结史，让学生理解民族团结的重要意义。自此，民族团结教育成了学校教育中不可或缺的一部分。在此后的国家教育政策中，民族团结教育不断地被提及，民族团结教育的重要性不言而喻。青藏高原民族地区的团结教育也因此有了明确的发展方向和形式。

三、援藏教师的继续选派

1986年4月，国家教委发布的《关于继续组织选派高中教师支援西藏的通知》中提到，1975—1984年，国家教委先后组织选派了6批共2800多名高中教师支援西藏。由于有关省市的大力支援、教育部门认真选派、援藏教师的积极努力，较好地完成了每批援藏的教学任务，为增强民族团结、发展西藏的教育事业做出了贡献。由于历史原因，西藏的经济基础和教育事业仍很薄弱，需要内地有关省市继续选派高中教师前去支援。根据西藏自治区教育厅提出的要求，经研究，决定继续组织选派第七批（100名）高中教师援藏。为了便于管理，1986—1988年第七批援藏高中教师，由北京、天津、上海、江苏、浙江、河南、湖南、四川八省（市）选派。

在国家援藏教师的政策实施下，西藏地区的师资力量得到了充实，藏区的教学质量得到了稳固的提升，使得整个青藏高原民族教育保质稳定地发展。

四、民族专项补助费的增列

1989年5月，国家教育委员会、国家民族事务委员会在上报国务院的《关于申请民族教育专项补助经费的请示》中提到，根据民族教育的实际困难及中央领导同志的讲话精神，除认真改革教育管理体制、努力提高办学效益，对民族教育制订必要的特殊政策外，应通过几种新的渠道适当增加民族教育投资，作为推动民族教育事业发展的重要措施，进一步落实《中共中央关于教育体制改革的决定》中"国家还要帮助少数民族地区加快发展教育事业"的要求和《中华人民共和国义务教育法》中"国家在师资、财政等方面，帮助少数民族地区实施义务教育法"的规定。第一，国家财政增列一笔少数民族教育专项补助费，从1989年起每年5000万元，以此为基数每年增加10%。第二，建议省、自治区、直辖市财政每年单列民族教育补助专款，具体数额由各省、自治区、直辖市确定。第三，在国家每年拨给少数民族的补助费、边境建设事业补助费、支援不发达地区发展资金以及扶贫资金中按一定的比例划出用于发展民族教育事业。

1990年5月，财政部对《关于申请民族教育专项补助经费的请示》的复函中回复：第一，为支持少数民族地区的经济建设和各项事业的发展，需要在下一步确定财政新体制时统一考虑。但考虑到当前少数民族地区教育的实际困难，在中央财政十分困难的情况下，经研究，同意从1990年起，到实行财政新体制之前，由中央财政每年安排2000万元专款，用于支持少数民族地区发展教育的补助专款。当年所需资金，拟报请国务院动用总预备费解决。此项专款待国务院批准后，由国家教委提出分配方案（应征求国家民委意见），经财政部同意后联合下达。为提高资金使用效益，这项专款实行项目管理，由国家教委财务司统一掌握使用，具体管理使用办法另定。第二，对《关于申请民族教育专项补助经费的请示》中第二条、第三条办法，建议分别修改为"建议省、自治区、直辖市人民政府根据地方实际情况，每年酌情安排民族教育补助费。具体数额由省、自治区、直辖市确定"和"国家每年拨给少数民族地区的少数民族地区补助费、边境建设事业补助费、支援不发达地区发展资金以及其他扶贫资金，各地要安排一部分用于发展少数民族教育事业"。

1990年12月，国家教育委员会、财政部在《关于下达民族教育专项补助经费的通知》中明确：为了支持少数民族教育事业的改革和发展，解决民族教育方面的一些特殊困难，经研究，由中央财政民族教育专项经费1110万元，用以资助发展少数民族初等教育。该项补助经费只用于少数民族聚居的普及初等教育确有困难的地区（含牧区寄宿制学校）危险校舍的修缮、改造，购置课桌凳，图书设备。为了切实保证该项补助经费的使用效益，在具体安排中要实行项目管理，专款专用。在1990年的专项补助费中，青海省210万元、西藏自治区120万元、新疆维吾尔自治区280万元、四川省280万元、云南省220万元。

第三节　与社会主义市场经济体制相适应的教育体制及其政策（1992年—2008年）

邓小平同志于1992年年初发表重要谈话，党的十四大顺利召开，这标志着我国进入了建立社会主义市场经济体制的新阶段。党的十四大正式提出了建立社会主义市场经济的目标，加快了我国政治、经济、科技体制改革的步伐。而此时，我国教育仍然呈现出总体落后的特征，不能适应加快改革开放和现代化建设的需要。教育体制和运行机制与日益深化的经济、政治、科技体制改革的需要之间的协调性问题亟待解决。为此，中共中央和国务院于1993年2月13日发布了《中国教育改革和发展纲要》（以下简称《纲要》）。《纲要》明确提出："教育体制改革要采取综合配套、分步推进的方针，加快步伐，改革包得过多、统得过死的体制，初步建立起与社会主义市场经济体制和政治体制、科技体制改革相适应的教育新体制。只有这样，才能增强主动适应经济和社会发展的活力，走出教育发展的新路子，为建立具有中国特色的社会主义教育体系奠定基础。"

一、民族教育对口扶持的加强

1997年4月，国家教委和国家民委印发的《关于认真贯彻中央扶贫工作会议精神、进一步加强对口支援民族和贫困地区发展教育事业的通知》明确："发展贫困地区的教育事业，除了当地自力更生、艰苦奋斗和国家的大力扶持外，还需要沿海发达地区给予积极支援和帮助。"为便于统一组织协调，将教育对口支援纳入政府经济、科技扶贫计划，开展全面扶贫。

辽宁帮青海，天津帮甘肃，上海帮云南，浙江帮四川，山东帮新疆，全国支援西藏。对口支援民族贫困地区的任务和方式有：第一，支援方要根据可能与需要相结合的原则，从资金、物资、教学仪器设备和图书资料等方面支援贫困地区，特别是帮助贫困地区改善基础教育，提高办学水平，救助失学儿童。第二，为贫困地区做好县级教育的综合规划和各类教育发展计划提供咨询和帮助，提高教育资源配置效益。积极向贫困地区输送教育改革、教育管理的经验和信息，促进教育与当地群众脱贫致富、技术推广和精神文明建设的迫切需要相结合。第三，支援方可根据自身优势，为贫困地区培养和培训师资、教育行政管理干部。第四，教育对口支援要落实到县，采取支援方较发达的几个市、县、区联合对口贫困地区一个县（旗）或一对一帮扶的方式进行。要把革命老区、边远、高寒山区和牧区贫困县（旗）作为重点加以扶持。对口支援的形式要因地制宜，灵活多样，并在实践中积极探索，不断创新。

二、民族清真食堂的建立

在 21 世纪以前，我国部分地区的一些高等院校、寄宿制中小学以及幼儿园还没有单独设立清真食堂，致使有清真生活习惯的少数民族学生在饮食上有困难。甚至有的学校以没有清真食堂为由，拒绝接受符合入学条件的有清真饮食习惯的少数民族学生入学，导致许多少数民族学生无法获得受教育的机会，严重伤害了少数民族群众的感情。对此，2000 年 8 月，教育部、国家民委颁布的《关于在各级各类学校设置清真食堂、清真灶有关问题的通知》强调："我国 55 个少数民族中，有回族、维吾尔族、哈萨克族、乌孜别克族、柯尔克孜族、塔塔尔族、塔吉克族、东乡族、保安族、撒拉族 10 个民族群众有清真饮食习惯，禁食猪肉。"尊重少数民族风俗习惯是贯彻党的民族政策、增强民族团结、保持社会稳定的重要措施，对加快改革开放和经济发展具有重要意义。具体要求有：第一，凡是上述 10 个少数民族寄宿制中小学和幼儿园，必须建立清真食堂。已经建立清真食堂的要进一步健全制度，加强管理，防止非清真食品进校、进园，严禁在这些学校、幼儿园门口设立非清真食品摊位。第二，各级各类学校、幼儿园，凡在学校进餐的有清真饮食习惯的少数民族学生（含教师）达一定规模并已建立食堂的，应单独建立清真灶，设立清真食品专卖窗口，做到有专人负责，专用灶具和炊具，严禁与非清真食品灶具、炊具混用；有清真饮食习惯的师生较少，设立清真食堂或清真灶有困难的及已实行学校后勤社会化的学校，也要为他们就餐提供方便。第三，各级各类学校在招生时，不准以不具备清真餐饮条件为由拒绝接受符合条件的少数民族学生入学，或因为有清真饮食习惯的师生人数少而不执行有关规定。第四，建立清真食堂和设立清真灶，是落实党的民族政策的具体体现，各级教育、民族部门要高度重视这项工作，积极创造条件，按要求设置清真食堂或清真灶。同时对已经建立的清真食堂和清真灶要严格把关，采取相应措施继续办好，为少数民族学生在校学习提供良好的生活条件。

国家关于在民族地区建设清真食堂和清真灶的政策，确保了青藏高原民族地区学生的入学率，解决了有清真饮食习惯的青藏高原少数民族学生因饮食习惯原因不能进入学校学习的困境，稳固全面地促进了青藏高原民族地区的团结和基础教育事业的发展，增进了民族感情。

三、"两免一补"政策的实行以及寄宿制学校的继续建设

2001年，国家开始实施"两免一补"政策，即全国农村义务教育阶段家庭经济困难学生免杂费、免书本费、补助寄宿生生活费，进一步减轻了少数民族地区的经济负担，保障了少数民族地区儿童的受教育权利。而2002年颁发的《国务院关于深化改革加快发展民族教育的决定》则明确要免除少数民族地区基础学杂费。关于寄宿制学校的继续建设，2005年教育部、国家民委颁布的《关于进一步做好民族地区寄宿制中小学管理工作若干问题的意见》再次强调要"大力发展少数民族地区的寄宿制学校"。民族地区寄宿制学校能帮助少数民族适龄学童解决难适应地理环境的问题，让他们顺利稳定地接受教育，它是少数民族地区不可或缺的办学形式。

四、由"两基"的实现到"控辍保学"的过渡

2002年印发的《国务院关于深化改革发展民族教育的决定》(以下简称《决定》)确立了基本普及九年义务教育、基本扫除青壮年文盲(简称"两基")在民族教育工作中的重要地位。《决定》的颁布对于民族地区基础教育的发展具有巨大的指导意义。2011年后,"控辍保学"变成教育政策下一步关注的核心。因为在这年,基本普及九年义务教育、基本扫除青壮年文盲的目标得到基本实现。为了尽最大可能消除民族地区辍学的现象,平均发展民族地区县域内的教育,国家在2015年将民族教育发展的目标定为"到2020年,少数民族地区教育整体发展水平及主要指标接近或达到全国平均水平"。从此之后,少数民族基础教育重点主抓"控辍保学"。2017年,为了更加大力有效地指导实施"控辍保学",国务院提出,要建立和完善"控辍保学"的工作机制并且坚持依法"控辍"。

五、双语教育的大力推进

2002年颁布的《决定》提出:"大力推进民族中小学双语教学。"这为21世纪少数民族地区正确处理汉语和少数民族语言之间的关系提供了政策依据。2010年,《国家中长期教育改革和发展规划纲要(2010—2020年)》再次强调:"大力推进双语教学,全面开设汉语文课程,全面推广国家通用语言文字。尊重和保障少数民族使用本民族语言文字接受教育的权利,加强学前双语教育。"2005年教育部颁发的《中共中央、国务院关于进一步加强民族工作加快少数民族和民族地区经济社会发展的决定》中强调:"因地制宜搞好'双语'教学及科研开发,积极推广全国通用的普通话。各级教育行政部门要加强对'双语'教学及科研工作的指导,促进'双语'教学的发展。要大力宣传、广泛推广全国通用的普通话,建立健全省级少数民族汉语水平考试(MHK)机构,配合搞好少数民族汉语水平考试的各项工作,继续做好民族文字教材建设工作。"与20世纪80年代的双语教育政策不同,这个时期的双语政策把开展汉语文课程置于使用本民族语言接

受教育之前，不仅体现了双语政策的改变，也体现了双语教育模式由以民族语为主转向以国家通用语言为主。

六、义务教育阶段寄宿生补助的落实与明确

2005年11月，教育部、国家民委颁发的《关于进一步做好民族地区寄宿制中小学管理工作若干问题的意见》提到："民族地区寄宿制中小学以公办为主，各地根据自身情况，公办寄宿制中小学的学生可以享受助学金，贫困家庭学生还可享受相应的补助或减免杂费、书本费等。"按照"西部地区农村寄宿制中小学建设工程"方案，民族地区寄宿制中小学建设经费由中央财政支持，地方各级财政对教职工工资、学校公用经费、贫困家庭学生的资助负责，地方各级教育行政和民族工作部门要配合并监督落实好相关资金的管理和使用。

2006年9月，财政部、教育部、国家民委在《关于下达2006年秋季补助人口较少民族农村义务教育阶段寄宿生生活费预算的通知》中明确："中央财政安排专项资金，按每人每年250元标准，补助人口较少民族农村义务教育阶段寄宿制贫困学生生活费。"其中，青海省中小学少数民族寄宿生补助资金总共162万元；西藏自治区补助资金39万元；新疆维吾尔自治区补助资金103万元；云南省补助资金497万元；甘肃省补助资金228万元。

国家对于义务教育阶段少数民族寄宿生生活费的补贴减轻了青藏高原地区民族学生的家庭经济负担，解决了青藏高原民族地区寄宿生的后顾之忧，让他们能够安心地在学校接受义务教育，保障了整个青藏高原民族地区的基本教育条件。

七、民族师资队伍建设的加强

2002年颁布的《决定》提出："大力加强教师队伍建设，把教师队伍建设作为民族教育发展的重点，培养一支合格的'双语型'教师队伍。"《决定》对少数民族教师的培养提出了新要求，"双语型"教师成为民族地区教师队伍建设的重点。2005年，教育部提出加强寄宿制中小学教职员工

的职业道德和行为规范教育，要进一步下功夫建设一支高质量的少数民族师资队伍。2012年11月，《教育部等五部门关于印发〈边远贫困地区、边疆民族地区和革命老区人才支持计划教师专项计划实施方案〉的通知》中明确指出，2013—2020年，每年选派3万名优秀幼儿园、中小学（含普通高中，下同）和中等职业学校教师到"三区（边远贫困地区、边疆民族地区和革命老区）"支教一年；每年为"三区"培训3000名幼儿园、中小学和中等职业学校的骨干教师和紧缺专业教师。通过选派支教教师和培训当地教师，加快"三区"教师队伍建设，提高教师素质，为推动"三区"普及学前教育、义务教育均衡发展、普及高中阶段教育、大力发展中等职业教育提供人才支持。支教教师主要从省会城市、中心城市办学水平高，教育质量好的幼儿园、中小学和中等职业学校选派。

21世纪初的民族地区教师政策不仅仅只关注教师的数量，同时也把教师的质量以及教师的职业道德置于重要位置，凸显了这一时期内涵式发展的特点。

八、民族远程教育工程的积极推进

2002年颁布的《决定》提出："重点支持现代远程教育网络建设，加快普及信息技术教育的步伐。"教育手段的信息化为少数民族地区教育注入了新力量。1999年国务院批转的《面向21世纪教育振兴行动计划》也重点强调实施现代远程教育工程，有力地推动了远程教育的发展。2010年印发的《国家中长期教育改革和发展规划纲要（2010—2020年）》进一步强调："支持民族地区发展现代远程教育，扩大优质教育资源覆盖面。"教育信息化在西部地区得到高度重视，国家利用大力发展现代远程教育技术，推动优质教育资源的共享，为破解少数民族教育资源的供需矛盾、提升教育服务质量提供了有效解决方案。

九、民族团结教育的持续推进

2002年，李岚清同志在第五次全国民族教育工作会议上的讲话中强调了民族团结教育的重要性。2008年印发的《学校民族团结教育指导纲要（试行）》规定："全国中小学设置民族团结教育课程。"自此，设置民族团结教育课程成为学校教育开展民族团结教育的重要形式。2010年，《国家中长期教育改革和发展规划纲要（2010—2020年）》中再次体现了这一思想。2015年，《关于加快发展民族教育的决定》提出建立民族团结教育常态化机制。党的十九大再一次强调民族团结教育的重要性，铸牢中华民族共同体意识成为新时代民族团结教育的核心目标。这一时期，在缩小差距、追求教育公平的强烈诉求下，国家加大扶持力度，出台多项政策促进各类民族教育的协调发展。随着少数民族基础教育设施的改善、普及义务教育的实现，民族团结教育作为维护民族团结的重要方式，成为这一阶段政策关注的重点。国家试图以民族团结教育作为新时代政策的突破口，促进少数民族地区基础教育事业的内涵式发展。

十、民族师生中华民族共同体思想的建设和民族基础教育办学水平的全面提升

2015年8月颁发的《国务院关于加快发展民族教育的决定》中强调：第一，打牢各族师生中华民族共同体思想基础。①要积极培育和践行社会主义核心价值观。坚持不懈开展中国特色社会主义和中国梦的宣传教育，引导各族学生增强中国特色社会主义道路自信、理论自信、制度自信，树立正确的国家观、民族观、宗教观、历史观、文化观，深刻认识中国是全国各族人民共同缔造的国家，中华文化是包括56个民族的文化，中华文明是各民族共同创造的文明，中华民族是各民族共有的大家庭。②促进各族学生交往交流交融。在有条件的民族地区积极稳妥推进民汉合校，积极开展各族学生体育、文艺、联谊等活动，促进不同民族学生共学共进。在民族地区与支援省市之间，建立各族学生交流交往平台，通过开展"手拉手心连心"、主题夏令营及互相考察学习等活动，增进相互了解，相互学习，相互帮助。在内地民族班开展走班制等多种教学管理模式试点，探索推进混班教学、混合住宿，鼓励少数民族学生积极参加学校社团组织和文

体活动，组织开展当地学生与内地民族班学生之间互帮互学、友好班级等活动，促进内地民族班学生尽快融入当地学习、生活。③促进各民族文化交融创新。坚持以社会主义先进文化为引领，传承建设各民族共享的中华文化，继承和弘扬少数民族优秀传统文化，建设各民族共有精神家园。充分发挥教育在各民族文化交融创新中的基础性作用，把中华优秀传统文化融入中小学教材和课堂教学，在民族地区学校开设民族艺术和民族体育选修课程，开展民族优秀传统文化传承活动。鼓励支持普通高校、职业院校加强与文化企事业单位合作，将民族优秀文化列入学科专业，开展教学和研究，挖掘民族优秀文化资源，抢救保护和传承非物质文化遗产。科学保护各民族语言文字。

第二，全面提升各级各类民族教育的办学水平：①加快普及学前教育。科学规划、合理布局民族地区学前教育机构，支持乡村两级公办和普惠性民办幼儿园建设，新建、改扩建安全适用的幼儿园，开发配备必要的教育资源，改善保教条件，满足适龄幼儿入园需求。规范办园行为，强化安全监管，加强保教管理。合理配置幼儿园保教人员。重点支持民族地区实施学前教育三年行动计划。②均衡发展义务教育。民族地区义务教育发展规划、资源布局应主动适应扶贫开发、生态移民、城镇化建设等需要。大力推进民族地区义务教育学校标准化建设，全面改善贫困地区义务教育薄弱学校基本办学条件，缩小城乡差距和校际差距。因地制宜保留并办好必要的村小学和教学点。③提高普通高中教学质量。继续支持民族地区教育基础薄弱县普通高中建设，扩大优质教学资源，按国家规定标准配齐图书、实验室、教学仪器设备。全面深化课程改革，落实国家课程方案，加强选修课程建设，推行选课走班。④加快发展中等职业教育。适应培养创新创业人才和培育新型职业农牧民要求，合理布局民族地区中等职业学校，保障并改善基本办学条件。现代职业教育质量提升计划、优质特色学校建设等项目重点向民族地区倾斜。加强校企合作，推进产教融合，择优扶持发展民族优秀传统文化、现代农牧业等优势特色专业。

第四节　挑战与应对：教育改革与发展中的青藏高原民族教育政策问题

青藏高原民族教育政策作为我国民族政策的一项主要内容，也是我国教育政策的重要组成部分。在当今面临的新形势下，青藏高原民族教育也要迎接新的挑战，因此，对我国民族教育政策几十年来取得的成绩与存在的不足进行充分分析和研判，将对青藏高原民族地区教育政策具有十分重要的意义。

一、民族教育政策在教育改革与发展中的挑战

我国从1978年改革开放至今的40多年里，颁布、完善并且实施了许多民族教育政策，青藏高原民族地区的基础教育水平因而得以迅速发展，相应的人才培养体系逐渐形成和完善，人力资源开发依赖的环境和基础不断增强，少数民族干部的人员数量也实现了很大增长。然而不可否认，我们当前实行的一些民族教育政策尚存些许欠缺的地方，即前文中提到的"挑战"，具体突出表现为以下几点：

（一）民族教育政策定位及理念存在问题

所谓民族教育，是指在一个多民族国家中，对其中人口占比为少数的民族的人员实行的复合民族教育，也称多元文化教育。实施多元文化教育主要有两方面的目的：第一，可以提高少数民族群体的适应能力，让他们加快融入不断发展的现代科技社会，进而获得个人能力的最大发展；第二，可以更好地继承和发扬少数民族的优秀文化遗产，从而不断充实人类

文化宝库，丰富其多样性，为全人类文化贡献应尽之力。《中华人民共和国教育法》第七条明确规定："教育应当继承和弘扬中华优秀传统文化、革命文化、社会主义先进文化，吸收人类文明发展的一切优秀成果。"然而我国的教育政策中关于文化多样性的教育理念依然不足，目前颁布的民族教育政策大多偏重于对少数民族人员受教育权的保护，而恰恰忽视了民族教育在传承和发扬少数民族优秀文化遗产方面能够起到的重要作用，这一方面欠缺明确的理念定位以及政策支持。并且民族教育内容里的多样性也有不足之处，没有重视保护民族传统文化这一具体方面，使得教育所承载的文化传承功能被大大削弱和降低。另外，没有完全认识到民族教育的迫切性和重要性，许多管理者对于民族教育的理解比较浅薄狭隘，只把民族教育简单看作在学校教育和升学率方面享受优待和照顾，而忽略了少数民族成员受教育不可或缺的自主权利和公平权利，并没有真正体现和落实以人为本的价值核心理念。正是因为理念有缺失，从而导致某些政策的制定与实施过程显得支离破碎，凌乱没有章法，缺乏系统性、协调性与连续性，无法真正做到可持续发展。

（二）制定与执行民族教育政策时有忽视少数民族地区特殊性的情况

民族教育的特殊性，是由少数民族的特点与少数民族地区的特点两方面共同决定的。民族教育的具体内容和组织形式会受到民族语言、文化背景、宗教信仰、价值观念、传统教育方式等多因素的影响。而民族教育的规模、质量、投资、效益效率也是由民族地区的生活生产方式、居住特点以及人口密度等特点共同决定的。这两大维度的各种因素交织，便产生了民族教育发展的特殊性。我国共有55个少数民族，其中53个少数民族使用本民族语言，并且在不同程度上使用的文字多达39种。然而在实际的政策执行过程中，往往忽略了不同民族和地区间的具体差异，致使原本出于美好愿景而制定的政策在执行时出现偏差，不仅没有解决已有的问题，反而产生了新的麻烦。少数民族群体和社区百姓作为教育受益人群是被动设定的，在民族教育政策有关内容、目的和方向制定过程中，他们并没有太多的发言权和参与权；另外，许多当前正在使用的文本教材内容陈旧未及时更新，与少数民族群众的实际生活严重脱节，因此并不能真实地反映民族地区的生活特点和文化传统。长久以来产生的后果就是使农村教育与真实的农村社会日渐割裂，农村的基础教育越来越脱离实际，民族教育政策评估更加边缘化。

（三）在政策的制定过程中，公众参与度低，政策缺乏一定的科学性和民主性

首先，我国教育政策的层级过低、权威性不够。我国目前的民族教育法律法规还不够完善，国务院制定颁布的民族教育相关政策也比较少，教育政策的所属层级过低，影响了其权威性与执行效率。其次，在某些民族教育政策的制定与实施过程中，没有考虑到不同民族和地区的差异性，忽略了少数民族群众的现实需要。最后有些基层官员本身职业素质不够，决策程序的流程不规范，在政策制定出台前没有做好广泛的意见征询工作和深入详尽的调查研究。广大少数民族群众对于教育政策的参与度较低，许多决策只是管理者单方面临时决定的结果，没有长期合理的规划布局作为支撑，致使某些决策本身质量低下，因而无法得到少数民族群体的认同和支持，更难以实施。同时我们也应注意到，我国关于民族教育的学术研究非常欠缺与滞后，在制定和实施民族教育政策时很难得到专业的理论与研究支持。

（四）教育政策的执行和监控不力，有些政策不能得到切实有效的执行

我国民族地区的一些政府机关自身存在某些问题，例如官僚主义作风严重、职能分配不明确、工作效率低下、注重形式主义、缺乏长远规划等，因此也造成了民族地区教育政策难以实施和整体发展，更有甚者若处理不当，还会将某些无足轻重的小问题发展成严重的政治案件、民族纠纷和社会问题，造成原本不必要的冲突。政策的执行是一个复杂长期的过程，尤其是在我国的少数民族地区，地理环境、民族文化、风俗习惯、经济水平等都各不相同，在实际执行过程中，要充分考虑这些差异性，保证政策基本要义不变的前提下灵活变通，绝对不可一刀切。另外，我国目前还没有建立一个科学、有效的教育督导制度，虽然民间有很多诸如教育学会、教育研究协会的政策组织，但是并没有起到很好的教育政策监督作用，因此我国的民族教育政策执行监督机制依然十分薄弱。在我国的各个少数民族省份中，义务教育阶段的管理主体并不统一，各不相同，非常混乱，有些由市、区级政府部门管理，有些由县级政府部门管理，有些由乡镇级政府部门管理。管理主体不明确，就造成管理职能层级混乱等一系列问题接踵而来。义务教育缺乏管理监督机制，致使义务教育的政策执行不到位。另外，也没有建立一个科学合理的教师队伍监督管理机制，师资力量在整体上没有得到合理的分配。大部分中小学的管理机制也存在较多问题，相关部门和家长对学校的各项管理措施监督不够，因此仍存在学校管理混乱、侵害学生利益的现象。

（五）教育政策评估标准单一，不适合少数民族地区的具体实际

当前，我们在对各项教育政策进行评估时，在宏观把握上依然欠缺完整、科学、系统的评估体系和有效精准的指导，在观念认识上也缺乏一些基本的公平理念和人本价值，更是忽略了各项政策之间的有效衔接，因此，一直只用一种简单直接的判断和局部片面的政策效应作为评价标准和依据。例如，为民族地区的学生高考适当降低分数线，这是针对民族地区执行的一项教育优惠政策，但是却造成民族地区学生基础差、起点低，掌握的知识储备和工作技能等都比较差，继而影响到大学毕业后进入社会的就业问题。尤其是那些成长在本民族聚居区、没有汉语环境、自始至终接受本民族语言授课的学生，例如新疆、西藏、青海一些地区的少数民族学生，他们进入大学校园后，仍然使用本民族语言进行交流学习，没有脱离原来的语言环境，汉语能力得不到提高，致使有些毕业生甚至不能用汉语进行流利地交流对话，在就业市场缺乏竞争力。因此，有人认为这项针对少数民族的高考优惠政策就是导致他们自身不够努力的主要原因，甚至对我们的优惠政策还有没有必要继续执行产生怀疑。出现这种声音，就是由于并没有考虑到我国目前的学校教育和社会需求之间仍然存在一定的矛盾，公共政策的回音度依然较差，对民族教育政策的评估没有从实际出发，缺乏全面、科学、有效的标准和依据。

二、民族教育政策在教育改革与发展中的展望

(一)树立正确的民族教育理念

首先要认识到继承和发扬少数民族文化的重要性。保护少数民族的传统文化、语言文字,就是保留和丰富中华民族大家庭文化的多样性。教育公平是建立和谐社会的基石,要树立和贯穿教育多元化的教育理念。在学校教育的过程中,要从不同民族地区的实际出发,对部分统编教材的内容进行修订更新,可以适当增加一些反映民族地区生活实际的内容,可以提高学生的认知经验和生活体验;另外,可以在语文、历史、地理、美术、音乐、体育等课程中融入本民族文化的内容,使学生在了解自己的民族文化时更能激发学习的兴趣,也可以让不同民族的学生相互学习,发展全体学生的包容意识和对多元文化的尊重和认同。反映少数民族实际需要的课程,要鼓励少数民族学生积极参与。要不断借鉴和吸收少数民族在长期的历史发展中逐渐形成的能够影响民族教育发展的那些传统教育思想。其次,要坚持以人为本,坚持教育公平。把每一个受教育者都看成是拥有个人尊严和独特价值的独立个体,他们不是被动加工改造的原材料。教育是一种源于精神内部的活动,任何外部的作用想要转化成教育就必须通过受教育者的内部精神活动才能实现,因此在教育过程中受教育者应该处于主体地位,而不是处于被动消极的受体地位。

(二)提高教育政策的科学化和民主化水平,完善民族教育政策体系

未来的方向,是要加强宏观维度的政策引导,制定和完善《民族教育法》《民族高等教育法》等相关法律法规,对民族教育加强依法管理。同时也要注意到,公民参与已经越来越成为社会进步的潮流,并且正渐渐在现代政府治理与公共管理中占据重要地位。无论公共管理者对此持何种态度,公民参与都将在今后的公共政策制定过程中发挥举足轻重的作用。决策民主化,就是要追求社会的公平公正,强调公民参与,这已经成为现代公共政策制定程序的一个重要价值取向。同时,我们在民族教育政策制定方面,必须了解少数民族群体的现实需要,倾听他们的声音,体现他们的

意志，通过多种形式让他们参与决策和执行。只有这样，才能保证民族教育政策的合理性，达到我们预期的规划效果，最终实现教育目标。各级各类学校应根据各自地区的实际情况设置相应的发展规模、办学体制、办学形式和课程标准。在实现民族教育民族性与特色化的同时，还要努力做到教育要素的多样化，例如模式多样、内容多样、制度多样、评价标准多样等等。在双语教学的设计、教育模式的选择和民族文化的传承等方面，要给予少数民族群体更多的发言权和自主权。调整和更改某些已经在少数民族地区实施并且取得不错效果的政策时，更要尤为慎重，要充分考虑当地民众的情感需求和现实愿望。

（三）建立符合民族地区实际的政策评价标准

在教学效果的评价方面，不能简单片面地把升学率和考试成绩作为唯一的考核标准，更不可把一些汉族地区的管理经验和常规操作生搬硬套到少数民族地区。在建立民族教育评价体系时，不仅要充分考虑民族传统文化与道德观念的作用，还要认识到少数民族学生在认知、情感、态度和价值观等方面存在的特殊性。实行常规管理与特殊管理相结合，一般评价与专门评价相结合，民族教育的时效性和发展的公平性要两手抓。政府部门要定期组织相关专家和教育管理人员，对内地民族班教育、少数民族预科教育、民族地区的寄宿制教育等进行实地考察，并对其内容和形式进一步分析和评价，为接下来的政策改革、调整和完善提供依据，最终有效提高少数民族教育的发展。在各项政策评估过程中，最为重要的就是必须坚持公平的价值理念。教育公平的目标就是让每一个社会成员都能享受公共教育的资源，都能受到公正平等的待遇，具体内容包括教育权力公平、教育机会公平、教育过程公平和教育结果公平。教育公平不仅是一项原则，也是一个理想，更是一个循序渐进的过程。对于民族地区教育以及各项事业的发展都要始终贯彻教育公平的理念，充分研究与实践社会公平问题。

（四）完善教育政策内容，加强政策监控

目前，我国既要继续坚持既有的输血政策，不断提高民族教育的基

础建设水平；同时也要加强民族教育造血机制的建立，要和民族地区的经济和社会发展需要相适应，切实提高民族教育的质量水平，努力办好让少数民族和民族地区都满意的教育。当前我国的民族教育政策输血功能比较强，但是造血功能相对较弱。所谓输血功能，就是充分利用国家的政策支持，积极寻求各方投资，力求使民族地区的教育水平在短期内达到明显提高。而造血功能，是指加大力度促进民族教育自身水平的发展，努力寻求体制与机制的有效改革，从长远的眼光看待和发展民族教育的质量与效益，使民族教育自身人才培养的机制得到有力增强，进而适应整个民族地区的发展。我们的各级教育主管部门也要与时俱进，进一步转变职能，更加重视对教育活动的管理和指导。在对教育活动进行管理时，可以使相关社会组织和民间团体积极参与，充分发挥它们的力量，建立更加完善的教育督导制度，从而保证广大少数民族群体的根本利益得到保障，各项教育政策得以有效实施。

（五）进一步完善与民族教育相适应的文化环境

文化是观念的存在，是特定社会中特有的行为和思维方式、价值观的体系，或者说是人类所创造的特有意义体系，它主要包括语言文字、人文艺术、哲学思想、道德观念、科学技术、宗教信仰、风俗习惯等。教育人类学认为教育活动是建立在人类文化活动的基础之上的，既参与多种文化活动，又一定被文化的性质与水平所制约，并为其文化服务。我们的民族教育也是要建立在少数民族的文化基础上的，不可能脱离其单独存在，所以不可以忽视少数民族独特的文化生态环境，它同样要受其制约并为其服务。因此，我们在对民族教育政策进行研判和分析的过程中，必须精准把握少数民族的文化特征与社会需求，把发展民族教育和保护传统文化有效结合起来。著名教育家陶行知先生讲社会即学校，学校与社会有着千丝万缕的血肉联系，学校是社会进一步发展的产儿，但是它又有自己的相对独立性，自产生就肩负着存取、融合、传承、创新文化的职能与重任，具有融会贯通、承上启下的作用，是促进社会进步的文化起点。因此，必须有效结合学校教育和民族文化，在加强课程改革的同时，也要重视社会及家庭教育，使之可以有效地补充和拓展学校教育。学校可以在特定的时间邀请学生家长或文化传承人进校园参与活动，进行传统文化和技能的培养宣传；同时学校也要和邻近社区建立、保持良好的关系，鼓励学生积极参与社区文化活动。另外，民族地区学校还可以建立自己独特的校园文化，来促进当地民族文化的蓬勃发展。

第二章
共生与改组:青藏高原民族地区政府与学校关系的演变

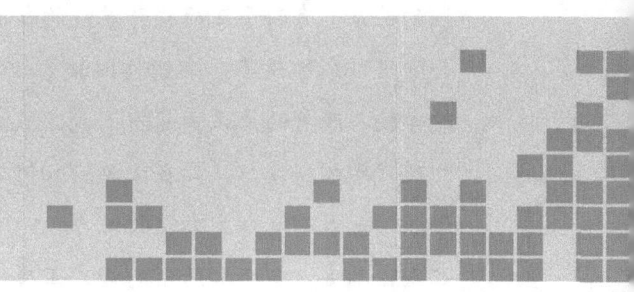

政府与学校分属两种不同的社会组织机构，这两个社会机构之间的权利和任务也在不断地相互影响、相互牵制，错综交叉而形成复杂的关系。它们之间的关系也受政治、经济、文化、社会等各方面的制约。我国社会主义市场经济体制和法治社会在不断地发展建设，系统而又深刻地研究政府与学校的相互关系及其变化趋势，有助于正确认识和妥善处理政府与学校的关系，有利于正确揭开学校的本质，从而推进国家整个学校管理理念与管理方式的改革，缩短我国教育教学研究与世界发达国家的差距。[①] 调整学校与政府的关系，是当下我国教育改革绕不过去的重要环节之一。建立现代学校制度，核心在于政府如何转变或重新定位政府的教育职能，在于学校是否拥有自主办学的动力。1978年以来，我国的政府与学校关系问题层出不穷。而公共治理的模式正在被世界范围内各国政府所认可并开始流行，这也在一定程度上吸引着我国的教育管理改革，启示着我国推动政府与学校关系的转型。

其实，不管是在西方还是在东方，政府与学校的关系变化与调整都是教育改革重要的考虑内容。以西方的教育改革为例，20世纪七八十年代以来，它们进行教育改革在很大程度上就是要通过这种政府与学校关系的调整，来改变由政府独裁和形式主义所带来的教育效率低下、教育资源浪费、教育质量低下等问题，重新审视政府在教育发展过程当中所扮演的角色与所应承担的职能，这样才能逐步提高学校的办学质量与效率。这场教育改革的关键点就在于这会驱使公立学校以更加灵活的姿态面对市场，面

---

① 龚爱红.政府与高等学校的关系：从历史演变到未来趋势[J].商洛学院学报，2010，24（1）：88-91.

对消费者，一方面可以在学校之间的公平竞争当中自然而然地降低教育的成本，另一方面还可以保持教育质量的提高。在这种做法的影响下，很多国家都开始采用这种做法，引进市场，在教育领域，包括学校运转、教育制度、教育观念等很多方面进行全面的改革，并逐渐研究出一套完整独立的教育成果。显然，从这些教育制度运行的结果来看，在学校教育中引进市场因素确实有助于解决一些教育过程当中遇到的消极问题，有利于政府与学校的关系的重塑。但是引入市场这只手也只是改变政府与学校关系的途径之一。更重要的还是制度的建立，制度确立了政府和学校之间的关系，同时制度也是促进政府与学校关系健康发展的重要依据。探索政府与学校之间的关系，必须高度重视制度在其中发挥的作用，通过制度加以规范和约束政府和学校的关系。

从制度的方面来探索政府与学校关系的发展，其一是要在不同的制度环境中探索政府与学校关系的模式，分析各种制度下政府与学校关系会有怎样不同的表现，进而进一步揭示不同制度环境下政府与学校之间的内在联系。其二是进一步探索政府与学校关系的制度理论支撑，探索在不同制度中政府与学校关系的建立、作用和表现。其三是进一步梳理并研究创新，建立政府与学校的新型关系。而这种新型的制度也将支撑着政府有更优的绩效，学校有更多的自主权，政府与学校关系有机高效地发展。

伴随着民族地区社会主义的建设和政治体制改革的步伐，社会主义市场经济和社会管理体制改革逐步深入，社会、市场、政府、学校之间的相互作用也在联系中不断变化、不断成长。① 政府与学校的关系也是这场变革当中的缩影和见证者，也是重要的组成部分。在中华民族整个民族的社会整体大变革下研究民族地区政府与学校关系的历史变迁，现今状况，未来发展，共生与改革，不仅是研究民族地区政策变革下现代化学校发展的前提，更是建设民族地区现代化服务型政府和学校教育体制以及民族学生长远发展的真实需求。

---

① 蒲蕊.政府与学校关系的重建———种制度分析的视角[M].武汉：武汉大学出版社,2009:2.

要更好地对现今青藏高原民族地区政府与学校的关系进行准确地把握了解，就要先了解历史，对之前历史时期青藏高原民族地区政府与学校的关系的脉络进行梳理。这是研究现实问题的基本步骤与基本要求。所以，为了更好地认识当下政府与学校关系的现状，我们首先就要对历史不同时期青藏高原民族地区政府与学校的关系进行了解梳理。由此，可以为准确地认识当今的政府与学校的关系提供相应的历史基础，寻找着力点，进行研究探索。

第一节 改革开放初期青藏高原民族地区政府与学校的关系

一、国家主要政策的颁布实施

1978年是我国教育体制改革的一次极具意义的重大转折点。我国在1978年进行了改革开放,这是在邓小平同志领导下开展的,这一年迎来了一个重大的机遇与转折,其标志性事件就是党的十一届三中全会,大会过后,明确了新的制度方向,政府与学校关系也随之进入一个新纪元,国家逐渐注重通过法律手段使得政府与学校的关系更加规范化。邓小平同志领导下的政府提出解放思想、实事求是的两大原则,针对"文化大革命"时期对民族教育自主权打压生存环境的情况,确定在拨乱反正后要刻不容缓地恢复民族自治地区地方政府在举办民族教育上的自主权这一指导方针。邓小平同志重新确立了民族教育工作在我国社会主义发展过程当中的重要战略地位。他强调民族教育是我国政府发展民族社会教育的必然选择,是建设社会主义教育文化的不可缺少的一部分,同时也可以为社会主义现代化的发展提供高素质的民族人才,促进民族地区的快速有效发展。而民族地区教育政策的改革实施也在影响着政府与学校关系的改革变迁。只有党和国家重视并且大力发展国民整体的教育,民族地区的教育才会得到更加稳定的发展,党和国家倾尽全力建设社会主义的民族教育,也是使少数民族地区的教育、社会、政府发展走上稳定、协调、统一、和谐的必然选择。这一历史事件拉开了恢复我国教育系统秩序和教育体制变革的序幕。我国民族地区的政府与学校关系也逐渐迈向正轨,迎来了积极健康的发展。从 1975 年 5 月开始，教育领域所表现出的局面混乱的情况就开始逐渐有所扭转。为了我国巡视制度的重新恢复，教育部于 1978 年成立独立科室并命名为"巡视室"。① 改革开放以来，国家开始通过颁布法令，逐步调整学校和政府之间的关系。② 国家政策方面，教育部在 1978 年先后发布了《全日制小学暂行工作条例（试行草案）》《全日制中学暂行工作条例（试行草案）》和《全国重点高等学校暂行工作条例（试行草案）》。在学校管理体制上，明确实行党委统一领导下的校长负责制，放大了校长在学校管理过程当中的作用，目的为恢复各级各类学校正常的教学秩序。3 月 7 日，国务院批复一封来自教育部的名为《关于高等学校恢复和提升教师职务问题的请示报告》的文件，截至 1981 年，之前所有学校中就职的教授、副教授、老师们也都逐步恢复了职称。

1978 年 8 月 26 日，教育部通知计划从 9 月 1 日起在全国范围内的中小学实行《小学生守则》和《中学生守则》，随后《高等学校学生守则（试行草案）》《中等专业学校学生守则（试行草案）》和《中等师范学校学生守则（试行草案）》也相继出台，这些草案在各个方面为学生的日常行为规范提供了新标准。第二年 2 月 2 日，教育部又发布《关于加强外国教材引进工作的规定和暂行办法》③，该办法从 1979 年起生效试行，并组织广大专家学者快速对国外科学技术进行梳理并汇编成具有可行性的教材，下行到学校推广展开教学，用于提高我国学校的教学质量。1980 年，全国人民代表大会通过了《中华人民共和国学位条例》④，国家这一做法是将学校

---

① 巡视制度是党内监督的一项重要制度，指中央和省（区、市）党委，按照有关规定，通过建立专门机构、开展巡行视察，对下级党组织和领导干部进行监督的制度。新中国成立后，党的巡视制度一度中断。改革开放后，巡视制度得到恢复。

② 龚爱红. 政府与高等学校的关系：从历史演变到未来趋势[J]. 商洛学院学报，2010，24（1）：88-91.

③ 《关于加强外国教材引进工作的规定和暂行办法》是教育部、外交部、财政部于 1979 年 2 月 2 日联合发布的关于外国教材引进工作的文件。其中规定，本办法自 1979 年起试行，对快速审出版反映国内外科学技术先进水平的社会主义新教材，提高我国高等学校的教学质量起了推动作用。

④ 《中华人民共和国学位条例》是为了促进我国科学专门人才的成长，促进各门学科学术水平的提高和教育、科学事业的发展，以适应社会主义现代化建设的需要。凡是拥护中国共产党的领导、拥护社会主义制度，具有一定学术水平的公民，都可以按照本条例的规定申请相应的学位。

授予的学位摆上了受法律保护的位置。自从中华人民共和国成立以来,这是由最高权力机关批准通过的第一部有关教育的法律条例。该条例一直到现如今仍然具有相当强的法律效力。次年5月国务院又继续颁布了《中华人民共和国学位条例暂行实施办法》。

1980年下旬,教育部又新颁布了《关于加强民族教育工作若干问题的意见》,这份文件旨在明确指出各级政府部门恢复民族教育的自主权,民族地区学校的自主权在这一部文件中得到了提及和伸张。给予少数民族自治地区政府处理本民族的一切事务的权利,同时以开放和包容的态度尊重少数民族地区在进行教育事业上的自主权。这是自"文化大革命"之后对少数民族教育事业秩序的重新调整和重新赋权,从这一件事情上也很大程度地反映了我党和国家全心全意为提高民族地区教育事业的发展而努力,从战略的高度和时代的发展对待少数民族地区的教育发展,拿出足够的尊重和重视来对待民族教育。这也进一步体现了改革开放之后少数民族地区政府与学校的关系进展。自此,少数民族地区的政府与学校的关系逐渐步入正轨,开始迈上了不断发展的历程。

1981年,第三次全国民族教育工作会议召开,会议强调要清楚认识加强民族教育工作的发展战略意义,要加强民族地区在教育发展上给予学校的自主权。这是关系到民族事业发展以及国家民族团结和维护国家主权完整统一全局的大问题。站在如此高度上谈论民族教育也进一步表明了党和国家对民族教育事业的重视和决心。

1984年,全国人民代表大会常务委员会颁布了关于民族自主权的法律文件《中华人民共和国民族区域自治法》①,从政策层面进一步明确要尊重民族地区教育的自主权。文件划分了教育自主权限包括:自主招生的权利、自主举办各级各类学校的权利、自主设立助学金的权利、自主发展双

---

① 《中华人民共和国民族区域自治法》是实施宪法规定的民族区域自治制度的基本法律,实行民族区域自治,对发挥各族人民当家作主的积极性,发展平等、团结、互助的社会主义民族关系,巩固国家的统一,促进民族自治地方和全国社会主义建设事业的发展,都起了巨大的作用。由中华人民共和国第六届全国人民代表大会第二次会议于1984年5月31日修订通过,自1984年10月1日起施行。

语教育的权利等等。

二、改革开放时期青藏高原民族地区政府与学校关系的具体表现

与中华人民共和国成立后的前30年不同，进入这一阶段我国开始意识到发展教育的重要性，意识到国家急需要一些法律条例、文件的出台来恢复和保障教育的发展，政策的实施。摆正发展教育的方向，确立政府与学校关系的指导思想，政府与学校变革之间的关系开始出现了"解冻"。一系列条例的颁布带来了新的变化，政府认识到了学校缺乏对自主权的掌握，政府与学校的关系不再是政府一成不变的施加号令，而是变成了对学校自主权的不断下放。总的来说，这个阶段政府的努力可以总结成两个维度，一方面是重新确立新的发展方向，努力缓和政府与学校之间曾经破裂的关系；另一方面则是明确学校的教育主体地位，放开学校的自主办学权。

（一）政府与学校关系的缓和

根据我国在1978年的不完全统计，1978年我国青藏高原民族地区初中毛入学率不到20%，高中毛入学率不足10%，而高等教育毛入学率更是不足1%。面对中华人民共和国成立后30年我国教育这一棘手问题，邓小平同志意识到解决这一问题是件刻不容缓的事情。在党的十一届三中全会过后，明确了新的制度方向，要建设新的政府与学校的关系也是从这一年开始，一系列文件相继出台，明确放出国家要缓和政府与学校关系，调整政策大力发展国家民族地区教育事业的信号。从这一时期的国家政策、国家制度以及国家教育改革当中我们可以看到，这一阶段国家刚刚经历拨乱反正，政府与学校的关系刚刚开始进入了一个恢复阶段。首先要在国家方针和政策制度上给予少数民族教育支持，在大的层面上让民族教育尽快步入健康积极正确发展的轨道上来，可以说政府与学校的关系从之前30年的政府学校关系的破裂局面逐步缓和，并且政府在纠正并引导学校朝着健康方向发展。

（二）政府放权学校自主型的发展

学校如果没有一定的自主权，将变成政治的附庸，这种环境下要想

培养符合时代要求的人才无疑是困难重重。在改革开放后陆续颁布的文件中，可以明确意识到，在管理体制上，明确提及要归还学校一定自主权，这一行为放大了校长在学校管理过程当中的作用。具体表现为改革开放初期建立的党委统一领导下的校长分工负责制。1978年教育部先后颁布了《全日制小学暂行工作条例（试行草案）》《全日制中学暂行工作条例（试行草案）》和《全国重点高等学校暂行工作条例（试行草案）》，这些文件的出台不难让人联想到在20世纪50年代末60年代初的党支部领导下的校长负责制，但其实它们之间是有着明显的区别。[①]一方面它吸取了"文化大革命"中在党委不知情的情况下进行革命的教训，对党委的教育工作和领导不断改善和加强，赋予党支部权力，一切重大事件必须在党支部经过研讨而决定，但是同时更加强调了校长的行政职能，赋予了校长充分的权力，这两种权力同时存在，也存在一种相互制衡的关系。这在很大程度上避免了党和政府之间权力相互交叉的乱象。

这一阶段相关的政策与法律的实施促使青藏高原民族地区政府与学校的关系已经逐步走上法制化的轨道，但仍然没有出台一个基本的指导原则来把握政府与学校之间的关系，这使得政府与学校的关系仍在初步探索。青藏高原民族地区的学校尚未真正在法律地位上掌握主导权。

---

① 褚宏启. 我国基础教育行政管理体制改革30年简评［J］. 中小学管理，2008（11）：4-8.

第二节 1985年教育体制改革后青藏高原民族地区政府与学校关系的变化

一、国家主要政策的颁布实施

1985年举办了第一次全国教育工作会议，中央颁布了《中共中央关于教育体制改革的决定》①（以下简称《决定》），这是中国第一个以"教育体制改革"为核心的教育政策。经过我国政府对以往教育的考察，认识到了"在教育事业管理权限的划分上，政府有关部门对青藏民族地区学校主要是对青藏民族地区高等学校管理得过死，使学校缺乏应有的活力"这一困境。②因此，为更加有效而顺利地迈向国家民族教育的良性发展，在改革开放前期颁布的各项条例的基础上国家又继续深入，进一步细化，颁布了此项《决定》，《决定》中明确提出了"实行基础教育由地方负责、分级管理的原则""基础教育管理权属于地方""除大政方针和宏观规划由中央决定外，具体政策、制度、计划的制定和实施，以及对学校的领导、管理和检查，责任和权力都交给地方"等规定。由此可见，我国政府正在将教育权力层层下放，基础教育学校的管理权下放到地方，减政放权，给予地方负责权力，扩大了地方政府对教育管理的权限。《决定》针对中华人民共和国成立以来教育体制中存在的诸多问题提出了一系列具体应对措施，青

---

① 《中共中央关于教育体制改革的决定》是在1985年5月27日中共中央会议上通过的教育改革文件。教育体制改革的根本目的是提高民族素质，多出人才、出好人才。

② 凡勇昆，邬志辉.建国以来我国政府与学校变革关系历史嬗变[J].现代教育管理，2012（1）：29-35.

藏高原民族地区的教育也是如此。首先是强调要在遵从国家相关政策，法律法规的前提下，针对青藏高原民族地区高等教育在办学这一方面给予充分的自由。比如学校在科研合作方面享有与外单位合作培养的权力自由；对学校内干部的任免有自主权力；对待国家拨来的科研经费有自由支配的权力；有权力自主举办国际国内学术交流与合作。但是一味地给予自由的权力，没有规章的规范约束也很难支持学校的正常、健康的发展，所以在一边放权的同时，国家也未忽视对学校的相关法规条例规范化的指导，这在《决定》中也做了相当全面的细节描述与安排，《决定》要求国家及相对的教育管理部门要及时给予青藏高原民族地区教育指导，加强对民族地区教育的管理。特别是在民族薄弱地区的教育体制、规模、生态还相当不成熟的情况下，更要加强教育法制上的沟通与疏导。并且要求青藏高原民族地区的教育管理部门还要研究出台相应的教育评价体制，对中小学以及高等教育的办学水平按时按情况进行真实的评估，同时建立相应的奖惩制度加以配合。

《决定》颁布的第二年，第六届全国人民代表大会第四次会议通过并颁布了《中华人民共和国义务教育法》①（下面简称《义务教育法》）。这是继《中华人民共和国学位条例暂行实施办法》之后第二部具有重要意义的国家教育大法，规定了义务教育实行地方负责管理原则，让地方政府管理教育的权力在法律层面有了依据。目的是为了继续深入对教育行为进行系统的规范并制约。在国家的领导下，《义务教育法》规定青藏高原民族地区的义务教育事业要秉持地方负责、政府分级管理的原则，这部法律也让地方政府的教育管理有法可依、有法可循。它明确了在义务教育阶段各级政府的责任，对推动青藏高原民族地区全民素质起到了重大作用。该部法律不仅是这一阶段涉及政府与学校关系的最为重要的法律，同时为我国下一阶段的《教育法》以及《高等教育法》等法律的制定提供了坚实的理论依据。

---

① 《中华人民共和国义务教育法》是为了保障适龄儿童、少年接受义务教育的权利，保证义务教育的实施，提高全民族素质，根据宪法和教育法而制定的法律。《中华人民共和国义务教育法》1986年4月12日由第六届全国人民代表大会第四次会议通过，1986年7月1日起施行。当前版本是2018年12月29日第十三届全国人民代表大会常务委员会第七次会议通过的修改版。

经过1978年的改革开放，我国社会存在和社会意识在经过了改革开放和市场经济的冲刷后，社会环境也发生了极大的变化，但是"教育体制和运行机制跟不上日益深化的经济、政治、科技体制改革的需要"，这预示着一场新的教育变革的到来。

1993年，中共中央、国务院颁布了《中国教育改革与发展纲要》，深化了前期教育体制改革，在《中国教育改革与发展纲要》中多次出现了"继续完善""逐步建立"以及"深化"，为全国教育体制改革奠定了基础。在具体措施方面，明确了教育改革的具体实施策略，"教育体制改革要采取综合配套、分步推进的方针，加快步伐，改革管得过多的体制，初步建立起与社会主义市场经济体制相适应的教育新体制"。在处理中央和地方有关教育的关系上，提出"进一步确立中央与省（自治区、直辖市）分级管理、分级负责的教育管理体制"。① 这是《决定》的继续和发展。可见，我国的教育政策在中央和地方转变教育管理方式的问题上是逐步推进和深化的。

同年中共中央继续颁布《国务院关于〈中国教育改革与发展纲要〉的实施意见》（以下简称《意见》），明确提出，青藏高原民族地区的中等及中等以下各类学校要实行校长负责制。校长要在全面贯彻国家的教育方针和政策基础上，配合联系好校内所有教职工办好学校教育。在民族地区政府与高等学校的关系上，提出"政事分开"的原则，"政事分开"则是通过立法，对高等学校的权力和义务进行进一步的解释说明，真正赋予高等学校以一个完全法人的实体面向社会。② 要在学校内的招生、专业调整、机构设置、干部任免、经费使用、职称评定、工资分配和国际合作交流等方面，根据具体情况具体分析，从而进一步赋予民族地区高等学校更加自由的办学自主权。《意见》也进一步强调民族地区学校要善于行使自

---

① 凡勇昆，邬志辉.建国以来我国政府与学校变革关系历史嬗变［J］.现代教育管理，2012（1）：29-35.

② 胡建华.20世纪90年代以来中日两国高等教育改革的若干比较［J］.现代大学教育，2006（3）：70-74+84.政事分开是我国正在进行的公共事业管理体制改革的指导原则和总体目标。为了更好地实施政事分开，应当遵循政府统筹、社会参与、公共利益取向、精简统一效能、务实求真和有所为有所不为的具体实施原则。

己的权力，相对应也要担负起相应的责任，主动肩负起适应我国民族地区经济发展和民族地区社会发展的需要，建立一套完整的自我运行、自我发展、自我约束的机制。政府也需要调整与转变其职能，之前是直接对学校进行上下级的管理，现在则是更多地进行宏观方面的管理，比如法律的健全、教育基金的设立、国家教育拨款分配、学校发展长短期规划、国家政策指导等这样一些措施。《意见》还提出要重视和加强决策研究工作，建立有教育界专家和社会各界共同参与的审议和评价体系，对国家教育方针政策、发展谋划布局提出意见，这样也是为了更好地鞭策青藏高原民族地区教育事业的发展，形成更为科学民主的决策体系。以上《意见》的部分也是对《中共中央关于教育体制改革的决定》的积极肯定。由此可以看出，以上这些政策在改变中央和地方教育管理权限的问题上做了十分清晰的诠释，而且在落实政策的决心和力度上也有了明显的加大，效果上也表现明显。这不仅对前一阶段民族地区教育体制改革进行了一系列的深化，而且也标志着我国的教育体制改革在民族地区全范围全面地推进。1995年，我国颁布《中华人民共和国教育法》（以下简称《教育法》），① 这一教育法在教育方面涵盖得更加全面，在法律层面上对我国教育管理体制进行了规定，进一步细化管理，国务院和各地方政府配合起来进行分工，做到分工管理、分工领导、分工负责。国务院领导民族地区中小学的教育事务，并配合民族地区地方政府进行管理。这又一次在法律层面对中国的教育管理体制进行了规定，规定指出："国务院和地方各级人民政府根据分级管理、分工负责的原则，领导和管理教育工作。中等及中等以下教育在国务院领导下，由地方人民政府管理。高等教育由国务院和省、自治区、直辖市人民政府管理。"这是我国在确立社会主义市场经济体制的情况下制定的教

---

① 《中华人民共和国教育法》是中国教育工作的根本大法，是依法治教的根本大法。《教育法》的颁布是关系中国教育改革与发展和社会主义现代化建设全局的一件大事，对落实教育优先发展的战略地位，促进教育的改革与发展，建立具有中国特色的社会主义现代化教育制度，维护教育关系主体的合法权益，加速教育法制建设，提供了根本的法律保障。《教育法》的颁布，标志着中国教育工作进入全面依法治教的新阶段，对我国教育事业的改革与发展，以及社会主义物质文明和精神文明建设将产生重大而深远的影响。

育基本法，是我国教育事业法制化进入新阶段的标志，也是在政府与公立学校的关系上正式进入法治化的标志，对我国教育法治化来说是一个全新的起点。根据《教育法》的规定，计划在全国教育事业的这两个五年规划中，进一步对政府与学校关系进行政策性的推进。

1996 年颁布的《全国教育事业"九五"计划和 2010 年发展规划》① 指出："通过立法、规划、分配、信息服务、政策指导和必要的行政手段，转变政府职能，由对学校的直接行政管理，转变为宏观管理，确立和落实学校作为社会独立运行的法人的地位。"

1999 年国家又颁布了《中共中央国务院关于深化教育改革，全面推进素质教育的决定》做出如下规定："继续完善基础教育主要由地方负责、分级管理的体制。根据各地实际，加大县级人民政府对教育经费、教师管理和校长任免等方面的统筹权"。② 这是对我国教育政策的继续完善，和我国之前的教育管理体制改革思想一脉相承。③ 这是对 1995 年的内容又进行的更为细节具体的完善，继承了教育管理体制改革的一贯思路。《中共中央国务院关于深化教育改革全面推进素质教育的决定》里提及了一条有关加强县级人民政府统筹权的新规定，而这一新规定背后又隐藏着一个新的变革。

二、1985 年教育体制改革后青藏高原民族地区政府与学校关系的具体表现

自 1985 年教育体制改革后，我国的教育事业进入了一个快速发展的时期，民族教育事业也顺利进入了自我发展的快车道，青藏高原民族地区政府与学校关系不断细化不断完善，一条条的国家政策相继出台，也在保障着青藏高原民族地区教育事业的健康有序发展。纵观这一时期我国民族地区政府与学校的关系发展，可以总结为，不断出台相关政策以保障民族地区教育事

---

① 九年义务教育正在有计划、有步骤地实施，高等本、专科教育有较大发展，办学效益有所提高。科技工作比重加大，研究生培养能力进一步增强。

② 凡勇昆，邬志辉. 建国以来我国政府与学校变革关系历史嬗变[J]. 现代教育管理，2012（1）：29-35.

③ 毕正宇. 教育政策执行模式研究[D]. 武汉：华中师范大学，2006.

业的生命力，进一步完善细化政府管理职能以及进一步将权力下放给学校，给予校长更多的有限度的自主权，进一步明确青藏民族地区政府与学校的关系，进一步支持民族地区政府与学校的关系朝着健康有序的方向发展。

（一）扩大学校自主权与校长制的提出

1985年颁布的《中共中央关于教育体制改革的决定》正式提出了校长负责制："学校逐步实行校长负责制，有条件的学校要设立由校长主持的、人数不多的、有威信的校务委员会，作为审议机构。"① 这是我国第一次在国家教育政策中明确给予"校长负责制"以一定的法律保障，与之前的领导体制相比，它削弱了党委对学校的控制权力，赋予了校长进行学校管理和学校变革更大的权力。30多年来我国教育改革力度不断加大，然而校长负责制却一直未变，只是进行权力范围内的调整，充分显示了校长负责制在理论上的正确性。

从内容来看，《中共中央关于教育体制改革的决定》针对中华人民共和国成立以来教育体制中存在的问题提出了决策解决方案。例如进一步扩大民族地区学校的办学自主权；在执行国家相关法律的前提下，民族地区学校有权在计划外接收委培生和自费生；有权调整专业的服务方向，有权自主选用教材，对教学计划和教学大纲进行制订和编写；有权受委托或与外单位、外校合作，有权独自进行科学研究和技术开发；有权对学校内的一切教职工职务进行人事调整，任免各级干部；有权具体安排国家拨发的各项教育经费；有权开展国际的教育合作和学术交流，对不同的学校，国家还可以根据其实际情况，赋予更多的权力。与此同时，国家要求相关教育管理部门要加强对民族地区学校的宏观指导和管理。教育管理部门还要组织教育界人士结合相关管理部门研究建立完整的学校评估体系，并定期对学校的办学水平进行考察评估，进行一定的奖惩，对效果显著、成绩优异的学校，国家会给予一定物质奖励；教学质量存在严重问题的学校国家会要求学校整顿，整顿后仍未达标的将会面临停办的处罚。学校内部实行校长负责制，

---

① 凡勇昆，邬志辉.建国以来我国政府与学校变革关系历史嬗变[J].现代教育管理，2012（1）：29–35.

有条件的学校要设立校务委员会作为审议机构，校务委员会由校长主持。①

《决定》还要求加强民主管理和民主监督，所以要建立以教师为主体的教职工代表大会制度。学校中的党组织要从过去那种控制的角色状态中跳脱出来，目标主要集中于如何加强党的建设和思想工作的建设，并且做到团结师生群体，配合支持校长工作、履行职权，保证和监督党的各项方针政策的落实和国家教育计划的实现；要坚持以马克思主义思想为指导教育师生，激励师生为祖国的富强而奋发进取，并且保证学生德智体得到全面的发展。这样看来，这个《决定》是指导我国政府与学校关系的纲领性文件，描述与规划了十分细节的一些教育政策章程，这也在政策层面宣告了我国政府与学校关系进入了一个全新发展的时代。

（二）政府职能由"直接管控"变为"宏观调控"

1993年国家又出台了《国务院关于〈中国教育改革和发展纲要〉的实施意见》（以下简称《意见》），《意见》进一步对民族地区政府与学校的关系做了更为具体的阐释。《意见》指出，为主动适应我国经济建设和社会发展的需要，我国应建立起教育体制内自我发展、自我约束的运行机制。政府要转变职能，由之前"对学校的直接行政管理，转变为运用立法、拨款、规划、信息服务、政策指导和必要的行政手段，进行宏观管理"。②逐步加强决策的研究过程工作，建立有教育专家和社会各界专家广泛参与的应对机构，提出对国家民族地区的教育方针政策、发展战略和规划的相关建议，让决策程序更为民主科学化。在具体措施上，它确立了教育体制改革的实施方针，"教育体制改革要采取综合配套、分步推进的方针，加快步伐，改革包得过多、统得过死的体制，初步建立起与社会主义市场经济体制和政治体制、科技体制改革相适应的教育新体制"。③

---

① 廖湘阳.改革开放以来我国高等教育管理改革政策文本分析[J].现代教育科学,2002(3): 44-46.

② 杨尊伟.改革开放40年我国高等教育管理体制改革的回顾与前瞻[J].河北师范大学学报（教育科学版）,2018,20(5):13-19.

③ 朱开轩.中国教育体制改革现状及前景——为《科技与经济画报》而作[J].科技与经济画报,1995(1):2.

20世纪末期是我国在教育改革的力度、程度上的蓬勃发展时期,我国在教育管理体制改革方面进入了恢复计划管理体制、改革计划管理体制和深化管理体制三个阶段,我国的教育管理体制从改革开放前期的不成熟逐渐走向了完善。与此同时,学校如何变革成为这些教育研究者的新课题,如何平衡民族地区政府与学校之间的关系成为教育发展过程中一个亟需解决的新问题,引起国家、社会各界人士的广泛关注。

首先,以政府间权力分配改革为主,并兼顾民族地区政府与学校关系的改革。经过近20年的改革历程,不同政府间对管理教育的权力分配和职责安排已经基本定型,科学、合理的基础教育管理体制已经基本形成了。与此同时,政府也在监管中发现,政府相关教育部门还是对学校管理自由度不够,学校尚未完全释放应有的教育活力,因此提出了"扩大学校的办学自主权""学校逐步实行校长负责制"等有关政策规定,政府与学校的关系变革研究开始逐渐走进改革的内容涵盖部分。[1]

其次,提出和确立校长负责制。校长负责制的提出,一定程度上改善了过去中小学管理中权力分配不明朗的问题,明确了学校内部的党政关系,给予校长真正的领导力和管理权。与此同时,校长有了自主权,学校管理的效能也得到了大大的提升,增加了学校自主变革的能力。

最后,政府开始转变对学校教育职能管理的变革。随着我国政府教育体制改革的推进和市场经济体制的加速发展,民族地方政府原有职能发生着转变,政府与学校之间的关系也在发生着转变。紧接着,政府管理学校教育职能的理念也引导着教育变革的发展走向,由政府对学校直接进行领导和管理的"直接管理"逐步走向以对学校监督、检查以及政策制定等手段为标志的"间接管理"。

---

[1] 凡勇昆,邬志辉.建国以来我国政府与学校变革关系历史嬗变[J].现代教育管理,2012(1):29–35.

第三节　进入新时代青藏高原民族地区政府与学校关系的新阶段

一、国家主要政策的颁布实施

经过了改革开放后多年的努力发展，紧接着进入了更加全面快速发展的 21 世纪，21 世纪青藏高原民族地区政府与学校的关系从此又迈上了一个新台阶。2001 年国务院颁发《国务院关于基础教育改革与发展的决定》[①]，对义务教育做了更细化更深入的指导，对民族地区农村义务教育改革进一步加以规范，要求民族地区义务教育务必扎根在国务院的整体领导下且建立由民族地区地方政府负责管理的教育管理体制。这与之前的一个较大的变化是确定了"以县为主"的管理体制，县级政府和教育行政部门主要负责发展民族地区农村的教育。

2001 年国务院发布的《国务院关于基础教育改革与发展的决定》提出了相关要求："各级政府和有关部门要认真落实教育法律法规，提高依法治教意识。"依法办学是依法治国基本方略的内在要求，是推进教育发展和改革、提高教育管理效率的重要内容，更重要的是，它是政府管理学校的另一种手段，为政府职能转变提供了新的途径，使政府与学校关系的转变呈现

---

① 《国务院关于基础教育改革与发展的决定》确立了基础教育地位，坚持基础教育优先发展。改革开放以来，我国基础教育取得了辉煌成就。基本普及九年义务教育和基本扫除青壮年文盲（简称"两基"）的目标初步实现，素质教育全面推进。但我国基础教育总体水平还不高，发展不平衡，一些地方对基础教育重视不够。进入新世纪，基础教育面临着新的挑战，改革与发展的任务仍十分艰巨。

出新的特点,更有利于政府教育管理职能的转变和学校自治权的获得。

2001年6月,教育部颁布了《基础教育课程改革大纲(试行)》,宣告了我国第八次课程改革的开始。其中,在"课程管理"中实行国家、地方和学校三级课程管理制度,学校应根据当地社会经济发展的具体情况,考虑到学校的传统和优势、学生的兴趣和需要,开发或选择适合本校的课程。[①] 由此可见,青藏高原民族地区学校有权根据国家课程和地方课程发展自己的课程,发展能够适合学生特点的校本课程。但在对地方学校放权的同时,并不放弃教育行政管理部门对地方学校进行指导和监督,在很大程度上避免了"一放就乱,一统就死"的现象。

2001年7月,教育部发布了《全国教育事业第十个五年计划》,要求"进一步理顺学校与政府的关系,依法落实和规范学校办学自主权";加快学校内部管理体制改革。这与以往教育管理体制改革中的权力转移有很大不同。在确立了"以县为主"的管理体制后,政府与地方学校关系改革的重点从校外转向校内。"学校自治"和"现代学校制度"开始成为21世纪第一个十年教育管理体制改革的重点。

2004年,教育部颁布了《2003—2007年教育振兴行动计划》[②],提出了"探索建立现代学校制度"的要求,为我国现代学校制度的研究和建立提供了理论依据,也为今后学校教育的变革给予了启发,开启了"构建现代学校制度"的研究热潮。

2007年,中国颁布了《国家教育事业发展"十一五"规划纲要》,明

---

① 凡勇昆,邬志辉.建国以来我国政府与学校变革关系历史嬗变[J].现代教育管理,2012(1):29-35.校本课程(school—based curriculum)是一个外来语,最先出现于英、美等国,已有20多年的历史了。即以学校为本位、由学校自己确定的课程,它与国家课程、地方课程相对应。

② 《2003—2007年教育振兴行动计划》于2004年3月3日由中华人民共和国国务院印发。其主要内容是:重点推进农村教育发展与改革及高水平大学和重点学科建设;实施"新世纪素质教育工程""职业教育与培训创新工程""高等学校教学质量与教学改革工程""促进毕业生就业工程""教育信息化建设工程""高素质教师和管理队伍建设工程";加强制度创新和依法治教;支持和促进民办教育持续健康协调快速发展;进一步扩大教育对外开放;改革和完善教育投入体制;加强党的建设和思想政治工作;构建和完善中国特色社会主义现代化教育体系。

确了加强学校领导的问题，提出了"教育家办学"的理念，对我国学校教育领导提出了更高的要求，也是对时代发展的政策回应。

进入新时代，为了继续推进第二个十年的教育改革，2010年全国教育大会如期在北京举办，这也是改革开放以来的第四次教育大会。会议主要围绕《国家中长期教育改革和发展规划纲要（2010—2020年）》展开。《国家中长期教育改革和发展规划纲要（2010—2020年）》明确指示要继续深入探索建立现代学校制度，在中小学管理中实行"政校分开、管办分离"①，"建立依法办学、自主管理、民主监督、社会参与的现代学校制度，构建政府、学校、社会的新型关系"，"实行和扩大学校自治"。《教育规划纲要》则对我国"未来10年"教育改革和发展进行了一系列详尽的规划，确立要"促进公平、提高质量"的基本教育政策，推动我国教育事业在新时代科学地发展，公平地享有。《国家中长期教育改革和发展规划纲要（2010—2020年）》和《教育规划纲要》不仅是对我国教育政策的继承和发展，也是我国未来学校教育的指导纲要。青藏高原民族地区政府与学校关系进入了更加快速的发展阶段。

《国家中长期教育改革和发展规划纲要（2010—2020年）》（以下简称《纲要》）②的颁布标志着以现代学校制度为中心的政府与学校的关系走向成熟，对于青藏高原民族地区而言，《纲要》的颁布标志着政府与青藏高原民族地区学校的关系进入了新阶段。进入新时代，青藏高原民族地区基本建立了一套完整的教育法规、教育决策咨询体系、信息体系和监督评估体系，逐步形成了自我发展、自我约束的运行机制。政府的主要任务是

---

① "政校分开"是指高等学校的所有权归属于国家，政府教育行政机关代表国家行使管理权，即宏观调控，但不得干涉校方合法的治校行为。"管办分离"是监管与举办职能的分开。具体说，是根据转变政府职能的要求，明确所有者和监管者的责任，解决政府行政部门既办又管的问题。

② 2010年7月29日《国家中长期教育改革和发展规划纲要（2010—2020年）》正式全文发布。这是中国进入21世纪之后的第一个教育规划，是此后一个时期指导全国教育改革和发展的纲领性文件。主要内容包括：推进素质教育改革试点、义务教育均衡发展改革试点、职业教育办学模式改革试点、终身教育体制机制建设试点、拔尖创新人才培养改革试点、考试招生制度改革试点、现代大学制度改革试点、深化办学体制改革试点、地方教育投入保障机制改革试点以及省级政府教育统筹综合改革试点等10个方面。

创造良好的教育环境，贯彻落实国家教育方针，在青藏高原民族地区政府与学校关系进入新阶段后，保证学校的正确办学方向，规范各级各类学校办学条件标准，保障教育公平，保障学生受教育权，积极维护教师和学生的合法权益。由此可见，这一阶段政府与青藏高原民族地区学校关系第一次进入法律的轨道，民族地区人民群众对教育的获得感逐步增强，无论是教育制度还是体系都得到进一步完善。政府在法律定位上不再包办教育领域一切事务，政府主动从学校教育的具体领域中退出，法律对政府的职能进行了缩减。应当说，经过几十年发展，确立学校的法人实体资格，赋予学校法定的办学自主权，是我国教育法制领域的最大成就。这也就确立了在社会主义市场经济条件下处理政府与青藏高原民族地区学校关系的基本指导原则，为政府与青藏高原民族地区学校关系的科学化、合理化建设提供了最为基本和关键的指引。然而，如何在具体的制度中贯彻和落实政府的职责，如何切实有效地保障青藏高原民族地区学校的办学自主权，则尚须在实践中不断探索，至今尚未完成。可以说，构建科学合理的政府与青藏高原民族地区学校关系，仍然是青藏高原民族地区教育体制改革的中心问题。

2018年的教师节，第五次全国教育大会在北京举办，这是改革开放40年后的一次重要的全国教育大会，习近平总书记参加会议并发表重要讲话，他以"坚持中国特色社会主义教育发展道路　培养德智体美劳全面发展的社会主义建设者和接班人"为主题，在新时代的背景下，首先对改革开放40年教育发展的成果明确给予了肯定，高度总结概括了我国教育改革和发展的本质与先前改革发展经验，科学系统分析了现如今中国教育发展的新形势，对当前我国教育政策发展方向作出新的把握、新的判断，并且就未来教育如何做，为谁做，靠谁做的问题进行了科学明确的阐述。他强调，要继续加快推进教育现代化、建设教育强国、办好人民满意的教育，全面部署发展教育，为教育改革和发展提供了道路指引和基本遵循。

二、进入新时代青藏高原民族地区政府与学校关系的具体表现

改革开放40多年来,随着社会主义市场化的不断迈进与深入,教育的市场化发展也越来越成熟,青藏高原民族地区政府与学校变革的关系也在经历了教育市场的变革与考验后,留下了很多宝贵的经验。

(一)校本管理的成熟

政府与青藏高原民族地区学校改革的关系是由外向内的变化。进入21世纪,尤其是在国家教育管理部门确立以地方负责、以县为主的教育管理体制之后,我国教育体制改革中政府与青藏高原民族地区学校的关系逐渐走向成熟,青藏高原民族地区学校内部的改革成为学校教育改革的中心。青藏高原民族地区政府与学校关系发生变化的原因,除了政府与学校关系的改革外,还主要受到国外教育改革中学校本位管理与学校效能研究的影响。[1]以校本管理的研究为例,校本管理研究是开始于20世纪80年代国外资本主义发达国家的一种教育改革。校本管理最大的特点就是权力的下放,政府将管理学校的权力下放到学校,在人事安排、教师管理、教学研究、财政预算等方面给予学校更大的自主发展权。与传统教育理念下的外受政府控制管理相比,校本管理具有其独特的优势,在管理原则、管理方法等方面都有所不同。因此,进入21世纪后,我国的校本管理研究引起了教育界的广泛关注。

(二)建设现代学校制度

青藏高原民族地区学校教育的变革以建构现代学校制度为核心。青藏

---

[1] 学校本位管理(School-Based Management;SBM)又称学校本位经营或学校自主管理,是对传统学校管理的一种改革。学校本位管理是结构上的革新,它改变了学校里有关人事、工作时间表、课程及资源分派的行政决定过程。传统的学校管理方式强调标准化、单一化和集权化,学校的自主性较少,可以说是一种外控管理。外控管理即学校的管理工作是外界的权威或中央所指令执行的,并不照顾本身的特性和需要,校内成员只是执行工具,自主权较小。而校本管理则是强调弹性化、多元化及学校自行管理,透过教职工、学生家长等有关人员的参与来拟定学校的重要决策,也就是扩大决策参与的层面,展现权力的分化,达到校园民主化的诉求。因此,学校本位管理是教育松绑或权力下放之理念化为具体的措施。

学校效能研究创始人为美国学者詹姆斯·科尔曼(James Coleman)。学校效能被认为是学校对学生学业成就的影响程度,而有效学校则是在学生学业成就上发挥明显促进作用的学校。

高原民族地区学校教育的变革成为我国教育改革的热点问题,很多学者对青藏高原民族地区学校教育的变革进行了深入的研究,例如有的学者在课堂教学、班级建设以及学校领导与管理等方面进行了比较研究。通过对近10年学校改革的比较分析,可以发现现代学校制度的建设是青藏高原民族地区学校教育改革的核心问题。2003年,中央教育科学研究所与教育部基础教育司联合承担了中国现代学校制度的第一个研究课题"基础教育阶段现代学校制度的理论与实践";2004年,教育部颁布了《2003—2007年教育振兴行动计划》,明确提出了"探索建立现代学校制度"的要求。① 这些教育政策为我国现代学校制度的研究和建立提供了理论和政策依据,揭开了现代学校制度研究的序幕,为以后的青藏民族地区学校教育的变革指明了前进的方向,对现代学校制度的建设具有战略意义,也对今后10年的青藏高原民族地区的教育制度和学校管理制度改革具有重要意义。

(三)严格依法办学

青藏高原民族地区政府与学校的关系体现了依法治校的新特点。目前,我国出台了《中华人民共和国义务教育法》《中华人民共和国教师法》等教育法律,为青藏高原民族地区教育的发展提供了法律依据。然而,"依法治校"并不一定意味着"有法可依",真正落实"依法治校"的理念主要出现在21世纪初的教育政策中。通过《国务院关于基础教育改革与发展的决定》《2003—2007年教育振兴行动计划》《国民教育发展第十一个五年规划纲要》等政策,我们可以发现,这一时期的教育改革中都把依法办学摆在突出的位置。例如,《国务院关于基础教育改革与发展的决定》提出了依法办学和依法治教的有关规定,例如:"各级人民政府及有关部门要认真贯彻执行教育的有关法律法规,提高依法治教意识。"依法办学是依法治国基本方略的内在要求,是推进教育发展与改革、提高教育管理效率的重要内容,更是政府管理学校的另一种手段,为政府职能转变提供了新的途径,使青藏高原民族地区政府与学校关系的转变既有新的特点,更有利于政府教育管理职能的转变和青藏高原民族地区学校自治权的获得。

---

① 张裴. 中国特色社会主义教育政策的演变研究 [D]. 兰州:兰州交通大学,2020.

通过对新时期以来青藏高原民族地区政府与学校关系的回顾，可以看出青藏高原民族地区政府与学校关系经历了一个从转变到深化的过程。这不仅是教育发展的一条特殊道路，也是教育改革的一条艰难道路，是探索教育现代化的新途径。再回头看，青藏高原民族地区政府与学校关系的变化是清晰的，其背后的内在逻辑也逐渐清晰。它不仅接受和模仿了国外的教育改革，而且借鉴了中国传统教育的经验；它不仅引进和产生了各种教育理论，而且启发了新的教育实践；学校改革既有外部的政治和社会环境压力，也有政府与学校改革主体间的相互作用。总之，它反映了青藏高原民族地区政府与学校关系中对教育理论与实践的反思过程，但仍代表着教育改革的历史与方向。追溯过去，展望未来，要处理好当前青藏高原民族地区政府与学校的关系，必须坚持"生成性思维"①，在理论与实践相结合的基础上，在传统与现代、中国与西方、教育内外、政府与学校之间的合理张力下，收集反馈意见，反思自身原有的制度设计和理论逻辑框架，主动产生逐步突破的发展机制，主动创造发展机制。

---

① 生成性思维是现代哲学的基本精神和思维方式，其特征为：重过程而非本质，重关系而非实体，重创造而反预定，重个性、差异而反中心、同一，重非理性而反工具理性，重具体而反抽象主义。

第四节 青藏高原民族地区政府与学校关系发展的趋势与选择

改革开放以来，我国各方面事业都有了飞速的完善与发展。在教育领域，改革开放后的这几十年，是我国教育加速发展，教育体制改革不断深化，教育市场化不断成熟，教育改革内容不断完善的几十年，同样也是我国政府与学校关系不断变革调整、不断深化的几十年。伴随着社会主义市场经济的不断深入迈进，我国市场在教育发展中发挥着越来越重要的作用。将市场要素安置在政府与学校关系之中将会对学校教育的变革产生重要的影响。在青藏高原民族地区政府和学校关系不断转变的今天，市场也在扮演着越来越重要的角色。本节内容将从组织权利配置的视角，从青藏高原民族地区政府职能与学校自主办学权两个方面，对青藏高原民族地区政府与学校关系发展的趋势与选择提出策略性的建议。

一、精简青藏高原民族地区政府教育管理职能

随着改革开放的不断深入，青藏高原民族地区政府与学校的关系也在不断改变。事实上，青藏高原民族地区政府在办学方面的确给予了学校越来越充分的自主权，政府的角色也从承担者逐渐转变为指导者。政府并不是完全不管，而是要做好学校发展的"监督者""协调者""执法者"，做好指导的工作。只要政府能履行好社会职责，监督学校的办学思想，协调好学校与个人及组织的关系，市场的自动调节功能就会得到充分的发挥。综上所述，青藏高原民族地区政府的主要职能是宏观调控教育，其职能应

集中在以下四个方面：

（一）行政监督是青藏高原民族地区政府管理教育事业的第一要务

青藏高原民族地区政府对教育进行宏观调控的几项职能中，如果没有行政监督作为第一要务，青藏高原民族地区政府就不能很好地了解学校教育的实际情况，执行其他的教育管理职能也无从下手。政府应该放弃对学校具体事务的管理，把精力放在对学校的行政监督方面，包括学校章程的监督、办学理念的监督、课程内容的监督等方面，但行政监督要适度，不应当影响学校正常教育教学工作的运转。当然，青藏高原民族地区政府对学校的监督不是放松或削弱学校管理的作用，而是增强了学校的宏观调控。建议政府在有关行政区域内建立合理的学校监督制度，以保证对学校自主办学权的适当控制。

（二）立法与执法始终是青藏高原民族地区政府管理教育事务的重要手段

在行政监督过程中，青藏高原民族地区政府会遇到各种不可控因素。一旦学校的办学行为违反了教育行政部门的有关规定，青藏高原民族地区政府应当提出纠正意见，如果学校不落实改进意见，政府将采取进一步措施，迫使学校改正错误。在这个过程中，实际上就需要青藏高原民族地区政府开展立法与执法工作。因此，青藏地方政府的基础工作是"立法"和"执法"，完善各项教育法律法规。政府制定了一系列教育法规后，各级学校依法办学，制定并建立了相应的学校教育管理制度，即依靠教育立法管理学校，减少管理中的主观因素，使教育走上正轨。

（三）政策制定是青藏高原民族地区政府管理教育事务的最灵活手段

虽然法律是教育事务管理最重要的工具，但是法律有一定的滞后性。在这种情况下，法律面对一些新情况、新问题，可能跟不上形势的发展，因此，青藏高原民族地区政府必须具备灵活的调整能力，进行及时的管理。经过长期的研究发现，教育政策具有一定的灵活性，是解决短期性问题的重要手段。我国习惯上采用教育政策来解决法律滞后的问题，对于学校在争取更大自主权的过程中教育法律无法解决的问题，政府可以引入新的教育政策作为有力的保证。

（四）经费资助仍是青藏高原民族地区政府支持教育的最直接方式

随着社会经济的不断发展，青藏高原民族地区政府对学校教育的资助越来越少。但就青藏高原民族地区的经济发展状况来看，依然有相当大一部分家庭支付不起孩子上学的费用。国民教育的普及不仅对国家的经济发展有帮助，对于维护民族团结也带来了积极的政治效应，因此青藏高原民族地区政府需要对教育进行大力扶持。鉴于义务教育已向全体学生免费，青藏高原民族地区政府义务教育的侧重点将不再是免费及公益性，而是要创新地挖掘义务教育的多样性或者说个性化，义务教育的竞争性也将会伴随家长对义务教育的更高要求而日益凸显。

二、扩大青藏高原民族地区学校的自主办学权

青藏高原民族地区政府与学校关系的核心，其实是学校的自主办学权问题，政府除宏观上进行必要的管理外，不能用行政手段直接干预学校的自主办学。学校在法律上是一个独立的法人，应当具有法人自主行事的权利。目前，我国学校办学权的缺失主要表现在三个方面：学校自主支配经费权、独立人事自主权、学校特色课程开发权。

（一）拥有充分的经费自筹权

由于义务教育的公益性质，我国目前对义务教育的资助主要取决于政府资金的拨款。但这一部分拨款又主要靠政府支持，由于各种统筹规划的不协调，导致我国不少地方义务教育经费存在分发不到位，或者政府提供给学校的教育经费不够，满足不了学校自身的发展需求。例如，教师工资一直提不上去就是我国教育行业的一大诟病。事实上，教师待遇低下对中国的教育产生了深远的影响，教育部门很难留住那些优秀的、有能力的人才。一个行业的经济水平往往代表着一个行业在社会中的地位，但是现在我国的学校，特别是那些名气不大的学校，很难得到政府的大力支持，如果没有能力自己筹集资金，就很难有一个好的未来。如果没有好的待遇，学校也就不能留住好的教师。因此，学校必须有足够的权力自行筹集资金，只要学校能够合法运作及自行营运，便可令学校的经济地位更为稳

固。学校只有在经济上获得独立，才能真正获得独立法人资格。

（二）享有高度的人事自治权

现在学校是校长负责制，其内涵是校长对学校的人事权负主要责任。但事实上，由于政府和学校之间的关系还没有真正理顺，民族地区学校校长似乎有独立的人事安排权，但实际上，包括校长的任命和教师的工作安排，几乎总是由上级来间接安排。学校的独立人事安排已成为一种空谈，校长由上级任命，实际上，整个学校由行政主管部门管理，学校教师和教职员工基本上只有被动办事的权利。似乎是这样的，让教育行政管理学校的人事管理最大的不便是对学校内部的人事关系管理不清楚，不了解学校人事管理中的真正问题。当教育行政部门不了解学校的状况时，根据行政部门选校长，学校的问题也随之出现。一所学校应该如何发展，校长需要为学校的发展作出贡献，不是一个简单的委派就能解决的。学校的重要人事安排，甚至由教师教授的科目和课程也可以由教师和工作人员以民主的方式管理，由真正有能力为学校发展作出贡献的人来管理。只有这样，学校的内部才能做到优化配置，把每个人放在适合的岗位。学校只有这样才能真正立于独立的地位。

（三）拥有特色课程的自主开发权

在现阶段，学校有权开发自己的特色课程，但实际上，在考试制度的影响下，义务教育的课程设置是一模一样的。为提高教学质量不停压榨学生们美术、音乐、体育这类课程，并统称这些课程为"副课"。由于一味地只接受"主课"，使得大部分学生会逐渐产生厌倦学习的情绪。比如现在青藏高原民族地区有开发符合当地特色的各类课程的愿景，但其实在实际操作中就会遇到种种难题，这些有特色的教科书并没有得到足够的重视，没有做到认真讲解并让孩子从中去真正感受，顶多只是让学生们在考前为了应付考试而进行重点难点知识的机械记忆，并非出于学校的本心，而这只是因为学生们迫于考试的压力不得不将更多的注意力放在需要参加考试的所谓"主课"上面。这样其实就根本没有实现当初研究这类民族课程的愿景，就更别提这些学生能参与其中获得多大的收益了。所以总的来说，现在学校开发民族特色课程之所以效果不够理想，主要在于应试制度的强压。因此要让学生真正能在这些民族特色课程当中有所收获，学校要真正办出符合本民族地区的特色，是目前教学任务上最迫切要解决的问题。

三、学校参与到市场筛选当中

所谓市场筛选，就是各个学校都积极地参与到市场竞争当中，同时学校凭在竞争中的教学质量和社会口碑来吸引学生。在这种市场竞争的前提下，学校才能够按照市场需求设置课程，进而不断地发展壮大。不能很好适应市场竞争的学校则会被无情地淘汰。在市场机制的强大筛选作用下，任何一所学校都在依据市场规律，纷纷不断改进办学方式，提高办学水平，突出办学特色，以优质的服务和办学质量维持自身在市场中的竞争优势和对比优势。① 而最为重要的一点是，市场机制遵从优胜劣汰的法则，面对日趋激烈的各方面竞争压力，不顺应市场发展的学校则会在这场竞争当中被淘汰。

（一）青藏高原民族地区政府推动教育市场化

一直以来，地方政府都在表达着国家利益的诉求，在政府权力面前，真正的民众诉求得不到有效的倾听，这直接造成了地方学校模式的单薄。因此，家长有必要通过协商的方式参与到学校的办学体制安排、招收学生标准、课程设置标准等这些项目上来，必须让市场来发挥必要的作用，推动教育市场化。② 政府和学校的关系不能沿用原来的管理模式，要进行一

---

① 全敏.新自由主义视角下我国义务教育阶段政府与学校关系的转变研究［D］.海口：海南师范大学，2016.
② 教育市场化是指教育的生产、消费完全通过市场进行，政府既不对学校也不对学生提供财政资助。教育市场化是高等教育机构之经营手段，应透过市场化机制重视效率、效益与效能，将学校治理达到如同经营企业，充分发挥资源引进之绩效，提升教育资源的运用效率，以提供实现高等教育理念与精神，换言之，高等教育机构希望投入最少资源发挥最大效益。教育市场化的倡导者 Milton Friedman 认为透过市场机制的两个核心机能——家长选择与学校竞争，可以促进学校改革、提升教学绩效、增进教育多样化等，能迎合学生、家长和社区的需求与期待，亦可减少政府财政负担，提升教育效能，并解决公营教育系统中多年来难以去除的流弊。

种符合市场发展的宏观调控，应当通过建立教育市场化的运行机制，帮助学校在自由竞争的市场当中脱颖而出。所谓教育市场是指由构成教育的基本要素所形成的市场。在计划经济条件下，教育资源的缺补调节主要通过政府来实施，但是这已经很难适应当今市场经济发展下的我国学校建设，建立教育市场化机制目的就在于充分调动市场，借用它优化配置资源的高效手段。经分析，良好的教育市场化机制可以在以下几个方面建立。

首先，建立教育资金市场。一所学校的开办最关键的问题就是有足够的教育经费，现阶段我国青藏高原民族地区的教育经费主要是依靠政府来提供，但学校要想得到更进一步、更好的发展，青藏高原民族地区的政府需要支持学校发掘更多的经费获取渠道。当然，青藏高原民族地区的学生还可以通过国家的各种补助和奖学金来给予自己学习上的支持与帮助。

其次，强化校园硬件市场。青藏高原民族地区学校里的硬件设施可以说是远远落后于我国内陆地区，就更难与沿海和南方发达城市比较。青藏高原民族地区政府应该运用顶层调控的优势来帮助建立一个循环的硬件市场，拓宽各类校园设施采购渠道，建立完整且廉价的设施供应链，建议各个学校以租赁或购买形式进行使用，民族地区各个学校之间与设施供应商形成一种联系网，学校之间也可以共享设施。由此不止学校设备的使用率提高了，使用设备的成本也得到了进一步的降低，同时也促进了学校的可持续发展。

再次，扩大教师招聘市场。青藏高原民族地区很多学校的教师都不是公开招聘来的，招收范围不够广泛，这种情况下就很难招收到与学校要求岗位所匹配的人才。青藏高原民族地区政府要通过扩大教师招聘市场，让更多符合条件的教师也能参与到岗位的竞争中来，借此可以储备更多优秀的教师。同时教育行政部门应确认进入教师市场人员的条件标准，并以此对教师市场的运行进行调控。

最后，扩大招生录取市场。学校应当是面向社会采取公平竞争的原则来招收学生，根据学校自身特色，在所有考生中择优录取。此外，学校扩大招收学生的录取名额，面对社会市场对人才越来越多的需求，及时培养出更多符合时代发展、社会需要的学生。

（二）青藏高原民族地区政府协助设立教育中介组织

在强调市场对学校教育质量的筛选功能的同时，还有一个重要问题必须要提出来，就是对教育的评估工作应该由谁来负责的问题。目前我国的教育评估工作一般还是由政府有关教育部门来负责，同时一些社会专业组织也会承担起部分评估的任务，比如各种评审委员会，其负责人大部分都是来自各级政府部门，主要有校长、教育专家、教育部门领导等。与其他国家的教育评估相比，我国政府对学校的管理确实过于细化，并且由于作为与教育直接挂钩的学生和家长对教育评估的参与度低，我国教育评估的公平性相对低迷，这对新时代促进教育工作的发展产生了巨大的阻碍。

而这一份责任也是巨大的，对于青藏高原民族地区政府来说无疑困难重重，应该让能够去承担这份责任的组织加入到这种活动当中来，这也从一方面实现了公共事务主体的多元化，非政府组织的存在并不是挤压了政府力量的生存空间，或者是对学校的管理进行直接和暴力干预，而是利用民主的方式间接参与到学校的教育管理中来，秉持公开、公平、公正的原则，严格遵循法律对政府与学校的关系指导进行协调，这也是在借鉴西方国家这么多年来改革的经验。因此，并不排斥在借鉴西方国家改革经验的基础上，建构我国的教育中介组织系统。这种组织一旦成立，便可以充分发挥其优势，在市场中链接学校与学生和家长的沟通，为各个学校提供一个交换意见的平台。在这一过程中，教育中介组织能够很好地促进政府、学校、社会、市场的相互配合，积极消解分歧，带领青藏高原民族地区教育朝着又好又快的方向发展。

青藏高原民族地区政府的依法监督、社会的积极参与必然要求首先要确立学校办学的主体地位，赋予其权利、职责和义务，才能发挥其办学的积极性、自主性和创造性。从法律的角度看，就是确立学校的法人地位。我国《教育法》规定："学校及其他教育机构具备法人条件的，自批准设立或登记注册之日起取得法人资格。"[①] 学校作为法人具有权利主体能力,一方面享有权利和承担义务的能力,即权力能力;另一方面是独立地、以自己的行为实现权利和义务的能力,即行为能力。学校法律地位首先决定了学校享有办学决策自主权,教职工聘请及奖励和处分权,招生及对学生管理权,教育教学活动开展权,课程设置、教材选用和教学改革的权利,经费以及财产的独立权,内部机构设置权以及其他权利。同时学校要承担法律赋予的义务,依法办学并接受政府及其教育行政部门的监督和检查,接受社会的监督。因此,学校主体地位的确立是学校自主运行的基本条件。学校的自主运行主体地位的确立除有法律规定外,还有其市场、政治的条件。

从经济方面来看,学校投资主体多元化突破了政府是学校唯一投资者的格局。政府依法保证教育经费按比例不断地增长,鼓励私人和社会团体投资办学。这于教育的发展有百利而无一害。特别是随着私有经济在国家经济中比重的提高,人们对教育的消费需要也是多样化的,先富起来的那一部分人在子女教育方面的高消费是无可非议的,是市场经济条件下的正常现象,投资主体的多元化可以促使学校对众多的投资者负责,不再仅仅向政府负责。

从政治方面来看,运用市场方法经营学校就需要明晰学校产权和经营权的关系,对学校投资实行成本管理。有效的做法是:

第一,设立学校董事会,其作为学校的权力机构,对学校办学进行决策,筛选校长候选人,审查财务和学校教学能力、学校质量,加强与社会的联系。

第二,校长是学校的管理者,是法人代表,肩负着学校日常的管理运营工作,拥有提高学校教育质量和教育改革的领导权。他可以充分发挥其办学的主体性,同时他既要接受政府的监督,也要接受董事会的监督,以约束其不适当的行为,这样就使学校领导者勤政、廉政、依法办学。

---

① 冉武昌. 我国高等学校的法律地位[D]. 重庆: 西南政法大学, 2006.

第三，建立健全学校内部民主参与机制，成立教职工代表会、学生会、家长会等组织参与学校管理。同时，加强学校党组织的建设，发挥党组织先锋、模范作用，保证和监督党和国家的教育方针政策在学校贯彻执行。

总之，青藏高原民族地区在政府宏观调控下学校主体运行、社会参与和市场约束的现代学校教育管理模式是理想中的学校管理模式。政府宏观控制、社会广泛参与、市场机制运用和学校主体运行四个方面是紧密结合在一起的。其中学校主体运行是关键。青藏高原民族地区政府与学校在职能上分离，使学校真正成为主体，学校只有作为主体才能把学校办好。但仅有学校主体的自主运行还不行，没有政府依法宏观控制指导，学校就处于无政府状态，学校就不能有效地履行其职权和义务，政府也是在推卸责任。这是现代社会所不允许的。所以，政府这只"有形的手"总是在不断调节学校教育的发展。但政府不再直接经营学校或办学，它只发挥其监督、检查和指导的作用，让学校主体发挥办学作用。社会的广泛参与对学校教育的健康发展和学校的自主运行有制约作用。而市场机制这只"无形的手"会使学校充分利用教育资源，提高管理效能，增强办学活力，适应并超越市场经济的要求。这四种力量所起的作用大小取决于不同类型的学校。对中小学来说，政府对中小学校教育的影响更大些，市场及社会对其的影响就小些，原因是中小学校的主要投资者还是政府。西方的中小学校主要是公立的，私立的学校逐渐减少，即便是私立学校，政府也要向其投入。对高校或职业技术学校来说，其经费不少来源于学生和社会，学校的毕业生与劳动力市场有直接的联系，这样，市场和社会对其的影响是巨大的、直接的，只有培养出适应市场经济需要的毕业生才能获得更多的生源和经费，高校的自主权也更大些，政府的影响力也就相对小一些。

第三章
融合与善治：青藏高原民族地区国家通用语言文字政策教育发展研究

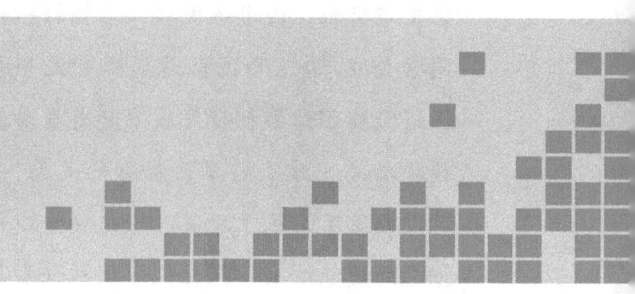

我国有56个民族、70多种语言和50多种现行文字。①因历史发展、自然生态、经济社会以及文化教育等方面的差异,我国民族教育事业发展中呈现出多语言、多文字、多层次以及多类型等较为复杂的特征。习近平总书记在十九大报告中强调:"要全面贯彻党的民族政策,巩固和发展爱国统一战线,深化民族团结进步教育,铸牢中华民族共同体意识,加强各民族交往交流交融,促进各民族像石榴籽一样紧紧抱在一起,共同团结奋斗、共同繁荣发展。"而国家通用语言文字和各民族语言文字在维护国家统一、促进民族团结和社会发展中起着重要奠基性作用。因此,系统梳理少数民族语言文字政策与双语教育的关系,探讨在国家法律法规及相关政策的范围框架下,基于现实、理论和全球趋势地考量实施双语教育,以全面贯彻党的民族政策,深化民族团结进步教育,将具有重大的现实意义和实践价值。

---

① 王远新.保护濒危语言文化的迫切性和途径[M]王远新.双语教学与研究:第3辑.北京:中央民族大学出版社,2001:39—40.

第一节　少数民族语言文字政策发展的历史脉络梳理

中华人民共和国成立以来，根据民族理论，结合中国各民族各个阶段的实际情况及各民族语言文字的特点，在继承原有政策精神和政策成果的基础上，我国少数民族语言传承相关政策在曲折中得以发展。根据中华人民共和国成立后各个历史阶段及少数民族政策走向特点，按照发展阶段对少数民族语言传承相关政策作出如下归纳。

一、中华人民共和国成立至改革开放前我国民族语言文字政策的确立和发展

新中国的民族教育坚持民族平等、语言平等和各民族都有使用和发展本民族语言和文字自由的基本政策，并为此制定了一系列配套政策和措施。如1950年政务院批准的《培养少数民族干部试行方案》；1951年《中央人民政府政务院关于民族事务的几项规定》和1951年第一次全国民族教育会议在北京召开，会议报告指出，"有现行通用文字的民族，小学、中学必须用本民族语文教学。有独立语言而尚无文字或者文字不全的民族，一面着手创立和改革文字；一面得按自愿原则，采用汉族语文或本民族所习用的语文进行教学。少数民族的各级学校得按当地少数民族的需要和自愿设汉文课"。1952年8月颁布的《中华人民共和国民族区域自治实施纲要》规定："各民族自治区自治机关得采用各民族自己的语言文字，以发展各民族的文化教育事业。"1953年4月，教育部在《关于兄弟民族应用何种语

言教学旳意见》中指出:"少数民族学校,应使用本民族语文教学。但在有本民族通用语言而无文字或文字不完备的民族,在创立出通用文字之前,可暂时采用汉语文或民族所习用的语文进行教学。"特别是在1954年9月20日第一届全国人民代表大会第一次会议通过、颁布的我国第一部宪法《中华人民共和国宪法》中进一步明确规定:"各民族都有使用和发展自己的语言文字的自由。"这样就从法律上对少数民族语言政策加以保证,确保了各民族使用和发展自己的语言文字的自由得以真正实现。此外还有很多相关的重要文件中也体现出了政府对民族语言文字的高度重视。如1954年5月,中央人民政府政务院文教委员会民族语言文字研究指导委员会及中央人民政府民族事务委员会通过的《关于帮助尚无文字的少数民族创立文字问题的报告》强调指出:"对于没有文字或没有通用文字的民族,根据他们的自愿自择,应在经过一定时期的调查研究之后,帮助他们逐步制定一种拼音文字,或帮助他们选择一种现有的适用的文字,各少数民族均有发展语言文字的自由,也均有学习和使用其语言文字的自由,同时不论已有文字或还没有文字的各民族人民,凡是自愿学习和使用汉语汉文或其他民族语言文字者,各级人民政府均应予以保障和帮助,凡机关、学校、团体等亦均应尽可能予以帮助,并不得加以歧视,这是非常重要的。"以上这些规定和文件,充分体现了马克思主义关于民族平等和语言平等的基本原则,保障了刚刚获得翻身解放的广大少数民族人民使用和发展自己的语言文字的权利,得到了少数民族人民的衷心拥护。为了贯彻党和国家的民族语言文字政策,1951年2月,中央人民政府政务院就民族事务作出六项决定。其中第五项是:"在政务院文化教育委员会内设民族语言文字研究指导委员会,指导和组织关于少数民族语言文字的研究工作,帮助尚无文字的民族创立文字,帮助文字不完备的民族逐渐充实其文字。"[①] 与此同时,地方上的民族语言文字工作机构也在这一时期相继建立,在20世纪50年代初相继组建的各民族院校也设立了少数民族语言文字系、所或教研室,

---

① 国家民委文化宣传司.民族语文政策法规汇编[G].北京:民族出版社,2006.

培养了大批的民族语文人才。1956年2月，中央民族学院举办了有400多人参加的为期4个月的语言调查训练班。这些学员后来都参与了民族语言大调查的工作。从1956年开始，国家民族事务委员会和中国社科院联合组织了数量多达700多人、分成7个大型的少数民族语言文字调查的工作队伍，普查了少数民族语言文字情况，并帮助10个民族创制了文字，帮助2个民族改革了文字，帮助3个民族改进了文字，解决了各少数民族语言文字使用问题，对于发展民族文化、稳定边疆民族地区、促进民族团结起到了重要作用。

二、改革开放时期民族语言文字政策的恢复和发展

近年来社会主义经济、政治体制改革逐步深化，少数民族语言传承相关政策进一步得以丰富和发展。主要表现在如下四个方面。

第一，强调民族文字教材建设要注意民族特点，提高质量。1980年6月教育部转发的《少数民族文字教材工作座谈会纪要》提出："各个民族都有自己独特的发展历史，语言文字差异很大，教材编译工作不能停留于翻译统编教材。"从长远看，民族教材要立足于自己编写，这是民族文字教材编译工作的发展方向。当前，民族教材，特别是语文和历史教材中，应根据各个年级的不同情况，适当选编一些本民族的优秀作品，或本民族发展历史的内容。第三次全国民族教育工作会议文件还提出，民族文字教材的编译要提高质量，注意解决各科教学大纲、教材、教学参考书、工具书、课外读物的配套问题，要加强各有关省、自治区之间的协作。

第二，制定了民族院校民族学科的教材建设的具体政策，建立民族教材审定制度。1986年先后成立了藏文、朝鲜文、蒙古文教材审查委员会，并先后制定了民族文字教材审查工作章程和评奖办法。从内容、形式、文字、插图等方面提出了提高教材质量的具体要求，对需要掌握的民族政策也作了原则规定。如1986年5月印发的《全国中小学教材审定委员会朝鲜文教材审查委员会工作条例（试行）》规定，教科书的内容和形式，必须有利于祖国的统一，民族团结，民族政策的落实，本民族优秀文化遗产

的继承和发展；必须符合本民族学生心理特征和学习规律，体现民族特点和地区特点。1987年2月发布的《关于九省区教育体制改革进展情况的通报》指出："对少数民族地区中小学的民族文字教材建设，要给予重视，加强省区之间的协作，认真研究解决教材编译、出版、发行工作中的实际困难。在统一基本教学要求的前提下，教学内容要充分体现当地民族的特点，编写出具有民族地区特色的补充教材。教学要求要符合少数民族儿童知识水平、生理和心理发展的特点。"1992年7月，国家民委印发《关于加强民族院校教材建设工作的意见》，决定成立"民族院校教材工作委员会"，工作的基本方针是："以民族学院为基础，联合有关民族地区的兄弟院校，重点加强民族学科专业的教材建设。适当扩大教材品种，努力提高教材质量，使民族学科专业的基础课和主干课程的教材逐步配套。确定在民族学院现设学科和专业中，重点抓好其中的民族学、民族理论和民族政策、少数民族语言文学、少数民族历史、少数民族文化艺术、少数民族经济、少数民族教育、少数民族宗教等学科或专业及预科、干训所所需的教材建设。"组织了民族教材"八五规划"和"九五规划"，"九五规划"的十种民族类教材列入了国家教委规划的重点教材。1994年12月印发《全国高等学校少数民族预科基础课程教材修订会议纪要》，总结了近几年来全国高等学校预科教材改革和教材建设的经验，充分肯定了国家教委积极进行民族预科教材建设的成绩，并推荐使用统编的《基础汉语》《阅读与写作》《数学》和《英语》系列教材。

《关于进一步做好少数民族语言文字工作的报告》是中华人民共和国成立40多年来对我国民族语文工作进行全面论述的第一个文件。它总结了中华人民共和国成立以来民族语文工作取得的成绩、经验和教训，既重申了已经被实践证明是正确的方针政策，又在许多方面有新的补充和发展，具有鲜明的时代特征和很强的针对性。它从理论的高度概括了民族语文工作的规律，明确了民族语文工作的基本方针和根本任务。更为重要的是它将民族语文的立法提到了相当的高度，把少数民族双语政策放到了应有的地位。它对后来很长一段时期的民族语文工作都起了重要的作用。少数民族语言传承相关法律进一步深化。

三、新时代新阶段民族语言文字政策的发展和完善

进入新世纪以来，随着社会主义市场经济的日益深入，我国经济社会发生了更加深刻的变化，随之我国少数民族语言传承相关政策也不断丰富和发展。总体来看，此阶段我国少数民族语言传承相关政策的发展历程表现在法律文件、政策性文件以及语言生活状况报告等三个方面：相关法律文件如《中华人民共和国国家通用语言文字法》；少数民族语言传承相关政策性文件情况如教育部、国家语委《关于进一步加强学校普及普通话和用字规范化工作的通知》及相关文件、《国务院关于进一步繁荣发展少数民族文化事业的若干意见》（以下简称《国务院意见》）、《国家民委关于做好少数民族语言文字管理工作的意见》（以下简称《意见》）；语言生活状况报告如《中国语言生活绿皮书》及其关于少数民族语言传承相关政策的内容。2005年5月11日，国务院第89次常务会议通过的《国务院实施〈中华人民共和国民族区域自治法〉若干规定》第二十二条规定："国家保障各民族使用和发展本民族语言文字的自由，扶持少数民族语言的规范化、标准化和信息化处理工作；推广使用全国通用的普通话和规范汉字；鼓励民族自治地方各民族公民互相学习语言字。国家鼓励民族自治地方逐步推行民族语文和汉语文授课的'双语教学'，扶持少数民族语文和汉语文教材的研究、开发、编译和出版，支持建立和健全少数民族教材的编译和审查机构，帮助培养通晓少数民族语文和汉语文教师。"此外，在新世纪新阶段，各地在进一步宣传贯彻《中华人民共和国国家通用语言文字法》的同时，按照要求出台相应的语言文字法规、规章。如，2004年11月26日内蒙古自治区第十届人民代表大会第十二次会议通过了《内蒙古自治区蒙古语言文字工作条例》，2005年2月24日延边朝鲜族自治州人民政府第二十七次常务会议通过了《〈延边朝鲜族自治州语言文字工作条例〉实施细则》，等等。这些法规政策在坚持各民族语言文字平等的原则、保障各民族使用和发展本民族语言文字自由的同时，为少数民族群众学习、使用

普通话和规范汉字的语言权利以及国家通用语言文字在民族地区的推广与普及提供了法律保障。新世纪新阶段，民族语言文字研究工作不断深入，主要表现在民族语言濒危现象受到高度重视，召开了相关研讨会，出版了濒危语言的相关著作。《国务院关于深化改革加快发展民族教育的决定》指出："大力推进民族中小学'双语'教学。……把'双语'教学教材建设列入当地教育发展规划，予以重点保障。……国家对'双语'教学的研究、教材开发和出版给予重点扶持。"此外，在实践中，实行"双语"教学，帮助少数民族学生在掌握民族语文的基础上，在更快更好地学习汉语文方面也取得重要成果。

总而言之，中华人民共和国成立以来，在党和国家的高度重视下，我国的少数民族语言文字政策在政治、经济和社会生活等各个领域得到前所未有的发展。我国的少数民族语言文字政策经历20世纪50年代和改革开放以来的两个黄金发展时期得到了极大的丰富，民族语言文字工作也取得了巨大的成就。

第二节　少数民族语言文字政策发展的阶段特征梳理

一、"各民族都有使用和发展自己的语言文字的自由"精神一以贯之

坚持语言文字平等的原则，保障少数民族使用和发展自己语言文字的自由，从有利于各民族团结、进步和繁荣出发，实事求是，分类指导，积极、慎重、稳妥地开展民族语文工作，为推动少数民族地区政治、经济和文化事业的全面发展，促进国家的社会主义现代化建设服务。坚持民族平等，发展少数民族语言文字历来是我国少数民族语言政策的总方针。在1954年9月20日第一届全国人民代表大会第一次会议通过、颁布的我国第一部宪法《中华人民共和国宪法》中则进一步明确规定："各民族都有使用和发展自己的语言文字的自由。"从而从法律上明确了语言平等精神、语言文字使用和发展的自由精神。此后，党和政府所推出的各项政策、法律、法规中都充分贯彻了以上精神的要求，这无疑保障了我国民族政策及民族语言政策的正确方向。实践证明，在实际工作中如能充分贯彻落实宪法所规定的上述精神，就会极大程度地促进少数民族语言传承及少数民族文化传承事业。

二、少数民族语言传承相关政策呈现出曲折发展的进程

综览中华人民共和国成立后各个阶段少数民族语言传承相关政策的状

况，可以看出随着政治、经济、社会的发展，少数民族语言传承相关政策制定及其实施状况呈现出有起有伏，不断趋向丰富、发展、完善的波浪式前进状态。从政策制定的逻辑上来看，往往是首先出于经济发展的需要制定并推行一系列相关语言政策，但随着经济社会的发展，语言传承问题日益凸显，从而引发某些政治与社会问题时，语言保护与传承相关政策便得以不断制定与推行，由此更进一步就是高度重视少数民族语言在少数民族文化传承乃至中华民族文化传承中的重要作用，从而推动语言政策质量与效力不断提升。由此可见，我国少数民族语言传承相关政策的发展呈现出从"工具理念"到"文化理念"的发展过程，更具体而言，往往呈现"经济（工具）—政治（工具）—社会（工具，文化）—文化（文化）"的一个发展脉络。

三、在坚持基本原则基础上对少数民族语言传承相关政策适当调整完善

如上所述，我国少数民族语言政策历来坚持"民族平等，发展少数民族语言文字"的总方针，贯彻"各民族都有使用和发展自己的语言文字的自由"的宪法精神，在此前提下，我国少数民族语言传承相关政策也有一个补充、完善、调整的发展过程。从政策文本的发展来看，以宪法精神为原则，我国少数民族语言传承相关政策、法律、法规正日趋细化和完善，并陆续出台了与少数民族语言工作相关的专门政策、法律、法规文件。从政策内容的发展来看，早期相关政策文本多以政治、经济方面为主要内容，而在较近时期发布实施的相关政策文本更多地涉及社会、文化等方面的内容，其中文化因素逐渐成为主旋律。总的来看，少数民族语言传承相关政策的适当补充、完善、调整是符合政策发展规律的，这也是我们进行政策研究的重要任务。

四、少数民族语言传承相关政策对相关科研项目的重视与支持力度不断加强

从中华人民共和国成立之初的少数民族语言状况调查及少数民族新创

文字工作开始，相关科研项目的开展便成为少数民族语言传承事业中的重要角色。随着社会经济的发展，尤其是受市场经济浪潮和全球经济一体化趋势的冲击和影响，少数民族语言传承领域新问题、新情况不断涌现，亟需通过科学研究寻求有效方法、途径予以破解，因此，少数民族语言传承相关科研项目的重视与支持力度不断加强。同时，通过科学技术手段开展少数民族语言传承及其使用工作也愈发受到重视。由此，少数民族语言传承科学研究相关政策文件也不断丰富完善起来。从2006年开始的《中国语言生活绿皮书》系列，尤其是其中的《中国语言生活状况报告》，不仅是对我国语言发展状态及相关成果的集成，更是语言科研重要成果的体现。应该说，加强对少数民族语言传承相关科研项目的重视与支持力度无疑是一项明智之举。

第三节　当前我国少数民族语言文字政策聚焦内容分析

一、采用多种方式保护濒临灭绝的民族语言文字

鉴于有的民族语言文字濒危化的倾向，当务之急是先保存，即要尽可能用现代化手段把那些濒危语言文字资料记录下来。同时，各级政府要加大对濒危语言文字保护的投入力度，支持民族地区采取恰当的保护措施。要调动各民族保护民族语言文字的积极性，发挥语言学家的作用，给予必要的技术上的指导。

二、大力推进民族中小学"双语"教学和"双语"教学教材建设

坚持教育教学改革与质量保障体系完善相结合，全面提升"双语"教育质量。深化民族地区学校"双语"教育教学改革，优化课程结构体系。大力提升县以下各类教育的"双语"教育水平，实施民族地区中小学理科教学质量提升计划，提升办学质量和教学水平。完善民族教育质量保障体系，建立"双语"教育质量标准和质量评价标准，健全"双语"教育质量监测和督导评估机制，完善"双语"教育考试和招生制度，培养民汉兼通的高素质人才。

三、完善和创新少数民族语言文字政策和法律法规

坚持既往政策和法律中好的价值取向和原则。中央政策与地方政策

相结合，优惠政策与特殊政策相结合，完善中国特色"双语"教育政策体系。加大"双语"教育宏观管理力度，聚焦脱贫攻坚，整体推进，因地制宜，分类指导。加快普及学前"双语"教育，做好幼小、小初衔接，加强国家通用语言文字教育。制定和完善"双语"教师培养规划、政策和机制。制定少数民族文字教材开发、出版和指导监管的相关办法。语言平等直接关系到一个民族的政治权利，没有语言平等就意味着没有民族平等。因此，要从有利于各民族团结、进步和共同繁荣出发，实事求是，分类指导，积极、慎重、稳妥地开展民族语言文字的立法工作，为推动少数民族地区政治、经济和文化事业的全面发展，促进国家的社会主义现代化建设服务。

四、注重协调民族语言文字和国家通用语言文字的关系

在贯彻落实党的民族语文政策过程中，要正确处理好少数民族学习、使用本民族语言文字和学习、使用国家通用语言文字（汉语文）的关系。使用国家通用语言文字也是少数民族的语言权利。《中华人民共和国宪法》和《中华人民共和国国家通用语言文字法》规定："各民族都有使用和发展自己的语言文字的自由"，"国家推广全国通用的普通话"，"国家推广普通话，推行规范汉字"。但不能因为推行民族语文而削弱对汉语文的学习和使用。从某种意义上讲，做好民族语文工作就是为了少数民族群众能够更快地学好汉语文和发挥两种语文的互补作用。时代变迁、经济发展、社会进步、现实的社会生活越来越离不开通用语。这是社会发展的规律，也是语言自身发展的规律。我们要提倡和鼓励各民族互相学习语言文字，要因人因地区而异各有侧重，使民族语文和汉语文在不同的领域和范围发挥各自的优势。

第四节　面向新时代的我国"双语"教育走向分析

党的十九大宣布，我国已进入全面建设小康社会和全面建设社会主义现代化国家的新时代。新时代的少数民族"双语"教育需要紧跟时代趋势，以习近平新时代中国特色社会主义思想为导向，用先进的现代教育理念引领民族教育现代化建设，推动少数民族和民族地区"双语"教育高水平、高质量发展，以"双语"教育的发展推动少数民族和民族地区教育事业的快速发展。新时代的"双语"教育主要有以下特征。

一、"双语"教育目标的转向

在"双语"教育的发展目标上，国家一直有着明确的规划。2015年，《国务院关于加快发展民族教育的决定》提出2020年的"双语"教育发展目标是："国家通用语言文字教育基础薄弱地区学前教育阶段基本普及两年双语教育，义务教育阶段全面普及双语教育。"2017年的《国家教育事业发展"十三五"规划》进一步规定："确保少数民族学生基本掌握和使用国家通用语言文字……研究完善双语教师任职条件和评价标准。支持双语教师培养培训、教学研究、教材开发和出版，加强对少数民族文字教材的指导监管。建立健全双语教育督导评估和监测机制。"2018年发布的《教育部民族教育司2018年工作要点》，将"加大指导管理力度""提高双语教育水平""深化课程和教学改革""加大双语教育信息化建设"作为双语教育近期工作重点。从侧重民族语文教学到强调国家通用语言文字推行，从启蒙扫盲到信息化教育教学的全面开展，我国的"双语"教育政策一直在根据国家社会经济发展的需要和民族语言的使用情况演变特点进行新的战略定位。在国家的大力支持和推动下，少数民族地区的双语教学获得了长足发展，在教学经验积累、教学方法革新、教学模式升级、教材教具创制、师资力量培育诸方面有了很大改观。就双语教学问题的实质来说，其实是个政策调整的问题，关键是要理顺少数民族语言与全国通用语言——汉语普通话之间的关系。只要关系理顺了，双语教学不仅会促进汉语普通话的顺利推行，也必然会促进少数民族语言的顺利传承，从而为少数民族语言健康发展提供源源的动力。

二、双语教育内容、方法的创新

重视双语教育科研、教研工作，积极借鉴新的双语教育研究成果，完善双语教育政策体系。对双语教育理论研究工作加大支持力度、完善支持机制，建立健全教科研协作创新机制，构建新时代中国特色双语教育理论体系，为双语教育的长足发展提供科学的理论支撑。探索与创新相结合，促进信息化语境下的双语教育转型。支持双语教育资源建设、教育信息化管理平台和数字化智慧校园建设。实行多形式多渠道的"互联网+"新教育模式，提高双语教育教学质量，支持少数民族优秀传统文化双语课程进入"爱课程""爱学堂"等教育平台。通过开发、制作、译制、引进以及资源共享等多种途径，建立民族地区各级各类学校优质双语教育资源库，并通过教育信息化、数字化平台实现有效共享。探索校级校际双语教育资源共享、新型立体课堂转型等创新途径。一个国家的语言文字方针政策的制定实施，必须建立在对语言文字国情科学认知的基础之上。新时期少数民族语言文字的多样性、复杂性以及国情变化快的特点，决定了开展语言文字国情调查的重要性和紧迫性。随着我国"一带一路"倡议的实施，积极开展"一带一路"国境沿线上的少数民族语言文字资源的本体、地位、功能及与其他民族语言或方言关系的调研工作，建设适应和服务我国对外开放重大战略需要的语言文字国家信息资源库，有利于少数民族语言文字的保护和信息资源的开发利用。所以，政府和有关机构要持续推进少数民族语言文字的国情调查,适时补充和完善国家少数民族语言文字政策,服务"一带一路"等国家战略的实施。同时,在高科技高速发展的信息时代,网络媒体等舆论载体越来越多地反映人们在语言生活中的语言态度,即语言舆情。近年来,语言舆情逐渐超出舆论界,与社会语言意识的重合度越来越高,并会不断形成语言热点,甚至酝酿语言冲突①。从近年来我国语言文字舆情的发生情况来看,少数民族语言文字是语言文字舆情的易发多发领域。它既能传达民族语言意识,也能对民族语言文字政策行使媒体监督,还能向语言文字学界提出学术咨询。因此,少数民族语言文字政策研究机构和决策部门既要深入开展少数民族语言文字舆情调查,还要善于从语言文字舆情中发现构建和谐语言文字进程中出现的问题,把握好语言文字主体化与多样化的关系,从而制定科学完善的少数民族语言文字政策,促进其与经济社会发展的良性有效互动。

三、双语教育作用的突围

双语教育是实现教育公平的应有之义。各民族之间相互依赖、相互融合是信息时代最为显著的特征,双语现象是社会文明提高的标志,更是民族繁荣的表现,双语教育必将有力地促进社会、民族和个人的发展与进步,提升民族素质,实现教育公平。由于历史、社会等多种因素,在某些民族地区,少数民族语言文字政策并没有得到很好的贯彻落实,甚至存在着"空白点",会导致语言隔阂成为影响民族地区与全国同步进入小康社会的障碍;诸多因素不仅导致少数民族语言文字的边缘化甚至濒临消失,而且可能抽空我国少数民族语言文字政策的根基,使原本良好的政策成为名不副实的空文;少数人对少数民族语言文字的发展、保护问题存在一些片面的认识,认为少数民族语言文字对新时期的经济建设无用,导致在一些地区出现了忽视、削弱民族语言文字工作的倾向②。如此等等,都是我国

---

① 李宇明.中国语言生活状况报告(2015)[M].北京:商务印书馆,2015:2-3.
② 哈正利.论我国少数民族语言文字政策的完善与创新[J].中南民族大学学报(人文社会科学版),2009,29(5):17-21.

半个多世纪以来推行少数民族语言文字政策过程中存在或出现的问题。面对这些问题，我们要结合经济、政治、文化等环境因素和经济社会发展现状，对我国现有的少数民族语言文字政策内容及其推行情况加以客观分析和归纳总结，提出切实可行的应对之策。

四、双语教育功能的拓展

在"一带一路"倡议背景下双语教育传递多元文化，有利于走向世界。双语教育可以使受教育者得到多元文化的教育。这种多元文化首先必须是在保持和发展本民族传统文化的基础上，不仅通过自己的母语学好科学文化知识，而且还要面向全国、面向世界，学习汉语和外国的语言和文化，吸收他们先进的科学文化知识，使少数民族青少年能够适应时代的要求，适应世界发展的要求。

同时，双语教育的功能不仅仅在于帮助和促进各少数族群在相互文化交流中实现渗透与整合，从而最终促进整个国家民族的文化传承与发展，而已拓展到双语教育不同于单纯的外语语言教学或学科外语教学，它强调的是促使学生能在两种及以上文化交互与交流中逐渐突破已有的单一文化思维局限，从而能在当今复杂多样的信息化社会中学会对各类知识进行检索、比较、迁移、融合，最后实现知识与文化的传承、传播与创新。基于整体主义哲学观的双语教育强调语言在社会认知方面的文化性与知识性多于工具性，是以社会与学术认知语境为中心的文化建构与交流。① 这意味着双语教育并非简单局限于将外语作为基本的涉外生存技能传授给学生，而是深入双语教育政治、经济、文化及教育功能的开发。

总之，要在遵循少数民族语言传承相关政策导向原则的基础上，采取科学有效措施保障少数民族语言传承工作的顺利、健康开展，努力促进各民族语言的和谐共生，努力促进民族团结与社会和谐，从而为实现伟大的中国梦奠定坚实基础。

---

① Holliday.The Struggle to Teach English as an International Language [M]. Oxford: Oxford University Press, 2005: 105.

第四章
嬗变与发展：国家教师制度变迁中的青藏高原民族地区教师教育政策

教师的发展关系到每一位学生的发展，也关系到教育的整体质量。党中央在《中国教育现代化2035》中提出，要发展中国特色世界先进水平的优质教育，提高教育的质量关键是提升教师的质量。当前，我们已经进入信息化时代，获取信息渠道的多样以及知识更新的速度之快迫切要求我们进行终身学习，不断更新自己的知识结构以适应社会的发展。教师作为"传道授业解惑"的专业人员，对学生知识的获得以及综合素养的培养具有重要作用，教师质量的好与否深刻影响着学生的发展。青藏地区地处西北内陆，有着独特的自然地理环境以及特色鲜明的民族文化，对其教育的发展产生了潜移默化的影响，与东部地区的教育水平存在着一定的差异。要改善青藏地区的教育水平，首先要考虑教师发展问题，培养什么样的教师、如何培养教师以及如何留住优秀教师等问题。

第一节 青藏高原民族地区中小学教师培训政策

"发展更加公平更高质量的教育"是我国政府2021年的重点工作之一。实现公平而有质量的教育,办党和人民满意的教育也是青藏高原民族地区教育发展的重要目标。近年来,青藏高原民族地区教育事业有了较大发展,但教育现代化进程缓慢、教育质量不高、教育发展中不平衡不充分等问题仍然比较突出。进入新时代,青藏高原民族地区教育发展从以往对"物"的依赖逐渐过渡到对"人"的重视,教师的发展性作用更加凸显,教师质量对提升青藏高原民族地区教育质量发挥着重要的牵引作用。教师职后培训作为挖掘教师发展性作用的重要途径,对提升教师质量意义重大。青藏高原民族地区中小学教师培训除具有教师培训的一般特征外,还兼具区域特色、民族特色与文化特色。改革开放初期,国家出台的诸多关于教师培训政策中,专门针对青藏高原民族地区的教师培训政策较少,与青藏高原民族地区有关的教师培训政策文本大多以嵌入国家相关教育政策的形式呈现。进入新时代以来,青藏高原民族地区地方政府围绕国家教师培训政策相继出台各种配套实施政策。深入梳理青藏高原民族地区中小学教师培训政策,回顾政策演进历程,对其进行审视与反思,可为新时代青藏高原民族地区中小学教师培训政策制定提供有益参考。

一、改革开放以来青藏高原民族地区中小学教师培训政策的演进历程

改革开放40多年来,青藏高原民族地区中小学教师培训政策根据时

间轴线和重要政策文本发布节点大致可以分为四个阶段：解决教师数量短缺阶段（1978—1984 年）、提高教师学历及教学能力阶段（1985—1998 年）、提升教师综合素质阶段（1999—2011 年）和建设高质量教师队伍阶段（2012 年至今）。

（一）解决教师数量短缺阶段（1978—1984 年）

党的十一届三中全会召开后，思想得到空前解放，教育事业进入拨乱反正的历史发展新时期。1977 年邓小平同志在科学和教育工作座谈会上曾指出："要把大学办好，但教育只抓大学，不抓中小学不行"，"要研究如何提高教师水平"，不仅让教师"敢于教，还要善于教"，为此需要积极筹划教师培训工作。针对民族地区教师队伍总体数量不足和质量不高的问题，1980 年教育部、国家民委出台了《关于加强民族教育工作的意见》，指出要采用多种形式开展教师培训，尽快提高民族地区教师队伍的水平。该意见为青藏高原民族地区教师培训工作的开展提供了路向指引。青海省发布《关于加快发展我省少数民族地区教育的意见》《关于加强少数民族地区教育工作的指示》，对师资培训和教师教育工作提出"采取应急措施，充实教师队伍"的要求。基于此，1979 年到 1983 年青海省陆续创建和恢复了青海教师进修学院、青海师范专科学校、乐都师范学校、玉树州民族师范学校、果洛州民族师范学校等 14 所市州县师范学校，以满足日益增长的教师需求，同时加强在职培训和脱产进修，到 1983 年底共培训教师 6500 多人次。教育援助是提升和补充特定地区教师质量和规模的重要手段。1980 年，西藏自治区基础教育进一步发展，区内师资培养数量无法弥补巨大的教师缺口，教育部发布《关于继续派援藏教师的通知》，继续派遣教师支援西藏，并委托内地师范院校帮助西藏自治区培训教师，以补充教师数量，推进教育建设。为了缓解民族地区教师资源紧缺的状况，1981 年第三次全国民族教育工作会议指出，要搞好少数民族地区师资队伍建设，加强在职教师的培训工作，继续派教师到边疆少数民族地区工作。因特定的历史因素影响，此阶段青藏高原民族地区教师数量严重短缺，特别是少数民族师资匮乏，解决师资存量问题是民族教育恢复和重建的首要任务。因此这一阶段青藏高原民族地区中小学教师培训政策的重心主要放在总结之前教育工作的教训，积累经验，调整先前的教师培训制度等。相关政策的核心精神主要是围绕解决青藏高原民族地区中小学教师"存量"不足的问题，并没有对教师的"质量规格"作出要求。

（二）提高教师学历及教学能力阶段（1985—1998年）

解决教师数量短缺阶段初步解决了青藏高原民族地区中小学教师队伍存量不足的问题，但一些学历水平和教育教学素养不达标的教师也进入了教师队伍。诚然，大量补充教师数量的政策举措是特定历史时期维持青藏高原民族地区中小学正常教育教学活动开展的权宜之计，但也成为后续青藏高原民族地区中小学高质量发展的潜在羁绊。1985年《中共中央关于教育体制改革的决定》指出："在教育结构上，基础教育薄弱，学校数量不足、质量不高、合格的师资和必要的设备严重缺乏"，"建立一支有足够数量的、合格而稳定的师资队伍，是实行义务教育、提高基础教育水平的根本大计。"基于此，国家教育委员会在1986年出台了《关于加强在职中小学教师培训工作的意见》，将提升在职教师的学历和教育教学能力视为教师培训的重要任务。1992年，国家教育委员会发布的《关于加快中学教师学历培训步伐的意见》指出："中学教师队伍中不具备国家规定学历的仍占较大比例，尤其是农村和'短线'学科的中学教师不具备国家规定学历的比例就更大……采取有力措施，加快培训步伐。"1994年，国务院《关于〈中国教育改革和发展纲要〉的实施意见》要求"到本世纪末，95%以上的小学教师和80%以上的初中教师达到国家规定的学历标准。"为了有效推进青藏高原民族地区教师学历及教学能力提升，1986年，西藏自治区师资工作会议修订了《关于加强西藏自治区师资队伍建设实施意见》，明确提出要"建立一支数量足够，质量合格，专业层次和结构比例趋于合理的"师资队伍，以此统筹全区教师培训工作。1992年，国家教委民族地区教育司颁发《全国民族教育发展与改革指导纲要（试行）》，提出要大力加强民族师资队伍建设，办好各级民族师资培训中心，从本地区经济和社会发展需要出发，培养一专多能的合格教师。《青海省教育委员会1996年工作要点》也提出要"继续抓好各种形式的教师培训和进修，大力提高教师的政治素质和业务素质，完成在职教师的教师资格过渡，关注教师学历和教学能力的提升"。在上述文件的指导下，青海省和西藏自治区地方政府都制定了具体的中小学教师培训实施办法，旨在提高教师学历和教学能力，致力于合格教师培养，初步形成了青藏高原民族地区教师培训的基本框架。

（三）提升教师综合素质阶段（1999—2011年）

随着经济发展水平、义务教育普及程度的不断提高，青藏高原民族地区不仅仅对区域内中小学教师队伍的整体规模提出了要求，对中小学教师的综合素质也有了更高的诉求。此阶段，青藏高原民族地区中小学教师的数量和教学能力已基本满足正常教育教学的标准要求，但部分教师在师德修养、理想信念、现代教育技术等方面的素养不够。为了有效促进青藏等地区中小学教师综合素质的提升，教育部办公厅于1999年发布《关于在民族贫困地区开展"中小学教师综合素质培训"工作的通知》，指出"开展民族贫困地区中小学教师综合素质培训工作，主要靠地方各级教育行政部门的组织和领导"，为培训工作开展提供保障。这一时期的青藏高原民族地区中小学教师培训主要围绕提升教师综合素养展开，在培训内容、培训方法、培训组织等方面都与提高教师学历和教学能力阶段存在明显的不同，教师培训的目的指向教师综合素养的提升。21世纪初，为了发挥中小学教师综合素养提升政策的效力，青藏高原民族地区实施了"教育部民族、贫困地区中小学教师综合素质培训项目"。该项目以学校为载体，以教学的真实情境为空间进行专项培训，形成"自修—反思"的培训模式，有效地解决了青藏高原民族地区教师培训经费不足与培训需求增加之间的矛盾。2004年，教育部印发《关于新一轮民族、贫困地区中小学教师综合素质培训项目暨新课程师资培训计划（2004—2008年）的通知》，围绕教师综合素质提升展开相关培训工作。2009年教育部办公厅印发《2009年中小学教师国家级培训计划》，提出中西部地区中小学骨干教师培训项目的培训重点为："实施素质教育的理论与实践，有效教学方式方法，现代教育技术的应用，师德教育和教师专业发展。"《西宁市中小学教师继续教育2000—2004年培训规划》要求通过多样化的培训课程内容和种类来提升教师的综合素质，将培训目标定为"使教师具备一定的现代教育思想、现代教育观念、现代教育理论，掌握相应的现代教育方法和技能，具有良好的职业道德和过硬的业务能力，达到适应现代教育和素质教育需要的师资水平"。西藏自治区也不断创新教师培训模式，"以新课程、新知识、新技术和师德教育为重点"，开展中小学教师综合素质培训，"十百千"工程取得重大成就。此阶段，青藏高原民族地区中小学教师培训均指向教师综合素质的提升，通过着力培训具有良好综合素质的骨干教师来提升青藏高原民族地区的教育质量。

（四）建设高质量教师队伍阶段（2012年至今）

党的十八大以来，新时代教育发展的重点转向"公平而有质量的教育"，更加关注边远落后地区的教育质量。青藏高原民族地区教育质量直接决定了当地政治、经济、文化的发展水平，对此迫切需要建设高质量的教师队伍以提高教育质量，满足广大少数民族群众对高质量教育的向往。2012年，国务院《关于加强教师队伍建设的意见》指出，"围绕促进教育公平、提高质量的要求，加强教师工作薄弱环节"，"加快培养一批边疆民族地区紧缺教师人才"，"加大民族地区双语教师和音乐、体育、美术等师资紧缺学科教师培训。"2016年国务院出台的《关于加快中西部教育发展的指导意见》中进一步指出农村、贫困、边远和民族地区优秀教师少、优质资源少，教育质量总体不高，难以满足人民群众接受高质量教育的需求。提出要实施"万名教师支援计划"，在对口支援机制下，每期选派1万名内地教师到西藏和新疆任教，支教教师发挥骨干示范作用，开展业务培训和教学指导。基于中央政府对民族地区教育和教师的支持，青藏高原民族地区地方政府也积极谋划本地区的高质量教师队伍建设。如西藏自治区坚持以"国培计划"为抓手，采用新兴的远程培训、网络研修等多样化的培训方式，不断深化与东部教育发达地区教师培训的合作关系，在2014年基本实现了教师培训全学段、全学科、全人员覆盖，有效提升了西藏教师的专业素养以及西藏自治区整体的教育质量。同时，青海省也注重边远落后地区的师资培训，研究实施了公费师范生项目，支援条件落后区县的教师队伍建设，并制定《青海省教师三年培训规划（2019—2021年）》，着力提高培训的针对性和有效性。2021年7月教育部等九部门印发了《中西部欠发达地区优秀教师定向培养计划》，强调要从组织管理、经费支持、政策保障和督导评价等方面协同保障青藏欠发达地区优质教师培育，造就"四有好老师"。在建设高质量教师队伍时期，青藏高原民族地区不断完善培养培训体系，做好教师培训政策配套工作，为建设公平而有质量的教师队伍提供坚实的物质基础和制度保障。

二、改革开放以来青藏高原民族地区中小学教师培训政策的变迁逻辑

（一）政策价值取向从工具本位转向教师本位

教师培训政策的价值核心不仅是为了更好地实施国家教育战略，也是为了有效地促进教师作为职业个体的全面发展。这两者的关系并非是冲突的，而是一种功能实现与价值归依的协同关系。以青海省为例，改革开放初期，青海省社会经济发展状况相对东部地区来说比较落后，师资力量极度紧缺，到1987年，青海省共有普通中小学在校生79.26万人，专任教师则仅有40977人。教师极度短缺，亟需教师培训工作发挥作用。因此，这一时期青藏高原民族地区的教师培训政策以关注外部社会需求、培育社会发展所需人才为主要目标，主要凸显了教师培训的工具价值。青藏高原民族地区在教师培训政策工具本位取向的影响下，其开展的教师培训忽视了教师全面发展的需要，造成教师精神价值需要以及个性品质培养等方面的缺失。进入新时代，青藏高原民族地区各族群众对教育的需求从"有学上"转变为"上好学"，高质量教师队伍是解决"上好学"的关键。传统观念中将教师视为推动教育发展工具的思维已经难以适应时代发展诉求，青藏高原民族地区各级政府的教育政策价值取向逐渐转向教师本位。如2020年青海省在"一优两高"战略的指导下印发了《关于做好中小学教

师减负进一步营造良好教育教学环境的通知》,指出要"关注教师发展需求","解决教育教学实际问题";《西藏自治区中小学教师减负清单》指出要减轻教师培训负担,提高培训实效。在地方政府的指导下,青藏高原民族地区教师培训更加关注教师实际需求,体现出实践性、可选择性、人文性等特点,教师培训不再是中小学教师沉重的"包袱",而是开始显现出鲜明的人文性和服务性,切实回应了参训教师的内在需求,激发了教师参与培训的热情,实现了从"要我参训"到"我要参训"的转变。

(二)政策目标从效率优先走向公平均衡

教育政策的效率立场和公平立场都具有显著的时代性。在改革开放初期,青藏高原民族地区基础教育整体发展水平比较低,迫切需要教师队伍建设的规模扩张,以服务于当地基础教育的发展,因此在总体上形成了强调效率优先的教师队伍建设价值取向。只顾效率而忽视公平,从教育领域来看,会导致不同地区教育水平的巨大差异,形成"马太效应",即两极分化现象。这导致教育基础本就薄弱的青藏高原民族地区区域内教育教学硬件设施和教师水平与中东部地区差距不断扩大,严重影响了国家整体教育质量的提升。进入新时代,国家教育政策的价值定位更加关注弱势群体的教育权益,政府也开始进一步优化教育公平的政策工具箱,重视弱势群体的教育权利,追求教育的公平,力图使人人都能接受优质的教育。2018年中共中央国务院《关于全面深化新时代教师队伍建设改革的意见》中出现"资源配置""公平""全面""城乡"等字样,明确指明教育资源要向相对落后的西部内陆地区倾斜,关注农村地区教育质量,关注全国整体的教育质量,并将教师培训作为促进教育公平的重要抓手。《青海省乡村教师支持计划(2015—2020年)实施办法》《西藏自治区乡村教师支持计划(2015—2020年)实施办法》《青海省2019年教师培训工作实施方案》都体现出鲜明的公平取向,即更加关注本区域内偏远落后地区教师培训工作的质量,给予其财政上的大力支持。同时,针对音、体、美等科目教师由非专业教师兼任、"统编三科"教师素质低等问题,教育部、财政部出台的《关于实施中小学幼儿园教师国家级培训计划(2021—2025年)的

通知》明确提出要加强对紧缺学科教师的培养，加强"统编三科"教材培训，切实为青藏欠发达地区中小学教育改革发展提供强师支撑。从不同时期教师培训的关注点可以看出，改革开放初期青藏高原民族地区教育基础相对薄弱，教师质量整体较低，培训的主要关注点是教师的课堂教学能力。进入新时代，国家更加关注不同地区的教育差距，资源向中西部地区和偏远落后地区倾斜，保障弱势群体的受教育权利。青藏高原民族地区各级政府也采取了更为有力的措施，推动本地教师培训进一步走向公平均衡。

（三）政策内容从教学知识传授趋向综合素养提升

教师在教育工作中的任务不仅是为学生讲授相关的学科专业知识，也承担着培养学生品行、思想和行为等责任。学生综合能力的提升对教师的综合素养要求也愈发多元。在青藏高原民族地区中小学教师培训政策的历史演进过程中，培训的内容也顺应时代的发展潮流，由注重单纯知识传授向注重综合素养提升转变。1986年，国家教委《关于加强在职中小学教师培训工作的意见》提出，要对知识储备和教学能力不达标的教师开展提高知识量和教学能力培训；对学历没达到要求的教师要提升学历；对具备一定的教学能力和学历合格的教师要提升理论水平和专业能力。从这三个层次的培训内容可以看出，当时的教师培训主要是扩展教师的知识，重点关注教师学科知识的掌握，这与当时的社会教育发展和人才培养需求紧密相关。随着信息化的发展、教育理论的更迭和基础教育架构的不断拓展延伸，教师不仅要扮演知识传授和促进学生品行养成的传统角色，更要扮演教育促进者、知识更新者、理论创生者、学校治理者等基于知识本体论的角色。这对教师培训工作提出了新的要求，即不能单单培训学科知识，还要培养教师教学实践能力、反思能力、组织管理能力、道德品质、交流能力和科研能力等。青藏高原民族地区教师培训的发展亦是如此。改革开放初期，青藏高原民族地区教师培训注重教师的"教学"，不太关注教师综合素养的提升，导致青藏高原民族地区中小学教师主要盯住学生的"分数"，相对忽视了学生综合素养的培养。为了进一步提升教师培训质量，

2018年《中共青海省委青海省人民政府关于全面深化新时代教师队伍建设改革的实施意见》（以下简称"2018《青海意见》"）中提出要建设新时代扎根高原、富有理想、充满情怀、德才兼备、引领青海教育改革发展的高素质专业化创新型教师队伍。2020年《西藏自治区教育厅关于深化中小学教育教学改革提高育人质量的实施意见》也指出要实施全员轮训，突出新课程、新教材、新方法、新技术培训，强化师德教育和教学基本功训练，不断提高教师育德、课堂教学、作业与考试命题设计、实验操作和家庭教育指导等能力。可以看出，青藏高原民族地区政府在国家相关政策精神指引下陆续出台的具有区域性特质的中小学教师培训政策，总体上形成了培养教师扎实知识与综合素养相协调的政策取向。

（四）政策制定从照单移植迈向本土创新

青藏高原民族地区较之其他地区具有地广人稀、民族众多、文化多元和经济欠发达等特征。对此要求青藏高原民族地区的教育发展要兼顾主体民族与本土文化的双重需求，相应的教师培训也要积极适应主流与本土的需求。改革开放初期，青藏高原民族地区地方政府发布的教师培训政策文件较少，大都完全"移植"国家文件，没有结合青藏高原民族地区的实际来制定本地区有针对性的教师培训政策，并且盲目依照"大城市取向课程"开展教师培训，造成了与青藏地区"小县城学校情境"相脱节的问题。进入新时代，青藏高原民族地区出台了一系列结合本省（区）实际的教师培训政策文件。例如2018《青海意见》将"分类施策"作为教师队伍建设的基本原则，要求教师培训要根据不同地区、不同学校以及不同教师的实际情况制定有针对性的教师培训内容、方式和评价方法等。2019年《青海省教师培训工作实施方案》提出，在选择培训机构时要选择符合本省实际需求的省内外培训机构来负责中小学教师培训任务。青海省出台的上述教师培训政策集中地体现了培训政策的本土化逻辑基点。西藏自治区教育厅2018年印发的《关于在全区各级各类学校开展教师教学技能大练兵活动的意见》提出教师练兵活动要注重实效性和创新性，既要体现规定的练兵内容，也要体现本区（地）、本校的特点，练兵方式和内容适合教师和学校的实际情况，要形成符合本区发展需求的教师培训特色。新时代青藏高原民族地区的教师培训政策在贯彻落实党的十九大精神的前提下，密切结合本地区各级各类学校的实际，根据地区教育事业发展的现实需求制定具有针对性的教师培训政策，集中体现了青藏高原民族地区教师培训政策依据国家政策精神进行本土创新的价值取向。

三、青藏高原民族地区中小学教师培训政策的未来展望

教师培训的核心旨要在于帮助教师解决现实教育情境中存在的问题，增强教育反思和教学科研等综合素养。因此，新时代青藏高原民族地区中小学教师培训政策必须根据青藏高原民族地区中小学教育现状和国家教育发展大环境，在回顾和审视教师培训政策历史事实和经验的基础上精心谋划。

（一）立足青藏高原民族地区多元文化现实，谋划多元综合的政策内容

青藏高原民族地区多民族、多文化的特点决定了文化适应在少数民族地区教师专业发展中的重要作用。同时，青藏高原民族地区教育基础相对薄弱、地区财政力量相对不足、学校布局相对分散等特点决定了这一地区的教师培训政策需立足青藏教育发展实际来进行科学规划，即在国家教师培训政策精神的牵引下进行中小学教师培训政策深化和本土化创新。在中小学教师培训政策谋划上应注重民族地区教师对中华文化共同性和多样性的理解，如适当增加民族文化的内容使教师尽快适应民族地区的地俗文化，增进教师的文化理解力和跨文化交际能力。在中小学教师培训形式上，要积极探索适合青藏高原民族地区教师培训的组织形式。例如，根据青藏高原民族地区基础教育学校的实际情况通过远程培训、跨地区名师结对、虚拟教研室建设等方式，实现区域教师队伍专项能力的有效提升。同时，分类制定多层次的教师培训制度，如参训教师的分类培训效果评估体系、不同层次的培训教师福利待遇制度等，在高效达成教师培训效果的同时，免除参训教师的后顾之忧。

（二）恪守教师培训课程指导标准，确立聚焦教师核心素养的政策目标

教师要实现真正意义上的学会学习、终身学习，从单一的教学知识习

得到综合素养的提升，仅仅依靠职前培养是不够的，也是不科学的。教师职后培训是弥补教师职前培养不足的重要途径。青藏高原民族地区中小学教师培训从注重教学知识传授到注重综合素养提升的转变，顺应了国家培养高端人才，积极推进教师自主学习、系统提升、持续发展的教师培训改革方向。"教书匠"型教师已不适应当前高端人才培养要求。教师自主学习、系统提升、持续发展要以教师核心素养的培养为抓手。培养教师的核心素养将是强化教师育人能力和教师持续发展的关键环节。青藏高原民族地区中小学教师培训应遵循《关于实施中小学幼儿园教师国家级培训计划（2021—2025年）的通知》要求，恪守国家关于中小学幼儿园教师培训课程指导标准，基于青藏高原民族地区基础教育发展的现实特点，聚焦教师核心素养的培养和提升，将思想政治、师德师风、理想信念、信息技术应用能力作为政策目标制定的关键要素，以推动青藏高原民族地区教师培训步入全程标准引领、全面提质增效的新阶段。

（三）以师为本，秉持教师本位的政策价值取向

教师培训的价值是提升教师的综合素养。为了让教师成为更加全面且完善的"教育人"，教师培训必须坚持以师为本的价值取向，关注教师自身的需求。教育政策面对的执行对象是多样化的，不同的对象有着不同的需要。毫无疑问，只关注教师的外部教育功能实现而未考虑教师内在行为和价值实现的培训是不科学、不完善的。如果教师的内在需求得不到应有的重视，被强制参与培训的教师积极性自然不高。究其缘由，是因为教师培训活动设计没有将教师当作具有独立人格的"人"来看待。教师培训如果仅按"程序指令"让教师参与其中，是无法调动教师积极性的。因此，在青藏高原民族地区教师培训政策实施的过程中，积极构建当地教师需求训前调查机制不失为一种好方法。在组织教师培训之前要了解教师的意愿，打通前期教师诉求表达通道，让教师发声，认真倾听教师的意见和要求，最终形成国家政策精神与青藏高原民族地区教师现实需求相结合的本土化教师培训政策。根据教师的需求和国家对教师培训提出的基本要求，形成以师为本的培训方案，为教师提供多种培训模式，使教师培训更加具

有针对性，如此才能真正点燃教师参与培训的热情，唤醒教师的内发动力，进而促进教师的专业发展。

（四）坚持正义原则，寻求多元价值平衡的政策执行点

回顾青藏高原民族地区教师培训政策的演进历程，不论是前期的工具价值取向、效率优先取向，还是后来的教师本位取向、公平价值取向，都与当时的政策环境即"某一特定时间和特定地区的复杂社会因素"有着密切的联系。任何教育政策的价值取向都需结合当时复杂的社会背景来进行价值判断，但在选择教师培训政策的价值取向时应始终坚持一个根本原则即正义原则。特别是对教育发展处于相对弱势区域的青藏高原民族地区而言，必须保证中小学教师培训政策在执行过程中的程序性正义和实体性正义。一方面应借助教育行政部门和区域高校平台以及跨区域的专家学者力量，深入研究和解读国家教育及教师培训政策，确保地区教育部门在本土化教育政策制定和实施过程中的科学性。另一方面，还需要建立科学合理的政策执行监督机制，借助第三方检测评估机构和教育行政部门的监督反馈机制，对教师培训组织、实施、成效等进行全周期的考察，对政策执行过程中发现的问题等进行收集，并通过媒体或者其他渠道进行反馈，进而实现对本土化教育政策的调整和相关配套政策的制定，以期在充分保障相关利益群体权益和政策渐进完善的过程中，增强政策执行的工作效能。

第二节 青藏高原民族地区基础教育教师流动政策

受自然环境、历史、文化环境等因素的影响,我国教育发展存在着地区差异,教育资源分配不均衡,影响了整体的教育质量,损害了弱势群体的受教育权利,严重制约了教育公平的实现。为了缓解这一现象,国家提出了教师流动的政策,为偏远地区以及不发达地区输送优质的教师资源,以促进教育资源的合理分配,促进教育的均衡发展。毫无疑问,教师的质量是学生获得学业成功的一个前提条件,教师流动政策的提出,使得处于弱势地位家庭的孩子也能跟随高质量的教师进行学习,保障了学生获得平等教育的权益。我国的教师流动政策的发展大致可以分为起步、发展、成熟三个阶段,[①] 教师流动政策取得了重大进展的同时,也存在着一些问题,需要我们重视并加以改进以充分发挥教师流动促进教育公平的作用。

一、青藏高原民族地区基础教育教师流动政策发展历程

(一)起步阶段(1996—2005)

起步阶段,青藏高原民族地区基础教育教师流动是单向的,主要是由发达地区走向欠发达地区。20世纪90年代末,基础教育工作的重心转移到教师队伍建设上来,国家使用多种办法来提升基础教育师资素质,促进义务教育的发展。改革开放后,我国经济发展有了重大进展,但我们的

---

① 臧涵,王晋.义务教育阶段教师流动政策的发展历程与完善策略探究[J].当代教师教育,2018,11(1):50-54.

师资力量还存在缺口,教育和经济发展不均衡。为应对师资力量不足的问题,1996年国家教委发布《关于"九五"期间加强中小学教师队伍建设的意见》,文件中提出"要建立教师流动的有效机制,采取切实的政策措施,鼓励教师从城市到农村,从强校到薄弱学校任教"。这是国家开始对义务教育阶段教师流动干预的标志,有计划地指导教师的合理流动,有利于弥补落后地区师资的不足,促进教育公平的实现。之后,国家继续深化教育改革,在全国推行素质教育,据此来培养义务教育阶段的教师,强化义务教育阶段的办学治理,在深化教育改革的过程中普及义务教育,提高人民群众的文化水平,扫除文盲。2002年教育部发布《关于加强基础教育办学管理若干问题的通知》,文件中明确说明"建立校长、教师定期流动制度"。在青藏高原民族地区,各基础教育学校的校长和教师被国家强制要求定期流动,向偏远落后地区流动,使得弱势群体也能享受良好的教育。政府还将教师职称评定与教师流动的经历联系起来,有去过偏远地区执教的教师更容易获得晋升的机会。在《国务院关于进一步加强农村教育工作的决定》中提出,"要建立城镇中小学教师到乡村任教服务期制度,城镇中小学教师晋升高级教师职务,应有在乡村中小学任教1年以上的经历",以职称晋升为奖励,激励优秀教师去偏远地区任教,对改善偏远地区的教育质量有重要的作用。在当时城乡巨大的差异下,教师流动政策发挥了重要的作用,但仅靠外部动机(职称评定)吸引教师到农村去不能从根本上解决农村偏远落后地区的师资问题。

在教师流动政策的起步阶段,一定程度上促进了教育公平,同时我们也要注意到教师流动政策的实际执行存在不少的问题,我们要以此为鉴,吸取经验教训,为教师流动政策的深入发展奠定基础。

(二)发展阶段(2006—2012)

在发展阶段,青藏高原民族地区基础教育教师流动是双向的。"十一五"规划自2006年展开,规划提出要提高教师质量尤其是偏远地区教师质量,支持偏远地区提高教师质量,发展教育。在2006年教育部发布的《关于大力推进城镇教师支援农村教育工作的意见》中指出:"以推进城镇教师支援农村教育为重点，不断优化和提高农村教师队伍的结构和素质，积极组织农村学校教师到城镇办学水平高的学校跟岗学习、进修提高。"在起步阶段教师流动只是单向地由城市向农村流动，这个文件提出农村学校向办学水平高的城市学校流动，打破了单一的流动形式，发展为双向流动。教师流动政策不断发展，推进着青藏高原民族地区基础教育水平的提高，在2006年以法律的形式确定了义务教育教师流动制度。在2006年《义务教育法》中提到："县级人民政府教育行政部门应当均衡配置本行政区域内学校师资力量，组织校长、教师的培训和流动，加强对薄弱学校的建设。"第一次以法律的形式规定了县级教育行政部门应做好校长和教师流动工作的任务，教师流动有了法律保障，为教师流动建立了法律基础。在"十一五"规划的收官之年，青藏高原民族地区义务教育全面普及，保障了人民群众的受教育权利，但仍存在教育质量参差不齐的状况，基础教育教师质量不仅地区间差异巨大，同一地区的不同学校教师质量也存在一定差距。为缩小区际、校际教师质量的差距，2010年国家发布《关于贯彻落实科学发展观，进一步推进义务教育均衡发展的意见》，规定："健全城乡教师交流机制，推动校长和教师在城乡之间、校际之间的合理流动。建立完善城镇教师到农村学校任教服务期制度。"同年《国家中长期教育改革和发展规划纲要（2010—2020年）》也提出建立健全义务教育校长和教师流动机制。

在发展阶段，教师流动政策更加完善，教师流动形式有了创新性的突破，由单向变为了双向，并且以法律形式确定了教师流动政策的必要性，教师资源的合理配置得到了坚实保障。当然，文本上的政策规定与政策实际执行之间存在一定的差距，在青藏高原民族地区教师流动政策没有有效的指导，无法落地，此阶段的教师流动政策还未成熟。

3. 成熟阶段（2012年至今）

经过起步阶段和发展阶段的摸索，青藏高原民族地区的教师流动制度框架已经形成了，流动形式多样，但还需要进一步完善。2012年《国务院关于加强教师队伍建设的意见》规定："建立县（区）域内义务教育学校教师校长轮岗交流机制，促进教师资源合理配置。"创新了流动形式，由双向流动转变为岗位轮转平行流动，教师流动的途径更加多样，对义务教育阶段教师流动政策的成熟具有重要意义。在2014年多部门联合发布了《关于推进县（区）域内义务教育学校校长教师交流轮岗的意见》，规定："加强县（区）域内义务教育教师的统筹管理，推进'县管校聘'管理改革，打破教师交流轮岗的管理体制障碍，并给予流动教师多方面的优惠政策，如职称晋升、聘用管理、业绩考核、培养培训、薪酬待遇、评优表彰。"同时，国家关注条件落后地区学校的改造，建设教师周转房来支持教师流动政策的实行。①政府在完善流动政策的同时也在逐步完善与之相配套的保障措施。2018年在《关于全面深化新时代教师队伍建设改革的意见》中提出要进一步优化教师资源配置："深入推进县域内义务教育学校教师、校长交流轮岗，实行教师聘期制、校长任期制管理，推动城镇优秀教师、校长向乡村学校、薄弱学校流动。"这进一步明确了"县管校聘"制度，还提出学区内走教制度，创新了教师流动的实施方式。

目前，在青藏高原民族地区已经建立了相对完善的教师流动制度体系，教师流动政策更为成熟，流动形式、途径体现出多样化的特点，流动方式转为岗位轮转的平行流动，政策实施的物质条件也得到重视，教师流动政策得到教师的支持，政策执行阻力减小，对促进青藏高原民族地区教师资源的合理配置，提升整体的教育质量具有重要意义。

二、青藏高原民族地区教师流动政策存在的问题及原因分析

青藏高原民族地区教师流动政策在取得了重大进展的同时，也存在着一些问题：政府强制流动、未形成完整的教师流动政策体系、政策执行过程的结果与目标不匹配等。②

（一）以强制手段推进教师流动导致政策合法性缺失

用强制手段促进教师流动涉及政策的合法性问题，制定任何政策我们

---

① 戴颖.我国教师交流政策发展与地方实施述评［J］.教育评论，2015（6）：14-16.
② 谢延龙，李爱华.我国教师流动政策：困境与突破［J］.当代教育与文化，2013，5（5）：88-92.

都需要考虑政策的合法性问题，即是否体现了利益主体的意志。教育领域作为一个具有服务性和公益性的领域，通过强制措施实现的公益并不是真的公益，我们需要坚持自愿原则来实现公益。教师流动政策当然属于教育领域，教师流动政策的初衷是促进教师资源的合理配置，当前我们以强制手段推进教师流动，在一定程度上确实提升了被流入地区的教师质量，但是一名被强制流动的教师与一名自愿流动的教师在目标学校的表现会相同吗？这是不言而喻的。教师流动政策本质上是政策制定主体利益的反映，不同的利益主体做出的价值选择是不同的。以强制措施推进教师流动体现了政府的利益需求，并没有考虑教师的诉求，政策制定过程中没有教师的参与，必然会导致政策执行过程中作为主要利益主体的教师的不满，阻碍教师流动政策的有效实行，政策的有效性不足，造成不可挽回的结果。

强制流动确实让教师"流动"起来了，但其造成的负面影响是不可估量的。教师流动与教师职称晋升挂钩，有的教师迫于生计被逼迫去进行教师流动，有的甚至对教师行业的"稳定性"提出了置疑，对于凭实力进入重点学校的教师是非常不公平的，以致对学校产生了怀疑，造成高质量教师资源的流失。强制性教师流动"违背了人的'趋利避害'的本性，降低了教师职业'稳定性'的吸引力，破坏了'优胜劣汰'的教育生态法则，助长了'教师择校'，进而滋生了新的教育腐败。"[①] 教师流动政策的制定只考虑了政府的利益，忽视了政策重要利益方教师群体的利益，漠视教师利益，教师流动政策的有效性必然会受到影响，流动不能健康持续地发展，必然会导致政策的失败。

（二）未形成完整政策体系导致教师流动失范

教师流动政策的实施是一项大工程，需要相配套的政策环境来保障实施。从教师流动政策的外部环境来说，缺少相应的保障机制如工资政策、社会保障、流动教师住宿条件、教师编制、评价问题等，导致教师流动政策在具体实施中出现问题。从教师流动政策的内部环境来说，虽然国家每

---

① 卢俊勇，陶青．对教师流动制的原理与问题分析［J］．现代教育管理，2011（4）：102-105．

年都有教师流动政策的发布，但大多都混杂在其他政策文本中，可能仅仅表现为某个文件中的某一点，只是零散、简要的描述，缺乏国家层面的教师流动文件。再一个，教师流动政策需要对流动教师、流动条件、流动对象、流动方式、考核方式以及奖励措施进行系统的论述，但是我国的教师流动政策在不同的时期往往只强调某个方面，忽视了其他方面。国家出台教师流动政策后，只有在宏观层面的做法，并没有具体到学校层面如何实施教师流动政策，由于每个地区对教师流动政策都有着不同的理解，执行样式五花八门，难以达成一致的目标。在青藏高原民族地区实施教师流动政策的过程中由于缺乏系统有效具体的安排，很难贯彻实施教师流动政策，教师流动政策无法落地，无法实现教师资源的合理配置。

未能形成完整的教师流动政策体系，一方面是因为政策本身就需要一个不断完善发展的过程，任何政策都是在实践中不断改进完善的，教师流动政策还需要在实践中不断完善；另一方面，我们对教师流动的认识还只停留在工具价值上，仅仅是为了有序流动，整治混乱的教师流动局面，没有从关心弱势群体，促进教育公平的高度来认识教师流动政策，由此我们也不会关心教师流动政策如何完善的问题。

（三）政策执行失真制约了教师流动政策的有效性

制定教育政策的目的在于通过它的有效执行而实现政策目标。在教育政策实际执行过程中，由于各种因素的制约，会出现政策执行过程和结果与政策目的不统一的情况，一般我们称为教育政策失真。[1] 青藏高原民族地区教师流动政策在执行的过程中也出现了教育政策失真问题：一是教师流动政策表面化，推广教师流动政策，大力宣传，但未细化具体措施，喜欢做表面文章，敷衍了事，实际上不监督、不执行，最终做了无用功；二是教师流动政策扩大化，教师流动强制与教师职称评定挂钩，被附加了强制条件，教师不得不进行流动，严重影响了教师的积极性和主动性，最后还会影响"被流动"教师的实际表现；三是教师流动政策缺损，选择性地

---

[1] 袁振国. 教育政策学 [M]. 南京：江苏教育出版社，2001：321.

执行教师流动政策，容易的做，难做的就不做，政策未能完整地执行，必然会影响教师流动政策的实效性；四是功利地执行教师流动政策，在青藏高原民族地区实行教师流动政策的初衷是促进教师资源的合理配置，使得落后地区也能享受优质的教育资源，但执行过程中背离了初衷，变为为达到"上级规定的流动指标"而进行教师流动。

青藏高原民族地区教师流动政策的失真，严重削弱了教师流动政策的有效性。造成青藏高原民族地区教师流动政策失真的原因有以下几点：教师流动政策制定本身的科学性存在问题，未能考虑到青藏高原民族地区教师群体的利益；政策执行人员的素质和能力不到位，对政策的理解存在偏差；缺乏有效的监督系统，在青藏高原民族地区实施的教师流动政策缺少监控，即使出现了问题也不能进行调整。我们要规避政策失真带来的负面影响，从政策的制定、执行、评价全方面考虑政策的科学性问题，出现问题及时调整，不断完善青藏高原民族地区教师流动政策，以发挥其促进教师资源合理配置、促进教育公平的作用。

三、青藏高原民族地区教师流动政策改进措施

基于对上述青藏高原民族地区教师流动政策实施过程中产生的问题以及原因分析，提出以下几点建议以供参考。

（一）政策理念需由"强制"转向"引导"

当前青藏高原民族地区的教师流动多为强制性的流动，没有考虑教师个人的意愿，急需确立以人为本的政策理念，鼓励、引导而不是强制教师来进行流动。教育政策面对的执行对象是多样化的，不同的对象有着不同的需要，需要积极寻求各方利益集团与教育政策的协调。[1] 在青藏高原民族地区教师流动政策实施的过程中，我们要了解教师的意愿，将教师的利益考虑进去，确立以"师"为本的思想。建立扩展教师诉求表达的通道，让教师发声，认真倾听教师的意见和要求。青藏高原民族地区在实施教师

---

[1] 常青，杨颖秀.协调性：教育政策执行不可忽略的属性[J].湖南师范大学教育科学学报，2010，9（1）：66-69.

流动政策的过程中，要重视对教师的人文关怀，关心教师生活，关心教师专业发展，为教师谋幸福、谋发展，尊重教师的意愿和心理感受，采用鼓励、引导的方式而不是强制的方式让教师参与流动。教师自身意识到教师流动的重要作用后，积极性自然就会提高，同时我们也要做好后勤工作保障教师流动后不影响正常生活。强制措施并不能解决任何问题，我们需要的是沟通、理解，与教师达成一致，鼓励、引导教师主动投身于教师流动的全过程，以此来保证教师流动政策目标的实现。

（二）形成健全完善、具有可操作性的教师流动政策体系

青藏高原民族地区教师流动政策必须全面规划，形成完善的、操作性强的教师流动体系。教师流动对促进青藏高原民族地区教育资源再分配具有重要意义，迫切需要更加系统的教师流动政策体系来指导青藏高原民族地区的教师流动。我们可以从教师流动政策内容、与教师流动政策相配套的政策条件、教师流动政策本身来做改进：在教师流动政策内容上，尽可能对涉及的所有环节进行规定，如哪些教师需要流动、流动的时间、流动的方式、流动教师的责任和义务有哪些、如何进行考核评价等内容都需要定义明确，以规避在政策执行过程中因概念理解错误带来的风险；我们还要考虑教师流动所需要的配套条件，如流动教师的生活环境、教师在新学校的工资待遇、如何管理流动教师、教师职称评定等问题，做好相关配套政策及设施的准备，才能为教师流动政策的执行提供一个良好的制度环境；从教师流动政策自身来说，要注意教育政策执行对象的实用性和范围的有效性，影响的广泛性和决策的层次性，执行的原则性和灵活性，执行的阶段性和连续性，执行的协调性和同步性。①

（三）建设沟通协调渠道，协调各方利益

教育政策是教育权力和利益的具体表现，教育政策执行是体现教育权利和利益的实然操作过程。② 在青藏高原民族地区教师流动政策执行的过

---

① 王世忠.关于教育政策执行的涵义、特征及其功能的探讨［J］.培训与研究：湖北教育学院学报，2001，18（1）：64-68.

② 孙锦涛.教育政策论［M］.武汉：华中师范大学出版社，2002：216.

程中，出现了政策失真的问题，通过建设沟通协调渠道，协调各方利益是规避政策失真的重要途径。前文中我们提到，教师流动政策只考虑了政府的利益而忽视了直接利益相关者（教师）的利益，在政策执行的过程中出现了许多矛盾和冲突。因此，建立表达自身利益的渠道，教师直接与政策制定者进行对话，相互协调沟通，协调各方利益，才能保证教师流动政策的顺利进行。同时我们要注意青藏高原民族地区教师流动政策的全过程。首先，加强教育政策制定的科学性，要有对不同地区环境因素的特殊考虑，协调各方利益，使之适应地方实际，保证政策的顺利实施。其次，提升教育政策执行人员的自身素质，通过多种形式的培训和教育，使之具备政策执行人员所要求的素质。最后要强化对教师流动政策及其执行情况的宣传，对教师流动政策进行解读，增进人们对教师流动政策的理解，强化风险意识，对执行过程中出现的问题及时报道，及时协商改进，保证教师流动政策在青藏高原民族地区的顺利执行。

第三节　青藏高原民族地区教师相关制度

一、青藏高原民族地区教师支援及待遇相关政策

（一）青藏高原民族地区义务教育阶段学校教师特设岗位计划

为进一步加强青藏高原民族地区农村教师队伍建设，促进义务教育均衡发展，根据《中共中央国务院关于推进社会主义新农村建设的若干意见》和《关于引导和鼓励高校毕业生面向基层就业的意见》精神，2006年5月，教育部、财政部、人事部和中央编办印发了《关于实施农村义务教育阶段学校教师特设岗位计划》，决定从2006年起，实施农村义务教育阶段学校教师特设岗位计划（以下简称"特岗计划"），并制定了《农村义务教育阶段学校教师特设岗位计划实施方案》（以下简称《方案》）。《方案》提出，"特岗计划"的目标和任务为："通过公开招聘高校毕业生到西部地区"两基"攻坚县县以下农村学校任教，引导和鼓励高校毕业生从事农村义务教育工作，创新农村学校教师的补充机制，逐步解决农村学校师资总量不足和结构不合理等问题，提高农村教师队伍的整体素质。"特设岗位教师聘期为3年。"特岗计划"的实施范围以国家西部地区"两基"攻坚县为主，适当兼顾西部地区一些有特殊困难的边境县、少数民族自治县；"特岗计划"所需资金由中央和地方财政共同承担，以中央财政为主。《方案》要求，根据"事权不变，创新机制；中央统筹，地方实施；相对集中，成组配置；侧重初中，兼顾小学；先行试点，逐步扩大"的实施原则和步骤推进特岗教师计划；特设岗位教师实行公开招聘，合同管理；招

聘对象要取得教师资格，具有一定教育教学实践经验等；特设岗位教师享受国家规定的各种优惠政策，"特岗计划"的实施可与"农村学校教育硕士师资培养计划"相结合，符合相应条件要求的特设岗位教师，可按规定推荐免试攻读教育硕士。同时，《国家中长期人才发展规划纲要（2010—2020年）》和《国务院关于加强教师队伍建设的意见》均要求继续实施和完善农村义务教育阶段学校教师特设岗位计划，探索吸引高校毕业生到村小学、教学点任教的新机制。为了贯彻"特岗计划"的相关文件精神，教育部每年都颁布特岗计划实施文件，2009年将特岗计划实施范围扩大到中西部地区国家扶贫开发工作重点县。2016年3月，教育部、财政部印发《教育部办公厅财政部办公厅关于做好2016年农村义务教育阶段学校教师特设岗位计划实施工作的通知》，对继续实施"特岗计划"的相关工作作了说明。2020年是"特岗计划"实施的十五周年，国家进一步明确了"特岗计划"实施的范围："集中连片特殊困难地区和中西部国家扶贫开发工作重点县，省级扶贫开发工作重点县，西部地区原"两基"攻坚县，纳入国家西部开发计划的部分中部省份的少数民族自治州以及西部地区一些有特殊困难的边境县，少数民族自治县和少小民族县。"①"特岗计划"吸引了众多高质量教师到青藏高原民族地区任教，提高了青藏高原民族地区的教育质量，为青藏高原民族地区实现大发展提供了人才支持。

（二）青藏高原民族地区教师支持计划

为认真贯彻党中央、国务院关于加强教师队伍建设的部署和要求，采取切实措施加强边远贫困地区乡村教师队伍建设，明显缩小城乡师资水平差距，让每个乡村孩子都能接受公平、有质量的教育，2015年6月，国务院印发《乡村教师支持计划（2015—2020年）》（以下简称《计划》），青海和西藏依据《计划》分别制定了《青海省乡村教师支持计划（2015—2020年）实施办法》和《西藏自治区乡村教师支持计划（2015—2020年）实施办法》，对《计划》的实施做出了具体规划。《计划》要求坚持"师

---

① 教育部办公厅 财政部办公厅关于做好2016年农村义务教育阶段学校教师特设岗位计划实施工作的通知［EB/OL］.http：//www.gov.cn/zhengce/zhengceku/2020-05/15/content_5511865.htm.

德为先，以德化人；规模适当，结构合理；提升质量，提高待遇；改革机制，激发活力"的基本原则，到 2017 年，力争使乡村学校优质教师来源得到多渠道扩充，乡村教师资源配置得到改善，教育教学能力水平稳步提升，各方面合理待遇依法得到较好保障，职业吸引力明显增强，逐步形成"下得去，留得住、教得好"的局面，到 2020 年，努力造就一支素质优良、甘于奉献、扎根乡村的教师队伍，为基本实现教育现代化提供坚强有力的师资保障。为了实现这些目标，要全面提高乡村教师思想政治素质和师德水平，拓展乡村教师补充渠道，提高乡村教师生活待遇，统一城乡教职工编制标准，职称评聘向乡村学校倾斜，推动城镇优秀教师向乡村学校流动，全面提升乡村教师能力素质，建立乡村教师荣誉制度，同时，要明确责任主体，加强经费保障，开展督导检查。为了保障乡村教师支持计划的顺利实施，国务院、教育部等部门相继印发《国务院关于加快发展民族教育的决定》《国务院关于印发"十三五"脱贫攻坚规划的通知》《教育部财政部关于改革实施中小学幼儿园教师国家级培训计划的通知》《教育部办公厅财政部办公厅关于做好 2016 年农村义务教育阶段学校教师特设岗位计划实施工作的通知》《教育部办公厅关于印发乡村教师培训指南的通知》和《教育部人力资源和社会保障部关于向乡村学校从教 30 年教师颁发荣誉证书的决定》等文件，加强青藏高原民族地区乡村教师队伍建设，落实好乡村教师支持计划。

（三）青藏高原民族地区教师荣誉制度

为提升青藏高原民族地区乡村教师职业荣誉感，在全社会营造关心支持乡村教师的浓厚氛围，贯彻党中央、国务院关于加强教师队伍建设的部署和要求，2015 年 6 月，国务院办公厅印发《乡村教师支持计划（2015—2020 年）》，提出要建立乡村教师荣誉制度，国家对在乡村学校从教 30 年以上的教师按照有关规定颁发荣誉证书；鼓励和引导社会力量建立专项基金，对长期在乡村学校任教的优秀教师给予物质奖励；在评选表彰教育系统先进集体和先进个人等方面要向乡村教师倾斜；广泛宣传乡村教师坚守岗位，默默奉献的崇高精神，在全社会大力营造关心支持乡村教师和乡村教育的浓厚氛围。以青海省为例，为落实上述文件要求，2015年青海省制定《青海省乡村教师支持计划（2015—2020年）实施办法》，对教师荣誉制度做出了明确的规定，"要建立乡村教师荣誉制度，省、市（州）和县（市、区、行委）按有关规定分别对在乡村学校从教20年以上、15年以上和10年以上的教师颁发荣誉证书"，并提出要完善乡村教师表彰机制，每3年开展一次"青海省优秀乡村教师表彰"。同年西藏地区建立了自治区级教师荣誉制度，开展"西藏人民教育家"评选和自治区名教师、名校长、特级教师、骨干教师评选，并进一步向乡村学校和高海拔艰苦边远地区学校教师倾斜。为进一步落实教师荣誉制度计划，2016年9月，教育部、人力资源和社会保障部颁布《教育部人力资源和社会保障部向乡村学校从教30年教师颁发荣誉证书的决定》，决定从2016年开始，为400万名在岗和离退休教师颁发"乡村学校从教30年教师荣誉证书"。

二、青藏高原民族地区教师职业要求相关政策

1949年中华人民共和国成立后，旧教育已不适应社会发展，教育的改造迫在眉睫。中华人民共和国成立初期，对教师的阶级观念和政治立场有着严格的要求。所以，加强对教师的政治立场和思想观念的培养是中华人民共和国成立初期的重要任务。随着我们进入改革开放的新时代，"以阶级斗争为纲"已经不复存在，国家开始对教育的定位有了新的看法：教育对于推动经济发展具有重要作用。不再只看重教师的政治立场与思想觉悟，还更加重视教师的专业性和学历水平。进入21世纪，经济迅速发展的同时也出现了很多问题，过于注重经济发展而忽视了环境发展和人的品格的养成问题，部分教师追名逐利，利用权力谋取私利，名声败坏，国家也看到了这一点，对教师的品德做出了更严肃、更规范的要求。关于青藏高原民族地区教师专业标准的政策包含于国家对所有教师做出的要求中，以下是以时间顺序对中华人民共和国成立以来教师的专业相关要求政策做出的梳理。

在1949年，我国教育的指导文件为《钱俊瑞副部长在第一次全国教

育工作会议上的总结报告要点》，规定了教师应坚持的重要原则。"教育工作者必须为政治服务"这一要求说明在这一阶段我们开展的教育工作是为了政治而教育，体现出鲜明的政治立场，忽视了教育的育人功能。这一时期我们判断一名教师是否合格的依据是教育的政治倾向是否准确，必须有强烈的思想觉悟才能从事教师工作。在1953年《政务院关于整顿和改进小学教育的指示》中规定，为了学校教育能更好地发展，提高教育质量，基础教育教师应围绕"教学是学校中压倒一切的中心任务"开展教学活动，对教师的教学十分重视。文件还对教师的假期时间、社团活动时间和教学方法等做出了指示："每个学期，教师参加社团活动的时间不得超过12小时；教师的寒暑假假期不得超过全年假期的六分之一；教师应以讲授法为主，对犯错误的学生不能进行体罚，而是采取说服教育的方法；教师必须要了解学生的特点，采取针对性的教学以提高教育质量。"1956年12月12日《人民日报》发表《解决中小学教师的忙乱问题》，在该篇文章中提到了教师当时的状况："教师被各种琐碎的事务缠身，对教学没有任何作用，应减少一些无意义的活动，将精力主要放在教学上。"1965—1978年多要求对教师队伍进行严格管理，重视教师政治觉悟的培养。

1979年国家发布《教育部、财政部、国家劳动总局关于在全国普通中学和小学公办教师中试行班主任津贴的通知》，在其中对中小学班主任的工作做出了如下要求："热爱教育事业，关爱学生；与其他老师保持联系，了解各科目教学情况；密切关注学生身体健康状况；积极开展班委会工作，提高学生参加社会实践活动的积极性，带头组织参加劳动生产等。"1981年教育部发布《教育部关于加强普通中小学教师普通话培训工作的通知》，文件中规定所有教师都要学习普通话，"能够努力使用普通话进行教学是合格中小学教师的标准之一"。文件还明确提出要进一步加强对师范院校师范生和在职中小学教师的普通话的培训。在1986年颁布的《中华人民共和国义务教育法》规定："国家建立教师资格考核制度，对合格教师颁布合格证书……教师应当热爱社会主义教育事业，努力提高自己的思想、文化、业务水平，爱护学生，忠于职责。"在1986年发布的《中学教师职务试行条例》和《小学教师职务试行条例》中对中学和小学教师都做出了要求，概括为以下几点：始终坚持拥护中国共产党的领导；对教育学和心理学的知识有一定的了解；对所任教学科有着扎实的功底；既要有良好的教学能力，还要有一定的研究能力。在1990年发布的《国家教委关于进一步加强中小学德育工作的几点意见》中提出："必须要重视对教师的思想政治教育工作，所有教师必须牢固树立工人阶级立场、崇高的道德修养、踏实认真和艰苦奋斗的工作作风。"为引导广大教师进一步增强教师职业道德水平，1991年国家教委、全国教育工会发布了第一个专门阐述职业道德规范的文件《中小学教师职业道德规范》，指出全国中小学教师职业道德建设要据此进行，包括依法执教、爱岗敬业、热爱学生、严谨治学、团结协作、尊重家长、廉洁从教、为人师表八个方面。同时要求各地方教育部门严格落实文件精神，督促各学校深入贯彻落实《中小学教师职业道德规范》的要求，加强师德建设。根据《国家教委关于开展小学教师继续教育的意见》，到1990年我国小学教师的合格率仅有73.9%，我们仍需提高教师队伍的质量，要开展对教师的在职培训，丰富学科知识，提高其教学能力、提高理论素养和培养高尚师德。1993年，《中国教育改革和发展纲要》指出："到本世纪末，通过师范教育培养和教师在职培训，所任职的教师中具有本科和专科学历的比例逐年升高，教师职业道德、业务能力、政治素养有更高的水平。"1994年1月，全国人大常委会颁布《中华人民共和国教师法》，对教师资格进行了规定，提出中国公民凡遵守宪法和法律，热爱教育事业，具有良好思想品德，具备本法规定的学历或者经国家教师资格考试合格，可以取得教师资格。2000年以后，教育部先后颁布《中等职业学校教师职业道德规范（试行）》《中小学教师职业道德规范》，提出中等职业学校、中小学的教师职业道德规范内容包括："爱国守法，拥护中国共产党的领导，拥护中国特色社会主义制度，遵守宪法和法律，敬业爱生，履行教师职责，爱护所有学生；教书育人，尊重学生个性，促进学生全面发展；严谨治学，恪守学术规范，不断更新知识结构，努力增强实践能力；服务社会，传播优秀文化，普及科学知识，热心公益；

为人师表，以高尚道德、人格魅力和学识风范感染学生，以身作则。"后续在2014年教育部印发了《中小学教师违反职业道德行为处理办法》，进一步规范教师职业行为，保障教师、学生的合法权益。

1995年到2000年，国务院与教育部先后颁布了《教师资格条例》和《〈教师资格条例〉实施办法》，法令中对教师资格考试科目、标准和考试大纲进行了规定。2001年教育部发布《关于首次认定教师资格工作若干问题的意见》，对教师资格性质、认定教师资格范围和程序进行了阐述。2012年国务院颁布《国务院关于深入推进义务教育均衡发展的意见》，提出要合理配置教师资源，实行教师资格证有效期制度。2018年在《关于全面深化新时代教师队伍建设改革的意见》中提出："着力提升思想政治素质，全面加强师德师风建设……不断提升教师专业素质能力。"随着社会的不断发展，我们对教师的要求越来越严格，关于教师的政策也越来越多，国家对青藏高原民族地区教师的质量更为重视，着力提高教师质量对于青藏高原民族地区的发展有着至关重要的作用。

三、青藏高原民族地区教师管理相关政策

青藏高原民族地区教师管理的政策服从于国家教育部发布的教师管理相关政策，青藏高原民族地区教师管理政策主要是指教师的聘用、考核评价和职称晋升等方面的规定。

（一）青藏高原民族地区教师聘用政策

1952年，在《小学暂行规程（草案）》中要求小学教师编制标准由各省按照实际情况而定。在1953年发布的《政务院关于整顿和改进小学教育的指示》中明确指出，辞退知识储备不足、教学能力低下的教师，并且帮助他们转业，发放补助金。1962年，在《关于精简中小学教师必须注意的几个问题的意见》中规定，小学教师的调动必须由教育部门审核。1968年，《关于将公办小学下放到大队来办的建议》指出，农村中小学教师的聘用和辞退由贫下中农讨论决定。在1978年发布的《教育部关于加强中小学教师队伍管理工作的意见》中规定，公办中小学教师的管理工作由县以

上教育行政部门负责，教育事业的编制必须独立，不能占用。1999年，教育部印发《关于新时期加强高等学校教师队伍建设的意见》，提出在教师聘任中实行师德"一票否决制"，并将教师工作量完成情况与教学质量的优劣作为教师聘任的依据。进入21世纪，国务院先后印发《国务院关于基础教育改革与发展的决定》和《国务院办公厅关于完善农村义务教育管理体制的通知》，提出推行教师聘任制，建立"能进能出、能上能下"的教师任用新机制；并且按需设岗、公开招聘、平等竞争、择优录取。2015年，《关于深化中小学教师职称制度改革的指导意见》提出："要建立与事业单位聘用制度和岗位管理制度相衔接、符合教师职业特点、统一的中小学教师职称制度。"同年，西藏在对高海拔艰苦边远地区学校实行编制倾斜政策的同时，重点对学生规模较小的乡（镇）以下学校，按照教职工与学生比例和教职工与班级比例相结合的方式核定教职工编制。①2018年，在《关于全面深化新时代教师队伍建设改革的意见》中提出实行教师聘期制、校长任期制管理，"遴选乐教适教善教的优秀人才进入教师队伍"。青海省根据上述文件要求，提出加强省级统筹规划、严格标准、规范考录工作，健全"省定标准、市（州）考招"中小学教师招聘工作机制；遴选乐教适教善教的优秀人才进入教师队伍，为全省学校配置合格师资，从源头上保证新聘教师质量；按照中小学校领导人员管理暂行办法，明确任职条件和资格，规范选拔任用工作，激发办学治校活力。

（二）青藏高原民族地区教师考核评价政策

为了贯彻落实《中共中央关于教育体制改革的决定》，20世纪80年代，国务院和国家教育委员会相继印发《国务院办公厅转发国家教育委员会等部门关于实施义务教育法若干问题意见的通知》《中小学教师考核合格证书试行办法》《国家教育委员会关于幼儿园教师考核的补充意见》和《国家教育委员会关于继续做好中小学教师考核合格证书试行工作的意见》

---

① 西藏自治区乡村教师支持计划（2015—2020年）实施办法［EB/OL］．（2015-12-29）. http://www.moe.gov.cn/jyb_xwfb/xw_zt/moe_357/jyzt_2015nztzl/2015_zt17/15zt17_gdssbf/gdssbf_xz/201512/t20151229_226334.html.

等文件，要求建立教师考核制度，对考核的内容和要求作了规定，同时要求对不具备国家规定学历和不能胜任教学工作的中小学教师，应组织他们在职进修学习，并进行考核。为了加强对教师考核，《中华人民共和国教师法》规定，学校或者其他教育机构应当对教师的政治思想、业务水平、工作态度和工作成绩进行考核，教育部门对教师的考核工作进行指导、监督。1996年，教育部印发《关于"九五"期间加强中小学教师队伍建设的意见》，要求加强教师考核，建立健全教师考核制度，把教师职业道德作为教师考核的重要内容。2000年以来，国务院、人事部、教育部等相继印发《关于深化中小学人事制度改革的实施意见》《国家教育事业发展第十二个五年规划》和《国务院关于加强教师队伍建设的意见》等文件，要求进一步健全和完善教师考核评价制度：完善重师德、重能力、重业绩、重贡献的教师考核评价标准，探索实行学校、学生、教师和社会各界多元评价办法，健全工作程序和评审规则，建立评审专家责任制，推行评价结果公示制度；将考核结果作为收入分配、奖惩和聘用的重要依据。2018年发布的《关于全面深化新时代教师队伍建设改革的意见》进一步阐述了教师考核的标准："建立符合中小学教师岗位特点的考核评价指标体系，坚持德才兼备、全面考核，突出教育教学实绩，引导教师潜心教书育人，不简单用升学率、学生考试成绩等评价教师；要对校长进行综合评价，督促提高素质能力，完善优胜劣汰机制。"青海省为落实教师考核标准改革，同年发布了《中共青海省委青海省人民政府关于全面深化新时代教师队伍建设改革的实施意见》，指出青海省将不断完善教师评价标准，坚持德才兼备、全面考核，突出教育教学实绩，逐步建立符合中小学教师岗位特点的考核评价指标体系，引导教师潜心教书育人。

（三）青藏高原民族地区教师职称政策

为促进教育事业的科学发展，加强中小学教师队伍建设，推进职称制度分类改革，根据2008年7月国务院办公厅印发的《人力资源和社会保障部主要职责内设机构和人员编制规定》中提出的深化职称制度改革工作的要求，2009年1月，人力资源和社会保障部、教育部印发《深化中小学教师职称制度改革试点指导意见》，决定在吉林省、山东省和陕西省各选择一个地级市开展中小学教师职称制度改革试点工作。2011年至2012年，《国家中长期教育改革和发展规划纲要（2010—2020年）》和《国家教育事业发展第十二个五年规划》等文件相继出台，提出深化中小学教师职称制度改革，要建立与事业单位岗位聘用制度相衔接，符合中小学教师职业特点的职务（职称）制度，在中小学设置正高级职称；要扩大中小学教师职称制度改革试点。为进一步完善人才评价机制、深化职称制度改革要求，2015年8月，人力资源和社会保障部、教育部正式印发《关于深化中小学教师职称制度改革的指导意见》，提出要建立统一的中小学教师职务制度、统一的职称（职务）等级以及名称的制度体系，制定中小学教师专业技术水平评价的基本标准，建立以同行专家评审为基础的业内评价机制，实现与事业单位岗位聘用制度的有效衔接。为提高偏远落后地区教师的积极性。中共中央、国务院在《关于全面深化新时代教师队伍建设改革的意见》中提出："深化中小学教师职称制度改革，进一步完善职称标准。"为落实上述文件要求，青海省规定要完善中小学教师职称评审政策，探索在乡村学校建立"定向评价、定向使用"的评价机制，畅通教师成长通道和个人发展空间。将在城镇中小学任教以来须有乡村学校、薄弱学校或青南三州累计1年以上（含1年）任教支教经历作为申报中小学高级教师职称和特级教师的必要条件。[①]

[①] 中共青海省委 青海省人民政府关于全面深化新时代教师队伍建设改革的实施意见［EB/OL］.（2018-07-31）.http：//www.moe.gov.cn/jyb_xwfb/xw_zt/moe_357/jyzt_2018n/2018_zt03/zt1803_ls/201810/t20181018_352007.html》.

第五章
融合与全纳：法治进展中的青藏高原民族地区的学生权利

"教育"一词最早出现于《孟子·尽心上》,曰:"得天下之英才而教育之……"这里的英才是指受教育者,与教育者(狭义概念特指教师)和教育影响共同构成了教育活动的基本要素。受教育者作为教育活动中必不可缺的要素,既是教育对象,也是学习的主体,更是受到国家基本权利保护的国家公民。《中华人民共和国教育法》明确提出了"培养德智体美劳全面发展的社会主义建设者和接班人"的教育培养目标。《中华人民共和国义务教育法》指出:"国家统一实行九年义务教育,是所有适龄儿童、少年必须接受的教育,是国家必须予以保障的公益性事业。"那么,如何贯彻、落实、保障这一方针是教育法治的核心价值所在。青藏高原民族地区学生观的发展受到全国学生观的影响,改革开放40多年来,随着时代变迁和教育法治健全,青藏高原民族地区学生权利的实现和全国地区共同经历了一段变化历程。学生的身心和谐、全面发展关系到家庭、民族、国家的未来,教育法治是保障学生受教育的权益,推动教育现代化,完善中国特色社会主义法治体系,推进依法治国的重要议题。

第一节　青藏高原民族地区学生观的变化与素质教育的实施

学生观是对学生的地位、作用、特点的总的看法和根本态度。[①]它直接影响着教育工作者的教育行为和工作态度，直接制约着教育效果。

一、古代、近代、现代学生观的转变

（一）古代学生观

我国在原始社会时期便有了教育的萌芽，原始时期的"教师"是生活生产经验丰富、名望较高、年纪较长的精神领袖，拥有着至高的威严，学生绝对地服从于"教师"。奴隶社会时期形成"官师合一"的局面，教师是有权力的统治者。从古代教师的权威与高高在上对比出学生地位的不对等，他们是"庸人""平民"，根本没有什么权利可言。春秋时期私学兴起，孔子认为学生是有区别的，依据学生的天资分为"上智、中智、下愚"三等，并进一步强调学生的差异性和个体性，提倡因材施教的教育原则。战国时期的教育思想呈现出"百家争鸣"的特点，诸多学者从人性的角度探讨学生的天性，如主张"性善论"的孟子，用"水"来比喻学生的"性"。荀子则认为"性本恶"，把人性比作"土""枸木"等劣势或原始的材料。《学记》是世界上首次系统论述教育问题的著作，文中提到："玉不琢，不成器，人不学，不知道。"在这里，作者把学生比作要修饰、雕琢的"玉"。有同样想法的还有宋代理学家朱熹，他认为学生是有待加工

[①] 姜文阁，韩宗礼.简明教育词典［M］.西安：陕西人民出版社，1988：435.

的"玉璞"。值得一提的是,唐代教育家韩愈在《师说》写道:"弟子不必不如师,师不必贤于弟子。"首次一改"教师中心"地位,将学生与教师转化为对等的关系。明朝心学集大成者王守仁更是对长期以往沉闷又呆板的传统教育观提出质疑,他认为学生是有生命且正生长的"草木之萌芽",教育者应当"趋向鼓舞",顺应、呵护受教育者的天性。这是与我国源远流长的传统儒家教育思想的一场掷地有声的对峙与批判,但由于传统观念的根深蒂固,"新思想"的拥护者数量单薄,在历史的长河里只是昙花一现,并没有成为划时代的主流思想。

不难看出,在"学而优则仕"的教育目的驱动下,教师自然地获得"一日为师,终生为父"的无上的威严以及"棍棒教育"的权利,"听话"也被视为评价好学生普遍的价值观标准。古代社会对学生观的理解大多是保守、不平等的,直至今日,带有浓郁等级色彩的传统意识仍然影响着当代学生观的构建。

(二)近代学生观

1840年鸦片战争标志着我国近代史的开端,使用坚船利炮冲击后,帝国主义打开了我们多年关闭的国门,也冲击了我国教育思想,不少学者对封建教育进行质疑和反思。中华民国首任教育部长、北大校长蔡元培重视学生地位,强调教育应遵从学生发展水平并科学选用教育方法。生活教育理论家陶行知,充分发掘了学生的发展性和重要性,他在革命时期采用"小先生制"来应对教师缺口问题。鲁迅先生将子女视为独立的人,以学生为本位,尊"天性"贵"自然",反对扭曲和残害孩子的传统教育。

可见,与古代较之,近代学生观更强调尊重学生天性、鼓励自主发展、发扬个性、发掘学生教育传播的重要作用,这是一场倡导平等、民主的思想改革运动,是一次与传统教育的有力抗争,更是教育史上的一场巨大飞跃。

(三)现代学生观

中华人民共和国成立后,我们向"教师本位"管理模式的苏联学习教育经验。长期以来,我国的人才培养走向"批量生产"的模式,在集中、统一的班级授课制组织形式下，青藏高原民族地区学生同全国其他地区的学生一样，显现出划一性、僵硬性、模式化等弊端。十一届三中全会后，党和国家的工作重心转移到社会主义现代化建设上来，提高全民素质和培养高素质的人才是社会、经济发展的迫切需要。20世纪80年代以来，随着改革开放的逐步深入和经济建设的长足发展，我国国民素质水平不能适应现代化建设需要的矛盾日益突出。90年代，世界战略格局从军事领域转变到科技和经济领域，国家竞争力进入了以创新性人才和劳动力整体素质的竞争为基础的新征程。这一事态发展进一步肯定了教育在全球经济发展全局的基础和战略性地位。①

当国际社会呼唤"人的革命"之际，传统教育的弊病不但引起国际教育尖锐的批评，引发日本、美国、俄罗斯等国相继开展教育改革，也促使中国把视线集中到国内教育的现状。在邓小平的理论指导下，广大教育工作者在摸索中发展了一场深刻而有意义的教育改革。1993年2月，中共中央、国务院印发《中国教育改革和发展纲要》，是基础教育从"应试教育"转轨为"素质教育"的变革，它明确提出："中小学要从应试教育转向全面提高国民素质的轨道，面向全体学生，全面提高学生的思想道德、文化科技、劳动技能和身体心理素质，促进学生生动活泼地发展，办出各自的特色。"素质教育要求"关注人"，其发展理念结合马克思主义"人的全面发展"学说，对教育培养对象和培养目标提出了"面向全体学生、全面发展的教育"的新要求，成了素质教育的灵魂、核心和目标。可见，素质教育这一具有新生事物生命力的教育模式为新型学生观奠定了基础。自此，《中共中央国务院关于深化教育改革全面推进素质教育的决定》《中华人民共和国教育法》《中华人民共和国义务教育法》等教育法律法规相继出台，对于学生权利以及学生应有的地位给予了相应的关注与支持。素质教育在不断艰苦探索和逐步完善进程中构建了现代教育学生观，其具体体现在以下三点：

第一，学生的发展是遗传、环境、教育及自我驱动相互作用的结果。

---

① 孙孔懿.素质教育概论[M].北京：人民教育出版社，2001：9.

①学生是发展的人。用发展的眼光认识学生,就是尊重学生科学发展的顺序性、阶段性、不平衡性和差异性的一般规律。用发展的眼光对待学生,是要求人们将僵化的"先天论"摒弃,是现代教育的价值追求。②学生具有巨大的发展潜能。我们必须反对教育历史实践中的"性恶论",提倡用积极的眼光、乐观的态度来估量学生的天性,相信每个学生都是可以被教育好的,坚信每个学生都是可以被造就的。①③学生是发展过程中的人。学生处在成长和发展阶段,其身体和心理都是未成熟的,他们是在成人的指导下不断成长、逐步走向成熟的人。教师应以理解、包容的心态接纳学生在成长路上所遇到的问题、犯下的错误,促进其身心各方面和谐发展。

第二,学生是独特的人。①对于天赋、可能性、能力和爱好的表现,每一个人都是独一无二的。②个体因遗传、社会环境及教育环境、个体能动性的差异决定了每个人都是独一无二的,这就要求教师要正视学生的个体差异性,从个性化入手,克服按统一标准和尺度去衡量所有学生的缺陷。②学生具有丰富性和差异性。人的发展应是全面发展,要求每一个人在德、智、体、美等各方面都得到协调发展。当然,全面发展的人不应该是千篇一律的,教师不可要求学生各方面发展的平均化。③每个学生有着自己独特的内心世界、精神生活和内在感受,又由于年龄特点,其思维方式和学习特点别于成人。成人务必正视和接纳学生的群体特点,有针对性地有效沟通,从而达到教育目的。

第三,学生是具有独立意义的人。①学生是学习的主体。教师在教育过程中应该把学习的权利交还给学生,尊重学生的主体地位,充分调动学生的主观能动性,从传统灌输式地接受知识转变为教师指导下自主探索的学生角色观。②学生具有个体独立性。教师应当尊重学生个体存在的独特意义,不能将个人意愿强加于学生的思想之上。③学生是教育活动中的主体与责权者。在现代社会法治保障下,学生在教育系统享有受教育的权利,同时肩负着相应的法律责任。因此,教师既要学会充分尊重、调动学生主

---

① 王本陆. 面向二十一世纪的学生观[J]. 学前教育研究, 2000(1): 76.
② 苏霍姆林斯基. 给教师的建议(上)[M]. 北京: 科学教育出版社, 1980: 151.

体性，也应引导他们学会对学习、对生活、对自己、对他人承担责任。

在传统教育观中学生被视为"知识的容器"，而当代学生被视为"学习的探索者"，每个时期的教育理念都促使着学生观的更迭，每个时期的学生观都具有鲜明的时代特征。国家政策、法律法规用"看得见的手"指引着素质教育的方向，树立"以人为本"和"人的全面发展"思想为指导的学生观是对新时代教师的基本要求，它决定着教师如何认识、如何对待、如何培养学生。随着当代学生观逐步科学化、人本化，它既推进了教育理论体系的建构，为教育实践提供了具体的指导，同时也促进了学生权利从法定权利向现实权利的转变。

二、素质教育在青藏高原民族地区的实施

"素质"是以人的先天禀赋为基础，在环境与教育相互作用下高度内化为个体的行为表现。"素质教育"是以人为出发点与归宿，在每个个体原有的人格特性的基础之上进行的，是对每个人的人格特性的修正、补充、提炼和完善。改革开放40多年来，中国共产党的正确领导是中国经济腾飞的法宝之一，这是国际社会普遍认可的，教育改革亦是改革开放的产物之一。1985年5月，邓小平同志在全国教育工作会议上的重要讲话明确指出："国家的强弱、经济发展的后劲的大小，取决于劳动者的素质，取决于知识分子的数量和质量。"[1] 提高劳动者的素质作为一项重要工作被正式提出，形成了"素质教育"思想的雏形。1994年，江泽民同志在全国教育工作会议上要求把实施素质教育作为教育工作战略重点。[2] 2010年，胡锦涛同志在全国教育工作会议上丰富了"坚持以人为本，全面实施素质教育"的素质教育内涵，明确要求全社会统筹兼顾、协调推进素质教育。十八大以来，习近平总书记在关于教育工作系列重要讲话中要求深化改革教育，推进素质教育，创新教育方法，提高人才培养质量，并将实施素质教育、培养创新人才、提高劳动者的素质，作为实施创新驱动战略的

---

[1] 邓小平.邓小平文选：第3卷[M].北京：人民出版社，1993：120.
[2] 江泽民.在全国教育工作会议上的讲话[N].中国教育报，1994-06-20(1).

根本大计。可见，素质教育是我国改革开放教育改革实践的产物。时至今日，素质教育将成为我国21世纪教育改革的主旋律和最强音。然而，想要在疆域宽广、民族文化丰富的国家接纳、认同、实施素质教育这一新生产物，依然是一项重大研究课题。

（一）青藏高原民族地区实施素质教育的重要性

中国是一个幅员辽阔、历史悠久的多民族国家，各民族经济发展具有不平衡性、文化发展具有非同一性。民族教育是我国教育事业的重要组成部分，民族地区的素质教育关系到中华民族的整体素质，与中国发展和未来密切联系，对实现中华民族的伟大复兴具有重要和深远的意义。青藏高原民族地区位于我国青藏高原，其人口数小、分布区域广、民族成分复杂。十一届三中全会以来，青藏高原民族地区的教育事业在党和政府的关怀与扶持下取得的成绩显著，在校学生和教师数量大幅增长，受教育范围和受教育程度大幅提高。为继续巩固、发展青藏高原民族地区的教育，实现各民族平等、团结、互助从而达到共同繁荣的愿景，依据邓小平同志"进一步解放思想，加快改革步伐"的南方重要谈话和中央民族工作会议精神，以及1992年《国家教委、国家民委关于加强民族教育工作若干问题的意见》指导，实施教育要结合我国少数民族地区的实际情况，充分考虑民族特点和地区特点，坚定不移地推动教育改革与发展。这必将提升青藏高原民族地区人民的科学文化素质和全民素质，提高劳动者的创造能力，促进青藏高原民族地区经济发展，满足地区开发战略的现实需要。

（二）青藏高原民族地区素质教育实施的权利体现

改革道路山重水复，充满艰辛。40多年来，在党和政府的科学指引和政策帮扶下，一代青藏地区教育工作者贯彻教育方针，以素质教育为核心，在不断的艰苦摸索下使素质教育在青藏高原民族地区走向了通途。反观传统教育，学生往往成为教育者改造、严格训练的对象，难以发挥其能动的主体权利活动来实现自身素质的发展。素质教育恰恰关注的是"以人为本"，其以"面向全体、全面提高、主动发展"作为三大要义更是学生权利的体现。

(1) 面向全体

面向全体是全面性的体现，是国家教育方针的一贯要求。素质教育是面向各级各类学校的教育，是面向全体国民的教育。面向全体体现在教育权利平等，即每一位同学都享有受教育的基本法律保障，使每一位学生都能得到应有的发展。面向全体体现在教育机会平等，即每位未成年公民将不分民族、种族、性别、财产状况、宗教信仰都具有平等的教育机会。青藏高原民族地区的少数民族人数众多、拥有不同的宗教信仰、经济状况差异明显，教育工作者应反对民族歧视，尊重、接纳因风俗习惯有特殊要求的少数民族，关心每一位学生。面向全体体现在教育结果相对平等，我国人口众多、地域宽广、经济发展不平衡，地域发展的差异在一定程度上影响了学生的升学机会。我国经济发达地区，教学设备、教育经费、教师配比、师资水平资源配置优越，而经济欠发达地区，各项资源配置薄弱，地区之间教育资源的悬殊直接影响了教育结果。习近平总书记针对我国东、中、西部教育差距问题，强调"要加大农村、民族、贫困地区教育支持力度，努力让每个学生都有人生出彩的机会"。因此，素质教育的实施不仅要使学生受到教育权利的保障，而且教育结果上相对适当照顾到民族地区学生，最大限度地提高他们的素质，培养高素质劳动力，用教育促进各民族交流、交往、交融，用教育实现青藏高原各地区民族繁荣。

(2) 全面提高

全面提高是"德、智、体、美、劳"整体发展的体现，是素质教育的终极目标。教育目标是时代的体现，与素质教育培养"完整的人"的目标相对的是，教育史出现的培养目标是"智慧的人""艺术的人""技术的人"等都属于片面的"单向度"的人。素质教育要培养的人是"知识人""经济人""信息人""国际人"，各方面都具备一定能力的"完整的人"。应试教育过于偏重知识传授，忽视了德育、体育、美育、心理教育和生产劳动教育等。全面推进素质教育，全面提高不是要求每位同学统一、平均发展，成为完美无缺的"全人"，而是需要培养品德、知识、身心、审美、创新、实践能力等方面总体上能保持相对平衡发展的人，使他

125

们学会学习、学会做事、学会做人，成长为有理想、有道德、有文化、有纪律的社会主义的建设者和接班人。

（3）主动发展

主动发展是发挥学生主体性的体现，是素质教育的灵魂。与全国其他地区一样，在青藏高原民族地区的广大家长以及社会舆论环境的强压下，学生们年复一年以机械、重复、灌输训练学习、考试，升学率的高低决定着学习成果的成败和人们的兴衰荣辱。应试教育压抑、磨灭了学生们在教育活动中原有的积极性、主动性、能动性。素质教育是一种"解放教育"，它重构了教与学、主导与主体的关系。教师尊重学生学习的主体地位，就是要基于学生原有知识、满足兴趣与需要，运用启发式、探究式等多元的教学方式，充分调动学生学习的积极性，使学生生动、活泼、主动地学习。在素质教育教学过程中，学生可以怀疑、质疑，提出不同的见解和反对的意见，教师允许学生对未知做出假设、探索和创新，承认学生有尝试、犯错和失败的权利，这才是学生主体性标志的真正体现。

第二节　青藏高原民族地区学生地位的变化

学生观是指教师对学生的基本认识和看法，包括生命观、发展观、地位观、权利观等。学生观与学生地位密切联系，学生观的形成是学生地位确立的基本前提，学生观的转变直接影响着学生地位的改变。自十一届三中全会后，随着经济体制改革，我国政治、文化、社会面貌也发生了翻天覆地的变化，教育作为与民生国计联系最为紧密的领域之一，在社会转型的时代背景下也经历着前所未有的变革。改革开放40多年来，教育体制改革持续深入，教育观与学生观得以重塑。法治进程持续推进，我国学生的法律地位也发生了深刻的变革。迄今为止，我国虽没有为少数民族制定专门的《少数民族教育法》，但有关民族地区教育指导政策和决议甚是丰富，使民族地区学生地位在政策中得以保障。另外，已颁布的全国性相关法律条文里也包含了许多关于少数民族教育的内容。学校是教育者有目的、有计划、有组织地影响受教育者的身心发展以达到教育目的的社会活动场所。随着政府、学校、学生之间的关系以及学生观、教育观的变化，学生的法律地位得以确立。在依法治校、依法行政、依法治国的时代，学校与学生之间传统的"特别权利关系"理念早已被社会摒弃。作为法律关系主体，学生的权利和地位具体体现在教育环境、师生关系、知识与发展关系这三方面中。

一、教育环境中的学生地位

著名法学家亨利·詹姆斯·萨姆纳·梅因在其名著《古代法》中提出任何进步社会的运动都是"从身份到契约的运动"的观点。其"身份"强调的是主体的出身和地位，社会主体因出身的特殊拥有特权而拥有不平等、阶级性的法律关系，从而凸显了"人治"的特征。"契约"则是人们自由合意的关系，使人与人之间处于平等关系，契约社会是法治社会。现代社会的学生地位最显著的特征是国家以法律的形式保障学生的权利，彰显了对学生作为公民和正在接受教育的公民这双重身份的维护。

从宏观角度出发，教育为社会造就人才，推动着社会的进步。在古代社会，尽管孔子提倡"有教无类""播学与平民，播学于四夷"，并提出不分种族、贵贱、贫富、等级的观念，在一定程度上扩大了教育对象和教育范围，但是女子教育却被社会所忽视，多数女子无法接受正常的教育。即便是能入学，女子的地位相较男子而言也是非常卑微的。另外，"学而优则仕"的教育目的标志着教育为政治服务，那么学生的培养和发展屈从于政治的需求，多数学校成为朝廷的附属品，个人的思想服从于国家思想，呈现出社会本位的倾向。因此，学生将学习功利化，一味迎合政治和教师权威，很难有个性化的发展。因此，在古代教育环境的学生连基本的受教育权都得不到保障，也就无法提及其他权利了。中华人民共和国成立以前，我国的基础教育非常薄弱，学校数量不足、学生入学率低。中华人民共和国成立初期，党和政府迅速完善基础教育，先后召开第一次全国高等、中等教育会议。1952年教育部先后颁布了《小学暂行规程（草案）》和《中学暂行规程（草案）》，重整了基础教育科学发展的现状。对于少数民族地区的教育，1949年中国人民政治协商会议通过的《共同纲领》规定："人民政府应帮助各少数民族的人民大众发展其政治、经济、文化、教育的建设事业。"之后，教育部采取一系列政策发展民族地区教育事业，最大限度地缩小与发达城市的差距，保障民族地区学生的教育平等权。比如：拨发少数民族教育补助专款费用以帮助教育事业发展；放宽少数民族学生报考初中的年限以发展少数民族基础教育、提升素质；对少数民族接受高等教育的机会采用"同等成绩，优先录取"的政策以造少数民族人才。十一届三中全会以后，在解放思想的线路指导下，我们对教育的认识越来越深刻、全面，教育兴则国兴，教育强则国强，教育上升到了我国优先发展的战略地位。与改革以前相比,普通百姓能享有的受教育机会从"无学上"到"有学上"再到如今"上好学",已有极大的改观,发生根本性的变化。民族平等、民族团结和各民族共同发展的理念使得各少数民族完全融入了中华民族大家庭,中华民族政治、经济、文化格局高度的一体化,推动了全国普遍性的教育政策的实施与发展。同时,民族地区教育事业在党和政府的指导以及政策的扶持下稳步发展,教育部和民族委员会相继成立了民族教育司,形成了两个共同对民族教育事业进行行政管理的体系。教育部民族教育司和民委民族教育司经过10多年的努力形成了"分工明确、各司其职、相互配合、多元一体"的中国特色民族教育管理体制,这一体制的建立全面保障了学生的权利和地位。

(一)学生作为公民

学生是具有多重法律身份的未成年人,其法律身份包括自然人、公民、未成年人及受教育者四种。作为国家公民,学生具有人权。《中华人民共和国宪法》(以下简称《宪法》)第三十三条规定:"中华人民共和国公民在法律面前一律平等。"学生是正处于发展中的人,不能因学生的身体、心理、能力、阅历的欠缺而否定学生的公民人权,这是《宪法》赋予公民最基本、最重要的权利。父母或其他监护人以及教育工作者必须尊重学生的人身权(包括人格权和身份权)。当学生的公民权利受到他人侵害时,可以通过行政、司法等途径得到及时救济。不论学生的外貌精致还是残缺,性格内向还是外向,成绩是好是坏,他人不得以任何理由侵犯学生的生命权和身心健康权,亦不能伤害其人格尊严、限制人身自由、暴露学生的隐私,不能侵犯学生的姓名、肖像、名誉、荣誉权。这是教育者与受教育者之间自由、平等、民主的关系,教师不再是高高在上的"呼来唤去",学生也不是低人一等的"唯唯诺诺"。这是教育者和受教育者之间自身价值的追求,人格之间的相互平等也体现了精神层次寻求自我和社会文明的进步。

权利和义务是相对应的,诚然,学生在享有公民权利的同时也必须履行相应的公民义务,这是法律对学生行为的一种约束。我国《宪法》第三十三条第三款规定:"任何公民享有宪法和法律规定的权利,同时必须履行宪法和法律规定的义务。"学生法律义务包含三个方面：学生根据权利人的要求做出一定的行为的必要性，这是积极作为的义务；学生抑制某种行为的必要性，这是消极不作为的义务；学生侵犯权利人的利益，接受国家强制措施的必要性，这是接受法律制裁的义务。学生的法律义务具有强制性。换言之，如果学生不履行义务，就必须承担一定的责任。

（二）学生作为受教育者

教育领域中，学生是学校（或其他教育机构）实施教育的对象，是教育活动的主体，他们享受法定的各项权益及义务。《中华人民共和国教育法》（以下简称《教育法》）规定："中华人民共和国公民不分民族、种族、性别、职业、财产状况、宗教信仰等，受教育者在入学、升学、就业等方面依法享有平等的权利。"根据《教育法》第四十三条规定，受教育者享有的权利有：①参加教育教学计划安排的各种活动，使用教育教学设施、设备、图书资料。②按照国家有关规定获得奖学金、贷学金、助学金。③在学业成绩和品行上获得公正评价，完成规定的学业后获得相应的学业证书、学位证书。④对学校给予的处分不服向有关部门提出申诉，对学校、教师侵犯其人身权、财产权等合法权益，提出申诉或者依法提诉讼。⑤法律、法规规定的其他权利。当然，在接受教育教学过程中，家长、教师、学校、行政机关有权教育和管理学生，学生负有接受教育和被管理的义务。同时，《教育法》第四十四条要求受教育者应当履行下列义务：①遵守法律、法规。②遵守学生行为规范，尊敬师长，养成良好的思想品德和行为习惯。③努力学习，完成规定的学习任务。④遵守所在学校或者其他教育机构的管理制度。作为一个统一的多民族社会主义国家，民族地区教育的发展是促进各民族共同团结进步、共同繁荣发展的重要基础，而身处牧区和偏远地区的学生教育处境长期不利。对此，国家对民族地区教育做了全面的规划和部署。《宪法》要求："根据少数民族的特点和需要，帮助其发展教育事业，扶持边远贫困地区发展教育事业。"1980年，由教育部、国家民委颁发的《关于加强民族教育工作的意见》特别提出："对于边远地区、牧区、山区的民族，集中力量，给予较多的助学金，大力办好寄宿制学校，采取国家管吃、管住、管穿的办法。"1992年，国家教委、国家民委印发的《关于加强民族教育工作若干问题的意见》强调："初等教育没有普及的地方，要抓紧普及九年制义务教育，杜绝新文盲的产生，在少数办学有困难的地方，可以先普及初等义务教育，至少先要做到一户有一个合格的小学毕业生；同时调整初中的布局，有计划地办好所有初中。"民族地区相应地根据各地实际情况为保障学生受教育权，积极创造了条件，加强基础教育。2012年，国务院办公厅印发《少数民族事业"十二五"规划》宣布："公共资源教育、重大教育工程和项目向少数民族和民族地区倾斜，在民族地区探索高中阶段免费教育，扩大家庭经济困难学生资助比例。"青藏高原民族地区以及各少数民族的教育事业在我国教育发展总体部署中的重要性进一步得到凸显。

二、师生关系中的学生地位

师生关系是教师和学生在教育教学过程中结成的相互关系，其中包括彼此所处地位、作用以及相互对待的态度等观念。长期以来，教师和学生处于二元对立的模式，特别是西方教育中以赫尔巴特为代表主张以"课堂、教材、教师"的"教师中心论"以及以杜威为代表主张"活动、经验、儿童"的"儿童中心论"。素质教育对教学中的师生关系"以学生为中心的教学"作出了回应，它既不是"教师中心论"也不是"学生中心论"，它是师生关系的另一种诠释。《中华人民共和国义务教育法》（以下简称《义务教育法》）第二十九条要求："教师在教育教学中应当平等对待学生、关注其个体差异，因材施教，促进学生的充分发展。"教师还应当："尊重学生的人格，不得歧视、体罚、变相体罚或者其他侮辱人格尊严的行为，不得侵犯学生的合法权益。"在国家普遍性的教育政策下，民族地区教育观、学生观以及师生关系观念也取得了巨大的转变。2017年，国务院进一步要求民族地区教师的教学模式要与学生学习能力相适应，并印发《关于"十三五"促进民族地区和人口较少民族发展规划的通知》。"以生为本"是新时代学生观的基本观念，也是习近平总书记对学生教育工作的基本要求，它要求广大教育工作者"尊重学生、理解学生、关爱学生、服务学生"以及"遵循教书和学生成长的规律"。我国积蓄已久的东、西教育差距问题令习近平总书记牵肠挂肚，党中央、国务院为促进教育均衡发展，对贫困地区采取"补短板"的措施，提出实施《关于全面改善贫困地区义务教育薄弱学校基本办学条件的意见》，一举成为义务教育学校建设史上投资最大的单项工程。习近平总书记强调："努力让每个孩子不仅享有受教育的机会，而且能接受更好更公平的教育……要加大农村地区、民族地区、贫困地区教育支持力度，努力让每个学生都有人生出彩的机会。""以学生为主体"是新时代学生观及师生关系的本质属性，这是基于学生的主体性、个体性、社会性和全面性等各方面的分析。一方面，素质教育以突出学生的主体精神为标志，学生带着好奇心、求知欲走进课堂走近知识，谁也无法代替学生自主活动；另一方面，这也肯定了教师是活动的主导地位，教师是教学过程的设计者、组织者，对学生的导向、启发、调动、促进功能功不可没。没有一丝学习动机或对学习心生厌恶、无动于衷，学生最终也无法取得学习成果；没有教师的帮助与指导，学生亦无法便捷、系统地获得基础知识和技能。因此，学生与教师没有一方是权威，二者是在平等关系的对话中去实现共同的教育目标。

三、知识与学生发展关系中的学生地位

在"考取功名"的利益驱动下，传统教育对待知识与学生发展，过于强调知识使得学生们逐渐沦为"知识的奴隶"和"考试的工具"。针对应试根深蒂固的短见，素质教育追求终身可持续发展的教育价值，它要求在促进学生的品德高尚、知识丰富、身心健康、审美和谐等方面全面发展。其实，知识和发展是相辅相成的，二者并不存在孰轻孰重的矛盾。知识是学生发展的工具，而发展是推进学生知识增长的重要基础。首先，学生应该体、智、德、美、劳全面发展。2001年印发的《基础教育课程改革纲要（试行）》要求小学至高中阶段应新增一门必修课——综合实践活动。该课程强调学生暂时放下课本，走出教室，走近社会与实践。通过与社会密切

的联系，发展学生运用综合知识的能力，锻炼其解决实际问题的思维，逐步建立社会责任感。习近平总书记于2018年召开的全国教育大会中把教育目标由"四育"提升到"五育"，纠正了对劳动教育的忽视。将"劳育"一并列入全面发展教育体系具有重大战略意义。马克思主义认为劳动是人类的本质活动，而"劳育"就是继承了这一观点。新时代的学生要以劳树德、以劳增智、以劳强体、以劳育美、以劳创新。运用科学知识、参与实践、适当劳动对于学生全面发展、成长成才、创造幸福人生具有重大意义。其次，学生的发展应当注重可持续性。当代美国著名心理学本杰明·布鲁姆将教育教学分为"三维目标"，即知识与技能，过程与方法，情感、态度和价值观。对我国教育改革产生了一定的影响，2001年教育部颁发的新一轮《基础教育课程改革纲要（试行）》的战略部署中，要求实现课程功能的转变："改变课程过于注重知识传授的倾向，强调形成积极主动的学习态度，使获得基础知识与基本技能的过程同时成为学会学习和形成正确价值观的过程。"促进人的全面发展才是教育的终极目的观念。新课程倡导的教学观要求教师一改"知识为目标"的传统教学观念，将其转变为重视教学过程并以学生学会学习、增进人文关怀为目标。

第三节 从以学校管理权力为本到以学生权利为本，促进学生全面发展

改革开放后，教育领域逐步形成学校、政府和市场三方力量共同制约教育发展，学校在录取学生、课程决定、教学安排与日常管理等事务方面自主权日益扩大。面向全体学生、全面发展的素质教育在社会各界达成共识，逐渐形成"学生是发展的人，独特的人，独立意义的人"的新时代学生观。在此背景下，加之十一届三中全会后依法治国的推进，提出"有法可依，有法必依，执法必严，违法必究"十六字方针，学校与学生之间"特别权利关系"开始瓦解，学生权利主体地位逐步确定，保障了具有多重法律身份的学生，其法律身份赋予了学生作为自然人、公民、未成年人及受教育者各层权利。受教育权主要是指学生在校期间享受的与教育有关的权利，主要包括学习的权利、义务教育的无偿化、教育机会均等三个方面的内容。学校管理是学校管理者引领全体师生对各项学校事务计划、组织、协调和控制，以实现对工作目标的活动。学校依法对学生的行为进行引导和约束的活动，管理学生是学校为了维护正常的教育教学秩序及在校生活秩序，保障学生身心健康，促进学生全面发展。《教育法》第二十九条明确规定了学校对学生具有管理权，学校对学生管理的权利是法律所赋予的。由于权力天然具有扩张性，学校的学生管理权在缺乏监督和制约情况下很容易造成对受教育者权利的侵害。基于此，我国先后颁布《未成年保护法》《义务教育法》《小学管理规程》《学生伤害事故处理办法》《侵权责任法》等法律和规章，保护学生的受教育权、生命健康权等基本权利免

受来自学校的侵犯。改革开放40多年来，我国通过规范和约束学生的学校管理权，不断加强保护学生基本权利的力度，建设了比较完整的法律保护体系，使学生权利不断得到实现和扩张。

一、青藏高原民族地区学生权利保护存在的问题

（一）受教育权的问题

受教育权是作为学生身份的核心权利，是指学生公平、公正享有各种类型和各种形式教育的权利。学生权利是通过教育教学活动的途径来表现的，学校权利又是体现在对教育教学的组织、监管和控制等各方面。因此，在受教育权和管理权上，学校更偏重于权威的实现，从而导致不同程度地忽视了学生的入学选择、教师选择、公正评价等权利实现。更有甚者，学校在行使自主管理权过程中滥用职权，侵犯学生入学权、开除学籍、勒令退学等行为剥夺了学生应有的权利。我国人口基数大、底子薄、发展不均衡，只有适龄儿童和青少年受到了教育保障，全民族素质才能得以提高，才能有力地带动经济发展。改革开放后，教育事业成为优先发展战略，中、西部和农村教育明显加强，建成了世界最大规模的教育体系，解决了世界近五分之一人口的受教育问题。但由于受到了历史、地理环境、经济、政策、文化等多方面因素的长期影响，我国民族地区教育的发展总体上落后于非民族地区。基于此，国家对青藏高原民族地区从政策和根本制度上采用倾斜的扶持政策，《教育法》第十一条提出"国家采取措施促进教育公平，推动教育均衡发展"以及第十条"国家对贫困地区、少数民族地区扶持发展教育事业"。改革开放40多年以来，在一代人的艰苦奋斗下，青藏高原民族地区基础教育的发展突飞猛进，人口素质、经济、文化和社会文明程度获得了空前的提高，但依旧存有诸多困难，如纯牧业地区的生存条件严酷、居住分散、交通不便导致教育成本高、难度大，农村女童入学率不高，受经济和交通的影响师资队伍的数量与专业化水平有待提高，民族学校内部管理体制不健全等问题，需要各方力量协助教育工作者——攻克。

（二）学生人身伤害的问题

《宪法》赋予公民最基本、最重要的权利就是人身权，学生人身伤害是由于各种原因受到的身体或精神健康等伤害。中小学生身体、认知水平、能力、阅历等与成人相比发展不成熟，对抗外界冲击和暴力行为，防御抵抗能力处于劣势地位，因此这一阶段的学生所遇到的人身伤害问题尤为突出。学生在学校期间遭受人身伤害与学校和教师的管理息息相关，2001年中国青少年中心与北京师范大学教育政策与法律研究所共同主持了全国十省市的少年儿童人身伤害调查活动。从调研结果分析出，当前学生中存在安全隐患的环节主要包括：学校建筑设施隐患、安全制度隐患、教师素质与安全意识隐患四个方面。① 一旦学校发生学生人身伤害事故，会造成相当大的社会舆论影响，学校将会处在被动地位，造成无法正常开展教育教学活动的障碍。另外，校园欺凌也是造成学生人身伤害的威胁之一。随着互联网媒体的影响力不断扩大，中小学欺凌和暴力事件被频频曝光，引起大众热议，《少年的你》《悲伤逆流成河》等关于校园欺凌、暴力题材电影相继搬上荧幕，将学生安全的问题推上了社会新焦点。中小学阶段的学生，特别是中学生正处青春叛逆期，情绪强烈、易爆发且不稳定，造成寻衅滋事、聚众斗殴不良事件频发，既损害了受害人和目击人身心健康，又扰乱了社会公共秩序和学校的教育教学秩序。

（三）法律救济的问题

权利自始是与救济紧密相连的，"没有救济就没有权利"。换言之，有权利必然有法律救济，无法律救济的权利是无保障的权利。② 法律救济是学生权利最后的保护屏障，也是顺利实现权利的可靠保证。学生权利法律救济的途径大致分为两种：诉讼途径（包括民事诉讼、刑事诉讼、刑侦诉讼三种类型）和非诉讼程序（如电视、网络曝光造成社会舆论影响解决受损权益）。改革开放以来，学校的法治水平有了很大程度的提高，学校的法治意识不断增强，学生管理逐渐制度化和规范化。但是由于几千年来根

---

① 劳凯声. 中国教育改革30年[M]. 北京：北京师范大学出版社，2009：175.
② 同① 165.

深蒂固的伦理禁锢着人们的头脑，导致学校管理活动背离学生天性，不符合教书育人的教育规律，甚至严重损害学生的合法权益。对违规违纪学生进行惩戒和处分，是学校管理权的重要内容和体现，但在民族地区学校管理过程中普遍存在侵害学生的受教育权、生命健康权、隐私权、名誉权、人格尊严权、财产权等现象。如学校为了提升升学率，把成绩落后的学生开除或劝退，不允许参加升学考试；放弃和占用美术课、音乐课用来提高学科成绩；学校行政人员及教师辱骂、讽刺、挖苦学生；学校乱收费，教师变相索要学生礼物等。这些现象反映出我国在实现学生管理法制化的道路上，仍有许多进步的空间。由于我国缺乏法治传统，加之受"特别权利关系"理论影响，学校与学生被视为不平等的关系，学校拥有对学生的特别支配权，学生被看作管理对象，学校即便采取了不当的惩罚和处分，当事人也自然而然认为这是学校理所当然的权利。由于学生的基本权利可因学校内部规则的方式被限制，基于此层关系学生所受惩戒和处分被排除于司法救济之外。学生即使有意想要实施法律救济，也不能通过对学校提起诉讼来维护属于自己的法律权益。因此，学校行使管理权对违纪学生进行处分时普遍缺乏正规程序、公民缺乏维权意识、法院因诉讼事由不在受理范围而拒绝审理。

二、青藏高原民族地区学生权利保护的未来展望

（一）平衡学校与学生关系

学生在学校享有受教育权，不仅如此，学生作为公民在学校还应当享有公民其他的基本权利。因此，学校与学生之间具有多重法律关系，它是指二者在教育活动过程中，依照教育法律规定，学校和学生之间所形成的一定的权利与义务关系。随着"特别权利关系"的修正，学校与学生已不仅仅是单一的管理者和被管理者、指挥者与服从者的关系，他们之间呈现出多元化的法律关系，具体体现为教育行政法律关系以及教育民事法律关系。教育行政法律关系是教育行政机关在行使教育职能中发生的各种社会关系，主要反映的是国家如何领导、组织和管理教育活动。其特点包括：

①学校是经由国家行政机关或法律法规授权行使教育管理的组织,学校不能随意转让,不能任意放弃其教育管理职责。②学校与学生之间通常处于命令与服从不平等的地位。③法律规定了学校与学生的权利和义务,双方必须依法取得权利并承担应有的义务。教育民事法律关系是由民法调整的法律关系,主要包括学生与学校在平等主体基础上所产生的人身与财产关系。其特点包括:①学校与学生相互间是平等关系。②学校与学生的关系是自愿、公平、等价有偿的,任何一方不得对另一方进行强迫、威胁。③学校与学生双方既有权利又有义务。因此,学校与学生之间不再是统一的行政关系,而是被分化为了多元化的法律关系。①

学校对学生实施管理的首要前提是要具有平等意识,双方完全是处于平等的基础上进行教育管理行为,任何一方没有凌驾于另一方的权利。尽管学校享有管理学生的权利,若总是以官方身份自居,以"人治"的思维处理学生的违规违纪事件,那么将不利于与学生平等交流。另一方面,学校具有法治思维是重要基础。习近平总书记提出:"各级领导干部要提高运用法治思维和法治方式深化改革、推进发展、化解矛盾、维护稳定能力,努力推动形成办事依法、遇事找法、解决问题用法、化解矛盾靠法的良好法治环境,在法治轨道上推动各项工作。"法治思维是将法治的诸种要求运用于认识、分析、处理问题的思维,是一种以法律规范为基准的逻辑化的理想思考方式。②它要求崇尚法治、尊重法律、善于运用法律手段解决问题和推进工作。教师依法执教,学校依法治校,是新时代对教育领域的基本要求,也是推进文明和谐校园的重要保障。

(二)保障学生受教育权

学生权利保障的程度体现了国家教育的民主化进程。《宪法》是我国的根本法,基本权利是宪法的一个基本范畴,实现和保障公民基本权利是国家最基本的义务。公民的受教育权被我国《宪法》纳入公民权利的范

---

① 余雅风,蔡海龙.中国教育改革开放40年:政策与法律卷[M].北京:北京师范大学出版社,2019:222.

② 张立伟.什么是法治思维和法治方式[N].学习时报,2014-03-31(A5).

畴，《宪法》第四十六条明确规定："我国公民享有受教育的权利和义务，国家培养青年、少年、儿童在品德、智力、体质等方面全面发展。"若无法定国家义务，则公民的基本权利无法得以实现。不仅如此，《宪法》第八十九条、第一百零七条和一百一十九条等条款都提及各级单位和各级政府在教育管理工作方面的不同职责，这是《宪法》对学生受教育权以及国家义务的进一步保护。与此相应，我国制定的《教育法》《教师法》《义务教育法》《未成年人保护法》等七部教育法律以及国务院制定的《扫除文盲促进条例》等10余部教育行政法规，加上针对民族地区提出的《中华人民共和国民族区域自治法》《教育部关于贯彻落实〈中共中央国务院关于进一步加强民族工作加快少数民族和民族地区经济社会发展的决议〉做好民族教育工作的通知》以及《国务院关于加快发展民族教育的决定》等教育法律规章，初步形成了教育法律体系，保障了青藏高原民族地区的公民切实享有的宪法所规定的受教育权利。

进入20世纪90年代后，青藏高原民族地区把重点转移到发展民族贫困地区和边远地区的民族教育。为了克服这一难题，第一，青海省从1993年至1998年先后发布了《关于〈中国教育改革和发展纲要〉的实施意见》《关于认真贯彻〈全国民族教育发展与改革指导纲要（试行）〉深化我省民族教育改革的意见》《关于加快牧区民族教育改革和发展的若干意见》《关于加快民族教育改革和发展的决定》等文件，谋划了民族教育发展思路和奋斗目标。第二，为了帮助藏区、牧区普及义务教育，政府扶持牧区发展义务教育，利用银行贷款、国家贫困地区义务教育工程等项目在贫困县和牧区集中建立了一批寄宿制学校。这极大程度地改善了当地民族教育办学条件，落实了学生入学物质要求，为普及义务教育创造了良好的基础。不仅如此，青藏高原民族地区政府在农村女童入学方面也做了许多工作。第三，针对民族学校内部管理体制不健全、管理混乱的情况，青海省教委印发了《关于进一步巩固、完善和深化中小学内部管理体制改革的意见》，建立了健全的规章制度，完善了评估体制。第四，为了促进教学质量的提高，青藏高原民族地区主动积极地开展教学实验。同时，通过对口帮扶学校输送的优秀骨干教师和先进的教育资源，为民族地区高等师范院校培养了一大批教学能手，为普及九年义务教育、提高教学质量提供了有力保障。①

（三）维护学生生命健康权

人身权是人生存和发展的必要条件，也是公民权利中最基本、最重要、内涵最为丰富的一项权利，其具体包括生命权、健康权、姓名权、肖像权、名誉权、隐私权等。生命健康权分为生命权和健康权，其中赋予了各自独立的权利内容。生命是人具有民事权利能力的基础，具有不可替代性，生命权是自然人维持、维护生命安全的权利。健康包括生理和心理健康，健康权是自然人以保持身体机能的健康为内容的权利。我国法律明确了教育主体（包括学校、教师等）对学生生命健康权保护的义务和责任。一方面，对于教师不当行为进行约束，我国于1993年颁布的《教师法》第八条规定教师应当"制止有害于学生的行为或者其他侵犯学生合法权益的行为，批评和抵制有害于学生健康成长的现象"。以及第三十七条指出教师屡次"体罚学生……品行不良、侮辱学生……情节严重构成犯罪的，依法追究刑事责任"。另一方面，对于学校由于管理不当造成的学生损害进行追责，1995年颁布的《教育法》第四十四条规定："教育、体育、卫生行政部门和学校及其他教育机构应当完善体育、卫生保健设施，保护学生的身心健康。"2006年修订的《义务教育法》明确了义务教育阶段，学校在校园安全管理方面的进一步措施。同年修订了《未成年人保护法》，再一次强调了学校对未成年人的人身保护职责，规定学校、幼儿园、托儿所应当建立安全制度和加强安全教育。在此基础上，针对造成学生的生命健康权受损的突出问题，我国制定了专门的法规予以规范，使学生的生命健康得到全面和细致的保护。具体表现在以下两个方面：

第一，促进学生伤害事故的积极预防和正确处理。在学校实施的教

---

① 吴明海.中国少数民族教育史教程［M］.北京：中央民族大学出版社，2006：367.

育教学活动或学校组织的校外活动中，造成在校学生人身损害的事故，是学生生命健康权的最大威胁之一。2002年颁布的《学生伤害事故处理办法》针对实践中反映突出的学生故意伤害事故责任认定、事故处理程序以及损害赔偿做出了规定，填补了我国教育立法在处理伤害事故专项法规方面的空白。2006年，我国教育部等十个部门联合发布了第一个专门关于中小学安全管理的法规文件——《中小学幼儿园安全管理办法》，它明确了中小学、幼儿园阶段各行政部门的安全管理职责，规定了校内安全制度和管理要求。为了更进一步细致学校侵权责任的规定，2010年施行的《中华人民共和国侵权责任法》第三十八条至第四十条专门对学生伤害事故中学校责任的承担依据、责任划分、归责原则和进行责任分配等做了明确的规定。

第二，大力整治校园欺凌。对学生造成严重威胁和损害的校园欺凌和暴力行为频发事件，引发了社会的关注和政府的重视。2016年，教育部等联合九个部门发布《关于防止中小学生欺凌和暴力的指导意见》，对防止学生欺凌和暴力事件提供了行动纲领和指南。同年12月，国务院教育督导委员会办公室印发《中小学（幼儿园）安全工作专项督导暂行办法》，将学生欺凌和暴力行为预防与应对纳入了安全专项督导工作，进一步推动了校园欺凌治理的切实推进。为了实现防治措施更具体、更有针对性以及可操作性，2017年11月，教育部等十一个部门联合印发了《加强中小学生欺凌综合治理方案》明确了学生欺凌的界定，提出了预防的具体举措等，形成了六个新举措，进一步完善了我国防治校园欺凌的制度体系，有利于促进各地区的中小学安全防治工作真正落到实处。

（四）健全学生权利的法律救济机制

改革开放初期，学生维权意识淡薄、法律救济途径较少，随着"特别权利关系"理论的修正和法治进程的推进，学生申诉和行政诉讼机制日益完善，为保障学生合法权益提供了可靠途径。

学生申诉，是指学生对学校给予的处分或处理不服，或认为学校和教师的行为侵犯了其合法权益，依照教育法律、法规或者规章的规定向主管机关或单位诉讼理由，请求处理的制度。① 最早以法律的形式确认学生的申诉权是1995年颁布的《教育法》第四十二条规定："对学校给予的处分不服向有关部门提出申诉，对学校、教师侵犯其人身权、财产权等合法权益，提出申诉或依法提起诉讼。"同年，国家教委颁布的《国家教委关于实施〈中华人民共和国教育法〉若干问题的意见》将学生申诉分为行政申诉和校内申诉。随即，国家教委在《关于开展加强教育执法及监督试点工作的意见》中进一步对申诉制度的概念、受理范围、申诉程序等方面作出具体规定。可见，学校及上级教育行政部门与学生之间通过以相互尊重和沟通为基础的诉讼程序，公正地解决和处理教育管理中发生的冲突和纠纷，彰显了"以人为本"的人文关怀。

行政诉讼，是指公民、法人或者其他组织认为行政机关和被授予组织的具体行政行为侵犯其合法权利而不服的，依法定程序向人民法院起诉，由人民法院依法受理，并在双方当事人及其他诉讼参与人的参与下，依法对具体行政行为的合法性进行审理并就相关行政争议做出裁决的审判活动及其诉讼制度。② 长期以来，因学校对学生具有法定的管理权，学生对学校的处理不服而产生纠纷时常被排除在司法救济大门之外。随着民主法治进程不断推进和公民维权意识高涨，行政诉讼的大门逐步向教育领域打开，尤其是高等学校学生管理纠纷方面，教育行政司法实践取得了突破性的进展。

（五）推进青少年法治教育

青少年法治教育是培养现代合格公民，使其成为社会主义建设者和接班人的应有之义。学校是法治宣传教育的主要阵地，法治教育走进学校，进入课堂，为青少年扣好第一粒法治素质的扣子。推进青藏高原民族地区学生法治教育，有利于帮助学生了解和参与社会生活所需的法律常识和制度，树立正确的行为规范，做到知法、尊法、守法；有利于增强学生依法规范行为、分辨是非、运用法律知识和途径维护自身权益；有利于促进学

---

① 劳凯声.中国教育改革30年［M］.北京：北京师范大学出版社，2009：166.
② 劳凯声.中国教育改革30年［M］.北京：北京师范大学出版社，2009：168.

生参与法治实践、践行法治理念、树立法治信仰，形成对社会主义法治道路的价值认同、制度认同，成为社会主义法治的忠实崇尚者、自觉遵守者和坚定捍卫者。[①] 从第一个五年普法规划至第六个五年普法规划，我国法治进程持续推进，对青少年法治教育相关的政策也日臻成熟和完善。法治教育营造了尊法、守法、学法、用法的良好氛围，它引领着青少年"法制教育"向"法治教育"的迈进，推动着青藏高原民族地区青少年法治教育进程不断取得实效。

[①] 余雅风，蔡海龙等著.中国教育改革开放40年：政策与法律卷[M].北京：北京师范大学出版社，2019：259.

第六章
探索与前行：青藏高原民族地区教育信息化政策

教育信息化是指在教育领域充分利用现代信息技术和互联网等资源，促进教育教学的更新与变革，深入推进教育现代化的发展。① 国家政府文件《中共中央国务院关于深化教育改革全面推进素质教育的决定》中首次提出教育信息化和信息技术教育，这意味着教育信息化是我国信息社会发展的必然趋势也是重要选择，教育信息化将能够有效促进教育现代化的进程，使我国的教育软实力不断增强。教育信息化的发展对于数字化教学有着充足需求与长远依赖。教育信息化作为一种新的生产力，是人类转变学习方式、转换呈现方式的工具，它对于人的学习主体性、心理及思维方式等方面具有不同程度的影响。

青藏高原民族地区的教育信息化也在教育信息化发展的潮流中逐步前进的，教育信息化推动着教育现代化，教育现代化也促使各地区之间的教育公平，青藏高原民族地区在国家总体方针的指引下也采取了一系列教育信息化政策以推动该地区教育事业的发展，满足民族地区学生对于学习知识的渴望。本章将从青藏高原民族地区教育信息化政策的主要内容、价值取向分析以及问题与展望三个维度进行相关介绍。

---

① 黄荣怀，王运武.中国教育改革40年教育信息化[M].北京：科学出版社，2018：12.

第一节　青藏高原民族地区教育信息化政策的主要内容

青藏高原民族地区教育信息化政策主要是从基础设施建设、教育信息化资源开发、人才培训以及教育管理的信息化这四方面展开，分别在当地采取地区适宜性、可操作性以及可持续性的教育信息化发展措施，对推动青藏高原民族地区教育信息化的发展发挥着至关重要的作用。

一、青藏高原民族地区教育信息化基础设施建设

（一）基础设施对教育信息化建设的重要影响

教育信息化是在先进、科学的教育思想的指导下，对于教育教学的各个领域进行广泛的渗透，以培养当代社会所需要的科技创新人才，推动教育信息化事业的进程。基础设施建设是实现教育信息化的重要保障，教育信息化实施的关键要点存在于应用信息技术方面，因此首先要加强基础设施的建设，它是教育信息化得以实施的重要保障。如果基础设施建设不到位将会影响教育信息化的整体发展，使得教育信息化建设成为纸上谈兵的空想。教育信息化发展的重中之重是应用信息技术方面的突破与发展，因此基础设施建设在此方面具有十分重要的价值意义。

随着"互联网+"时代的到来，以及大数据、云计算和人工智能的快速发展，现代信息技术水平不断提升，青藏高原民族地区的基础设施建设也逐渐得以发展和完善，相关技术资源得到充分开发与利用，促进着民族地区的教育水平不断提高，使青藏高原民族地区的青少年也接触到各种先

进的教学技术和学习平台，为该地区学生的学习创造了良好的教学条件，使得教师的教学方式也逐渐发生改变，教师的教学能力在此状况下不断得到锻炼与提升，教育信息化逐渐得到顺利开展。①青藏高原民族地区的基础设施建设主要是包括了各种教育资源的开发建设，在整体推动青藏地区教育信息化的发展过程中，通过从数据库、电子信息网、教育教学网等信息化的培训方式入手，并尝试为尚未接入校园网络的学校搭建网络平台接入宽带等提高教育信息化水平与改善教学方式，以这种方式加快青藏地区基础设施建设的开发速度，提升基础教育信息化的网络速度，为师生的课堂建设提供数字化的学习环境。具备充足的基础设施建设，教育信息化才能逐渐得到系统实施，教育现代化才能全面深入地发展，教育资源也会得到充分整合，实现各资源间的优势互补，推动青藏高原民族地区的基础设施建设成为教育信息化的重要支撑。教育信息化政策的实践是为了继续推动和规范教育信息化的活动，给予其相关的目标准则与价值取向，落实相关的教育信息化政策将能有效促进教育信息化的发展，使信息化在理论与实践上都起着十分重要的作用。青藏高原民族地区在相关政策的指引下不仅能够正确认识教育信息化相关问题对于教育信息化的促进有着十分重要的作用，也能有效推动教育信息化的实践。教育信息化的基础设施建设将能够有效为青藏地区教育信息化的发展打下坚实根基，青藏地区教育信息化基础设施的建设发展将会有效改善西部地区教育发展不均衡的状态，这不仅是推动西部地区基础教育事业发展的重要力量，也是落实我国全面科学发展观的重要措施。

（二）教育信息化建设中基础设施建设存在的问题

教育信息化是教育与信息化的结合，随着当今社会的发展，尽管目前我国教育信息化在资源、网络、人才等方面取得了一定的优势，但是相关基础设施的发展仍存在诸多问题，青藏高原民族地区的教育资源的有限性成为制约教育信息化发展的重要因素。这些问题主要集中在三个方面：教

---

① 刘垚玥. 对我国基础教育信息化政策的梳理与思考[J]. 教育理论与实践, 2016, 36 (4): 30-33.

育信息化基础设施缺乏协调性、全面性与共享性。

首先，在协调性上，教育信息化基础设施建设仍存在方方面面的问题，组织协调与技术协调等方面存在薄弱环节，教育信息化基础设施建设和投入开发应用存在拓展性缺乏的现象，发展的协调性与方向性存在一定程度的问题。该地区由于教育水平相对发展缓慢，教育机制和教育结构的系统性在一定程度上存在缺陷，很多方面的发展尚未跟上信息化的发展进度，单方面的发展已经成为该地区教育信息化发展的弊端，局限于某一方面的发展使得青藏高原民族地区教育信息化的发展速度滞后，教育产业信息化如学校教育信息化、社会教育信息化以及家庭教育信息化的发展缺乏规范性的引导。这已成为制约教育信息化基础设施协调发展的关键部分，应当采取重要措施加以解决和完善，不断扩展并引进多元教育信息化方式的有效性发展，推进青藏高原民族地区教育信息化的全面发展。

其次，在全面性上，由于IT产业的日益发展，教育信息化朝着产业化的方向进行，大力发展教育信息化主要是为构建"价值链"体系，推动信息化的发展覆盖在教育领域的各方面。青藏高原民族地区的发展较中东部地区缓慢，"价值链"的塑造与构建尚未形成有效机制和专业模型，所以还存在一定的薄弱环节，因此应重视和加强青藏高原民族地区的网络、资源、产业、人才以及平台等基础的建设，促进该地区的教育信息化资源开发、平台打造和人才建设等，培养出复合型、创新型和应用型的专业人才。由于"互联网+"时代的到来，教育信息化的发展已经具有良好的发展前景和社会信息技术方向的引导，青藏高原民族地区的教育信息化也朝着先进、科学、有效的方向迈进，国家对于教育信息化的引导将会给予地区方向性指引与信息建设，青藏高原民族地区也逐渐普及远程教育网络、教育科研网以及发展数字校园等推动地区的基础设施建设。虽然在努力推进教育信息化的发展进程，但是在全面性上仍需做出相关努力。

最后是在共享性上，由于青藏高原民族地区教育信息化基础设施建设的投入不充分，开发利用存在问题，教育信息化基础设施投入、开发、利用不足，基础设施共享性仍然受到极大的制约，不利于教育信息化的深入开展。该地区的教育资源尚未得到全面有效的整合，也没有发挥充足优势和取得重大突破，其中地区与地区之间、学校与学校之间、教育机构与教育机构之间、家庭与家庭之间以及组织与组织之间都尚未建立良好的资源共建共用共享机制，开放系统较差也比较滞后，信息的交流、成本、质量以及传递优势都尚未得到充分发挥，地区信息资源连贯性较差，缺乏信息资源交流与连接，云储存平台和大数据平台优势也没有得到充分开发与利用，教育信息化的共享、交流、协作与开放结构缺乏系统性和完整性。所以在进行青藏高原民族地区教育信息化的建设过程中应当及时加强平台构建和资源互补，不断提升共享理念，促进基础设施共享性的建设。

（三）教育信息化建设中基础设施的发展途径

教育信息化建设中基础设施的发展是实现其整体发展的重要支撑和关键保障。近几年国家根据基础教育的发展现状及其存在问题，提出《教育信息化2.0行动计划》，在此方案的总体部署与领导下，着力推动教育信息化基础设施的科学健康发展。青藏高原民族地区也结合自身基础设施的发展问题，主要在三方面提出措施以推进民族地区教育信息化的发展进度。

首先，应当树立协调发展的意识与理念，以推进青藏地区教育信息化基础设施建设与开发的有效实施，落实《教育信息化2.0行动计划》的战略，拓展教育信息化，在基础设施的开发、建设、投入以及应用领域拓展教育信息化中基础设施建设的协调发展。构建多元化的基础设施投入机制，发挥学校、家庭、社会和政府"四位一体"的综合作用，在政府投入建设的基础上，强化青藏高原民族地区的学校、家庭以及社会的多方面影响，做好资源优化整合的工作，发挥各领域的教育影响力与号召力，以政府政策为导向使其与教育产业紧密结合，做好该地区教育信息化基础设施的强大支撑。着力推进不同民族地区学校、家庭以及社会三者之间的共生共赢模式，丰富基础设施建设模式与合作共赢机制，使全社会了解到多样化的学习方式和终身学习的理念，提高整体化的投入力度与支持力度，形成实际有效的保障。

其次，由于教育信息化涉及社会领域的方方面面，所以仍需要各方面教育的建设与完善，不仅需要政策文件对青藏高原民族地区基础设施的引导及支持，在研发方面也需要技术和专业人员的支撑与帮助，以全面性的视野构建适合青藏高原民族地区教育能力与教学水平的发展模式，积极探索与开发可以充分利用的一切资源，构建起属于民族特色的"价值链"体系，推广新时代特色信息化的教学模式，夯实技术、信息、产业、人才、平台等基础设施建设，努力实现和推进全覆盖、全范围、全地区的青藏高原民族地区可持续发展。① 除相关教育领域外，当前我国信息技术的发展使得众多企业也将参与信息化建设与开发应用，逐步发挥科研优势与融合优势，利用企业的市场价值影响打造不同的教育品牌，形成教育信息化的市场导向，同时促进与提升民族地区经济的快速发展。

最后，教育信息化是一个综合统一的发展体，应试着构建具有发展性、持续性、共享性的教育信息化平台，切实跟随教育现代化的发展方向，发挥教育整体功能的辐射性影响，使得民族地区之间学会合作、学会交流、共同探讨属于其地区的"共享发展"平台，以及青藏高原民族地区与内地其他地区之间的交流合作。教育主管部门充分发挥各组织间的积极协调作用，在教育信息化资源共享方面进行合理的分析与决策，创新适合青藏高原民族地区具有地区特点的大数据资源平台，汇聚各地区内教育资源的综合优势，降低教育资源的信息化发展成本，促进资源有效利用，并努力推动新时代开放体系建设，利用信息传播的时效性与及时性特点，较快速度地推进青藏高原民族地区教育信息化的发展。

二、青藏高原民族地区教育信息化资源开发

教育信息化资源建设是教育信息化建设的重要一步。青藏高原民族地区基础教育信息化资源相对发展缓慢，但是也有其发展特色。首先是利用网络视频课程资源参与全国各高校课堂，适应以高校为主导力量的精品

---

① 周薇.教育信息化进程中的基础设施发展战略［J］.文化创新比较研究，2019，3（2）：192-194.

课程和公开课的教学，丰富着青藏高原民族地区基础教育信息化资源。随着长时间的建设与开发，以及普及到民族地区的地方课程中，实现不同地区、不同民族的共同视频教学，这将使青藏高原民族地区的教学方式与教学内容产生重大变革与突破，内容还涵盖了医疗卫生、经济社会、市场管理、农学、人文社会科学、自然科学等。这些资源在面对社会开放过程中也打破对于不同年龄阶段学习内容的界限划分，使得各领域之间能够互相学习，各学科之间能够进行有效渗透，各年龄之间也能够融会贯通。① 但是这种资源的开发是适用于绝大多数学习者，只是资源的一种更新与补充。其次是在基础教育课程改革中的课程与信息化技术整合方面，全国在推进基础教育改革中开发了大量基础教育教学资源，虽然它们仍存在着共享范围小、资源整合度较低、利用率不高、重复推出建设等缺点，但是青藏高原民族地区已经在技术开发和资源分配上做出地区适宜性和民族适宜性以及文化适宜性的建设与调整。最后，我国为发展基础教育信息化资源还曾提出"国家教育资源公共服务平台"，这是综合国家力量进行大规模建设的中小学教育信息化资源共享平台。教育资源公共服务平台的建立是给予青藏高原民族地区教育信息化与现代化发展的重要资源优势，使得民族地区的基础教育事业发展得到有力保证，"中国大学MOOC"、"百度文库"、超星学习通以及云班课等的出现，汇集了各高校的优质学习资源，推动了青藏高原民族地区教育信息化建设的完整性与丰富性，不仅在各学习资源之间架起一座桥梁打破了界限壁垒，还赋予学习者更多的学习自主性和主观能动性，使他们可以根据自己的情况选择适合自身情况的学习方式和课程，满足大部分学习者的要求与期望，同时也为教育制度的制定与革新提供了技术支持。

三、青藏高原民族地区信息化人才培训

信息技术的发展速度使得社会发展速度明显加快，对人才的需求

---

① 刘垚玥.对我国基础教育信息化政策的梳理与思考[J].教育理论与实践，2016，36（4）：30-33.

随着社会的发展逐渐有不同的要求与变化，信息时代的变化是教育信息化的加速引擎，而教育是人与人之间共同配合、交流、沟通及变化的产物，教育质量的高低取决于教育者和教育引导者的教学方式和教学能力，因此教育信息化的快速发展需要多种掌握教育技术的关键人才，并能快速适应信息社会的发展。各个国家和地区都提出了培养创新型人才，学习新技术以及新的教学方法已经成为新时代人才培训的基本要求，不仅是数学与科学素养的学习还有信息素养与创造性及批判性思维能力的发展，我国也逐渐开始重视培养信息化的专业型人才，青藏高原民族地区也逐渐通过各种人才引进和高福利机制引进优秀的教师和教育资源以推动民族地区学习质量的提升和教育信息化的发展进度。在教育信息化政策的发展研究中，一直十分重视构建教育信息化的人才培训机制，也形成了相关的培训体系，不断促进多种信息技术工程的开发与实施。现代教育技术也已成为发展教育信息化的重要内容，相关的法律法规文件也对此有一定规定。在1999年出台的《中小学教师继续教育规定》中，第八条提到将现代教育技术列入中小学教师继续教育的内容，这是以法律形式将教育技术列入中小学教师继续教育的教育内容以提升对教育技术重要性的强调与重视，之后，2002年的《关于推进教师教育信息化建设的意见》再次以法律形式强调了信息技术应当成为各师范院校培养人才和中小学教师培训的重要内容。依据《中小学教师继续教育规定》以及其他相关规定，教育部师范司制定了《中小学教师信息技术培训指导意见》，并明确说明了教师的培训目标、内容和评估标准。在总的教育思想的指导下，建立起教育教学信息化的培训体系，不断提出多样化的工程与计划，通过多种手段和途径进行教师的教育技术培训，青藏地区也投入较多的人力、物力以及财力，逐步形成系统性的教师信息技术培训机制。当今随着信息技术拥有较好的发展机遇以及国际环境的推动，人才培养将是教育改革的重要目标。《教育信息化十年发展规划（2011—2020年）》将"育人为本"作为教育信息化工作必须坚持的方针，提出要按照"面向建设人力资源强国的目标要求，面向未来国力竞争和创新人才成长的需要……培养具有国际竞争力的创新人才"①。为适应激烈的信息化发展潮流与信息技术的发展方式,青藏高原民族地区的教育信息化已采取重要举措推动人才培养与教育技术培训,努力培养适应地区教育发展的、具有信息化素养的高素质教师,打造属于民族地区特色的新型技术型教师队伍。

四、青藏高原民族地区教育管理信息化

我国民族地区教育管理信息化建设处于快速发展中,根据少数民族的实际情况,也先后制定了较多民族地区教育管理信息化发展的政策法规。比如有《民族区域自治法》《关于快速发展民族教育的决定》等,均体现了对于民族地区教育信息化发展的重视。当前,青藏地区教育信息化建设特点主要是教育管理信息化资金渠道开始拓宽、教育管理的信息化平台逐步搭建完成以及教育管理信息化建设机制日渐完善。②首先是在资金渠道上,我国民族地区由于经济社会发展状况,教育管理信息化建设有较多不足,实现可持续发展的主要动力来源是对教育经费的需求,政府补贴以及社会相关项目的专项资金将能为民族地区教育信息化的发展做出有效保障与支撑,比如民族地区的高校尝试与中国移动等企业合作,充分扩充可利用的教育资源,还有一些民族地区在教育部的相关支持下实施建设了现代远程技术、普及西部高校的网络化教学等都有效促进了民族地区教育管理信息化的发展。其次,在平台建设上,民族地区高校教育管理信息化的硬件建设有较多投入,地区教育部门和高校鼓励教师对教学信息化的积极探索与实践,同时也学会与发达地区学习交流,尝试引进新的成熟的教育管理信息设备,这不断推进青藏高原民族地区的教育管理平台的建设进程。教育管理信息化主要是教育行政管理部门与学校管理的负责方面,我国已

---

① 教育部印发《教育信息化十年发展规划(2011—2020年)》[J].中国教育信息化,2012,(8):95.

② 曹勇.新时代民族地区教育管理信息化发展策略探究[J].西部学刊,2020(15):55-57.

存在有完善的教育管理信息网络并覆盖在各个方面上。我国教育管理信息化集中于教育电子政务与电子校务建设上，促进教育体系的办公自动化与无纸化进程，促进决策的科学化以及公共服务的电子化发展，最终实现教育电子政务工程的发展。① 青藏高原民族地区的教育行政部门和相关的管理机构的不断推进促成各中小学建成相关的门户网站，并与教育部相关门户网站配合加速促进了基础教育对于服务社会的积极作用，也在中小学教育管理和义务教育发展中取得相关的显著成就。最后是在教育管理信息化的建设机制上，信息技术人才不断实现突破，本土性与专业性相结合的复合型人才不断在增加，民族地区的信息技术教师队伍开始建设起来，不断成为高校教育教学管理的中坚力量。不仅如此，民族地区的高校之间也建立了区域性资源共享体系，有关教育的信息技术资源与人力资源充分共享交流，实现了信息资源的优化配置。

---

① 刘垚玥.对我国基础教育信息化政策的梳理与思考［J］.教育理论与实践，2016，36（4）：30-33.

第二节 青藏高原民族地区教育信息化政策的价值取向分析

对教育信息化政策文件的解读发现，教育信息化政策建设的基本价值取向主要是结合社会的教育发展状况来分析，对于青藏高原民族地区教育信息化政策的价值取向主要是从"以生为本""合法化"和"教育公平"三个维度分析，通过对教育信息化政策文本的解读发现，我国教育信息化政策建设的基本价值取向是"以人为本"和"教育平等"。但是在教育信息化政策体系的建设中，当前的政策合法化稍显不足，并且也是迫切需要解决的问题。在对教育信息化政策本身的研究中，政策科学与民主已经取得了一定的成果，但仍需进一步深入探索。同时，国家已经开始了应用大数据技术来进行政策研究的准备，其中应当注意的问题是处理好技术性与教育性关系的问题。

一、以生为本

中国传统的教育教学方式中曾有过以人为本的思想，在孔孟时期曾提到"仁者爱人，民为贵，君为轻，社稷次之"的思想主张，文艺复兴时期也曾提及人本主义思想，体现了人本主义思想在人类社会文明的进程中具有重要地位，人本主义思想的提及在很多领域的发展中都留下深深浅浅的印记。人本主义思想在中国的演变体现了个体主动性与主体地位的特点以及尊重人们的要求与想法的特点。在教育信息化政策的建设中，这些特点意味着在学习过程中应当是为了学生一切以及一切为了学生，尊重学生的想法与话语权，教师不应该占据过多的主导地位，学生应当参与学校管理的任何方面，以保证决策的科学化、民主化，提高学校管理水平。目前教育信息化政策的价值取向正在转向一种新的趋势，主要是从对事情的完成度转向对培养新时代人的需求，两者之间是相辅相成的关系。①

以完成教育事件为中心的教育主要是关注学校中各种事情的发展变化，而往往会把人看作是实现事情发展的主要工具。它只关注事情发展的外部因素，却极容易忽视具有生命体个人的内在创造精神与主观能动性。这种教育主要是以一种标准模式和统一目标培养被动、服从与规范的个体，这种方式的知识学习与教学手段往往很难使学生掌握主要的学习经验与系统知识，无法形成积极的学业目标与价值追求，主要是由于忽视了学生主体地位的价值目标。

关注"成事"教育的学校大多以学习为中心，强调学生的学业成绩，忽视学生的全面发展。过于注重"成事"教育在很大程度上容易导致学生综合素质能力的偏低，阻碍学生个性的发展，扼杀学生的想象力与创造力，而单方面地追求学业成绩也忽视了学生的精神气质、道德情操与理想情怀等的培育。这将会影响学生整体综合素质的系统发展，不利于学生良好个性品质的培养，使学生想象力与创造力的发展错过关键时期，不利于其身心的健康成长。单方面的要求影响着学生道德情操与理想信念的塑造。这种教育导向的教育信息化政策将会对硬件设施以及网络平台的建设关注更多，我国也一直以软硬件设施与基础设施建设作为教育信息化建设的主要内容，并逐渐将学生视为能力体系的重要组成部分也更加强调教师教育信息技术能力的掌握，但是在《教育信息化十年发展规划（2011—2020年）》中提到在2020年教育信息化的发展目标主要是基本实现大部分地区和其各级各类学校的宽带网络覆盖。②我们仍可以发现在此教育中人

---

① 李亚楠.从"成事"到"成人"：我国教育信息化政策的价值走向新趋势[J].教育理论与实践，2016，36（31）：21-25.

② 教育部.教育部关于印发《教育信息化十年发展规划（2011—2020年）》的通知[EB/OL]［2013-3-13］.http://www.moe.gov.cn/srcsite/A16/s3342/201203/t20120313_133322.html.

的决定性力量与主观能动性在一定程度上被忽视，所以在实施教育信息化建设的过程中我们应努力避免此种现象的出现，多关注学生的发展状况以及内在需要，而不是一味提供一种先进的教育技术、更新教学条件，外部因素往往是影响事情发展的相关因素，而内部原因则更多是事件发展的关键因素。

而以人为中心的教育则是关注受教育者个人的学习与发展，会着重在提高学生的内在素质、关注学生的内在发展以及丰富学生的生命质量，体现一种以人为本的生命关怀的社会活动。以生为本的教育信息化建设意在用适合学生个性特征与心理需求和成长需要的信息技术教育方式促进学生的发展，培养具有生命力并积极向上的具有良好内在品质的学生，尊重他们的想法与自由，尊重他们个体的发展与教育，落实了以生为本的教育思想，丰富了学校教育的价值。任何教学技术与教育活动的发展都是为培养适应社会生活的人，促进个人的进步与发展。以生为本的教育是以学生为教育过程的核心，教育信息化中软硬件设施的发展都应是更好地促进人的发展与教育，不仅在优化教学资源和丰富教学设备上，还应对教师和教育管理者提出相应的教育规范，如学会使用先进的信息技术和教学工具，提高自身的信息技术素养，以促进和推动学生信息化学习能力的提升，在学生的学习过程中，如探究性学习、项目化合作学习、个性化学习等学习交流方式逐渐出现在课堂上，学生的主体地位受到关注，日渐受到学生的青睐，培养出的信息化新型人才也将有力促进我国教育信息化的发展。学生是学校教育管理的主要对象，参与教育教学工作是学生的基本权利，高校的教育教学应最大程度地尊重学生的基本权利。① 我国教育信息化建设中逐渐是以事的发展促进人的发展，应当注意在高校的管理建设中，正确引导学生发挥主动性与积极性参与学校方面的工作，充分发挥学生的自主自愿的意识，培养学生良好的思想以及交往和组织意识，提高学生的管理能力，不仅是学习能力还有生活自理能力、处理问题和解决问题的能力以及

---

① 易帆.学生参与高校教学管理工作的研究文献综述——以生为本理念下[J].学理论，2014（11）：243-244.

良好情操和道德意识的培养，以生为本的教育信息化建设应给予学生机会处理教学管理事务，锻炼学生对于学校教育的管理、教学与参谋建议的能力。参与管理的大学生也将能参与制定高校教育计划和管理决策，在参与活动的过程中学会围绕管理者的要求制定教学目标，遵守教学规律，利用自己的主体地位参与并给予教育者相关建议，推进教育管理的科学化和规范化，这也是学校培养人才的重要途径和民主办学的重要方式。除高校的学校教育外，中小学中也开始实行教育教学的信息化建设，以学生的发展为根本开设信息技术教育课程，增加专家视频课的教育教学，多渠道增加各种教育教学创新模式满足中小学生多样化发展的方式，将信息化的教学方式以学生需要的方式恰当地融入教学过程中，并尊重学生发展的身心特点，给予学生自主权参与信息化课堂，提高学生面对信息化的学习能力和适应能力。由于青藏地区处于偏远地区，生活水平与物质基础较中部和东部地区欠发达，学生的生活背景与教育水平也受到一定挑战，至此在对少数民族地区学生的个性特征、心理发展状况以及教育习惯了解的基础上，结合以生为本的教育理念在学校中注重对于民族地区学生的培养与发展，提出适合其发展方式的教育教学机制与教育方针，提升他们信息化的学习能力与发展能力以及教育信息化素养的提升。虽然他们对于先进的教育技术掌握速度较慢但是其提升空间较快，在高技术教师的引导与培训下，该地区的教育信息化水平得到不断提升与发展。

二、合法化

教育信息化的建设也离不开行政法规的贯彻与落实，不管是监管部门之间的统筹协调还是政策环境的影响作用。政策的保障是其贯彻落实的基准，为加速我国教育信息化目标的实现，政府部门也出台相关法规不断促进教育信息化的发展与建设，为保证其实施的合法化与规范化，想方设法克服其系统的庞杂与繁复，也涉及教育信息化建设的很多方面，并采取相关措施保证并发挥各行各业及其各部门的作用以推进政府政策的全面实施，同时也积极鼓励全社会的参与与努力。在实施相关教育信息化建设的措施中，政府的政策不仅是实施的重要标准和关键要求，也是实施的重要方向标杆。这不仅需要充分发挥各个教育部门的统筹协调作用，还需要全社会的共同参与与努力，不仅如此，对于政府的监管能力与管理控制能力也是一种十分重要的考验，这将会有效促进教育信息化工作水平的提升，也能够加速促进教育信息化工作的进程与治理进度。教育部对于政策的制定与管理是具有一定准则与尺度的，通过对政策的制定以及实施情况的分析以及开展工作中的示范影响作用都将有效推进教育政策的制定与贯彻，并对政策实施的实际状况及时记录和做好监管工作，为教育信息化的发展与实施打造一个健康有效的政策指引与发展环境。国家提出众多政策建议进行教育信息化建设实施，建立了教育信息网、国家教育行政服务平台和教育资源共享机制，为相关教师和学习者提供良好的资源优势和信息优势，创造适宜于各地区各发展情况的信息化教育环境；注重教育领域的人才培训与科研创造，顺应教育现代化的步伐，鼓励教育研究者和调查者整合各类研究成果并植入和应用于相关一线教育工作者的工作与实践中；在政策指引下规范建设相关基础设施建设，推动青藏地区教育管理的科学化、规范化与可操作化。

由于青藏地区教育的多样性与民族性，国家在民族地区教育信息化建设上提出了教育扶贫的相关政策，协调各种教育教学机制，并鼓励企业对偏远地区的扶持与帮助，并以税收等有关方式培育教育信息化相关产业体系。在学校对此进行有关教学方法与管理体制的改革与创新机制，并且对于教育信息化活动进行分权管理与保障，各部门之间履行各自的义务互不干涉，由于法律的强制性使得法律对于教育信息化的相关活动也有一定的约束力，使教育信息化政策的制定与实施达到一定的教育效果。

三、教育公平

教育公平包含着三种含义，主要是起点公平、过程公平与结果公平。它们分别有着各自的教育意义，起点公平主要是指每一个公民都可以接受教育的权利与机会，过程公平主要是指每个人都有得到平等的教育资源与教育机会的发展条件，结果公平主要是指每一个公民都可以接受适合其天赋与水平的教育。教育公平的最终目的是要达到结果公平，但是结果公平的实现也需要做到起点公平与过程公平。教育公平的实现是人类社会生活与发展的重要保障，教育信息化为受教育者的发展提供重要的平台优势与资源优势，将传统的教学模式转变为操作性强、可实际应用的高技术教学模式，学校信息化教学逐渐走向成熟，教育信息传递的途径在逐渐增多，教学管理模式也在逐渐发生转变，师生之间的交往与互动也日益密切。教育信息化政策的建设是政府对于教育信息化资源的优化配置，体现政府对于社会价值的分配，在对教育信息化实行的政策文本梳理后得到教育信息化政策的价值选择主要是教育公平。这样的价值选择也符合政府对于教育政策促进社会公平的追求。教育公平的内涵主要包括三个方面，首先是人人都享有平等的受教育的权利，其次是人人平等地享有公共教育资源，第三是公共教育资源配置向弱势群体倾斜。[①] 对我国教育信息化政策的相关文本进行了解后可以得出，我国教育信息化的发展把教育公平以及能够平等地享有教育资源放在信息化建设的关键部分中，并且也极力加大农村、边疆等贫困地区教育信息化的扶持力度，力求改善弱势群体对于教育信息化资源的缺乏状况。我国开始提出相关教育改革与发展规划，主要目的是缩小贫富悬殊的状况，促进全国范围内的学习者享有基本的优质教育资源，提高全民的知识化水平，颁发相关文件着力推进教育公平，促进教育资源共享。

在教育信息化的发展过程中，国家也颁发相关文件挖掘城乡之间、区域之间以及校际之间的教育教学发展，努力缩小不同群体间的教学差距，促进教育体系的建构，随着"互联网+教育"的发展，信息化促进基础教育公平的内涵凸显为由关注基础设施和资源为代表的基本物质需求层面，向强调满足人对个性化优质教育服务的内生性发展层面转变。对于贫困地区的教育信息化的发展，我国采取一些教育措施和建议着力促进教育

---

① 刘垚玥.对我国基础教育信息化政策的梳理与思考[J].教育理论与实践,2016,36(4): 30-33.

信息化的基础设施建设，促进人人平等地享有教育资源，推动边远贫困地区的教育信息化的发展，着力提高优质教育资源和农村教育设施的建设，并且注重通过教师培训等提高教师质量，弥补师资短缺的现状，还开展远程项目合作机制推动边远地区教育现代化的发展，对于西部教育的建设与发展有一定引导与促进作用。除此之外还优化数字教育资源的建设与共享机制，将教育信息化与科学化的发展机制深度融合，这将为边远地区教育公平奠定一定的物质基础。青藏高原民族地区由于教育教学方式的变化的差异性较大，因此为帮助该地区适龄儿童与青少年享有应有的教育教学权利，缩小城乡间的教育水平差距，促进义务教育的地区化均衡发展，还进行着区域性的教育教学能力的发展，为牧区或偏远地区的人民带来教育机会，推进教育公平理念的落实和教育公平机制的落实与实施。所以青藏高原民族地区教育信息化政策的价值取向会注重教育公平的实施与发展，国家也注重投入相关资金与经费改善民族地区、乡村地区以及偏远地区教育信息化的发展与建设。只有让不同地区、不同民族的受教育者都享有平等的受教育权利，不断促进教育公平的完善，提高整个社会公民的知识素养，扩大社会成员的受教育程度，教育现代化的发展才会稳步前进。

第三节　问题与展望

教育信息化建设虽然存在一定的教育教学方式的变革与发展，也取得了一定的成效，但是在发展的同时也遇到一些新的问题与挑战，尤其是在青藏高原民族地区教育信息化发展的过程中，由于地域和发展环境的限制使得其信息化建设与其他内陆发达城市之间有着较多差异，因此在对相关文本分析的基础上，总结出青藏高原民族地区教育信息化发展的相关问题并对此提出可行性展望。

一、青藏高原民族地区教育信息化政策建设的问题

（一）教育管理信息化存在认知理念偏差

教育管理信息化建设在民族地区的发展仍具有一定认知局限性，主要体现在对于现代教育信息技术的运用与掌握上，以及对于教育信息化的思想素质的缺失和有待提高上。由于青藏高原民族地区的基础教育发展存在复杂性、分散性、边远性以及差异性和艰巨性的特点，所以在对于推进青藏高原民族地区教育信息化发展上也存在着相应问题：复杂性上存在多民族的办学形式、教育方式方法、教学内容以及不同宗教的问题；分散性上存在教育规模与教学资源的合理配置上存在办学难度的问题；边远性上出现牧区山区与城区之间的经济文化发展差距问题；差异性上存在不同州县以及民族中的教育各方面的不均衡问题；艰巨性上存在教育投入以及资源开发建设问题。因此，该地区教育管理信息化的发展在不同程度上也存在着相关局限性。首先是在教育信息化的设施上，教育信息化所需的硬件设施是其发展的重要基础，软件平台的建设也是促进信息化发展强有力的保

证，信息系统建设也是十分重要的教育信息化发展途径，具备坚实稳固的信息系统将会为信息化的发展提供多种信息资源渠道，硬件设施的完善与软件平台的及时更新开发是信息化得以实现的良好根基保障。但是高校领导却认为教育信息化的硬件设施建设、软件平台建设以及信息系统建设这三点是教育信息化建设的全部内容，认为只要做到这三点策略的规划实施就可以促进民族地区教育信息化的发展。其次，将高校教育管理信息化等同于相关信息技术在高校管理中的推广运用，忽视了高校教育信息化的发展在于促进师生发展、服务教育事业发展以及服务社会的整体发展上。再次，忽视组织机构、体制以及机制的完善，而是一味重视信息化的实体建设，片面认为教育信息化的发展是相关实际操作技术的应用但是其内在系统的构建与完善更是至关重要的。最后是一些教育管理参与者的思想素质有待提升与完善，教育管理信息建设人员的理念与技术存在更新滞后的现象，对于先进的信息化的教育方式没有足够掌握，使得高校信息化教学作用未能得到实际发挥。[①]

总而言之，民族地区的高校教育信息化建设只注重发展的工具性而忽视其价值性的发挥，注重实际操作却忽视提升管理理念的现象，这种认知理念上的偏差与缺失制约着民族地区教育管理信息化的发展，不利于其教育改革的质量提升与内在需要的发展。由于地区的独特性和差异性，青藏高原民族地区的教育资源具有滞后性的特点，教师以及教育管理者之间具有理念偏差以及对于教育的认知缺陷，使得该地区的教育水平始终处于较落后与欠发达的状态。正是由于理念偏差使得民族地区教育发展具有一定限制性，教育管理信息化的发展因此得不到进步和促进，陷入一种相对封闭的循环发展模式，这将使青藏高原民族地区教育信息化的发展逐渐忽视教育管理的规范化与可操作化。认知理念上的偏差将会在教育管理的方向性与引导性上存在问题，教师以及专业人员的教育能力的发展与发挥也将会受到影响。

---

① 曹勇.新时代民族地区教育管理信息化发展策略探究［J］.西部学刊，2020（15）：55-57.

（二）教育管理信息化建设具有视野局限

教育管理信息化建设具有视野局限性，由于对于教育信息化的掌握程度较片面，因此对于其自身规划存在缺少发展性眼光的问题。首先主要是民族地区迫于快速发展的急切心态常会出现教育管理信息化建设的跟风现象，不能清晰了解其自身信息化的发展动向却习惯一味模仿，这对于该地区自身所拥有的优势资源是一种未充分利用和优化配置的状态。针对自己目前的发展状态只注重眼前需要并已具有的教育资源，尚未对可开发资源提高其利用率，缺乏长远发展的眼光与策略。未意识到将较发达地区的发展动态与自身发展远景相结合并学习或模仿借鉴其中的发展模式和教育管理信息化的发展手段，逐渐跟上教育管理信息化的发展步伐，开拓自己教育管理信息化的发展视野。其次是教育管理的信息化建设具有区域独立性，缺乏与其他各地区之间的合作交流与互动，对于信息之间的沟通存在制约性与资源限制性，数据的缺失与匮乏将会导致资源的利用率较低，不能较好地创新民族地区新的信息化教育模式，使得差距悬殊造成恶性循环的现象不利于该地区教育的发展，也不利于其与其他地区之间的信息共享与共生共进的关系的建立，信息的流畅性与利用率较低的状况一时难以改变，随着长时间的积累，也在不断影响民族地区的信息化建设。资源的流动性较差加上各地区之间合作沟通的限制使得青藏高原民族地区局限于自身的教育环境尚未有新鲜血液的注入，长此以往形成教育习惯则会导致其教育水平的发展始终处于停滞不前的状态。各地区经济、政治以及文化的发展逐渐带动着教育的发展，使得青藏高原民族地区的教育功能也得到发挥，由于教育管理信息化上的视野局限或多或少地导致其教育速度的发展缓慢。最后是在教育信息化发展模式的创新上，其较缺乏创新理念与创新机制，形成民族地区的成熟的可持续发展性的信息管理机制将离不开政府、社会企业、研究机构以及学校的合作互补与共同努力。民族地区在这一方面缺乏对于教育方式的协同创新与长远规划，这将会使各部门之间的协调统合作用得不到更好的发挥与实施，是应当努力解决的信息化建设问题。

青藏高原民族地区应当了解自身发展的关键因素，充分利用已有的信息化发展优势，形成发展性的思维习惯和建设模式，并增加与其他地区交流交往的机会，探讨民族地区教育管理信息化的共生共赢模式，加速推进以一带多或以局部带整体的教育辐射作用。除此还应根据国家的相关政策方针反思自己的教学经验，构思一种科学化、规范化与清晰化的民族地区信息化发展的长远规划，根据该地区自身的发展特点结合国家相关政策优势构建教育管理信息化的美好发展蓝图，使青藏地区教育管理信息化的发展在低起点状态下也能得到高速度提升，具有开阔的教育管理信息化发展视野并逐渐形成科学的发展观与长远的格局观，打开青藏地区教育管理信息化的建设缺口，使其以更谦虚宽容的态度为该地区的发展注入新鲜血液以及提供强盛的动力支持。

（三）教育管理信息化出现资源供给缺乏

教育管理信息化资源的供给不足主要原因在于人才的匮乏上。民族地区的各个领域之间的发展都存在着不同程度的人才缺失问题，这与社会的大环境之间存在着密切联系，与经济、社会以及文化的发展相关，这都将影响社会的人才流动趋势。在民族地区的各个领域的学校教育管理信息化上，人才问题也极为突出，首要是表现在教育管理信息化人才的数量较少，民族地区的教师信息化专业素质能力较低和师资力量较缺乏，对于专业岗位的需求未能达到预期标准，专业型教师的缺少对于青藏地区学生信息化的教育也将受到一定程度的影响。由于教师的教学能力有限及其掌握程度的限制，容易出现教学方式不当的问题。青藏高原边远牧区的教学环境较差，学校设施配套不齐全导致教师无法正常使用信息化的教学工具，教学质量较低且教师人员较少、压力与任务较大，导致教师无心、无力对青藏地区教育信息化的发展开展相关教学实践。其次是在民族地区学校信息化管理人员的供求出现不平衡，不仅是参与教育管理信息化的人员的专业素质与能力不足，还出现相关的人才不足，综合素质以及专业化素质的积累不够。不仅是在教师专业化出现信息素养与教学技术掌握不够的问题，教育管理者的相关素质的缺失将会从体系上对于民族地区信息化的构建与完善存在一定影响。在青藏高原民族地区，较多教师仍是身兼数职，没有专业型信息化的教师素质，大多数任教教师没有经过专业培训，教师队伍建设始终存在较多不足。最后是在民族地区学校教育信息化的参与者上，其日常任务较重，往往承担超出其本职工作的任务，这不仅影响其自身的工作效率还会限制其工作的精细化发展，信息技术参与者对于教育信息化的研究与发现对于教育信息化的发展更为关键。随着教学规模的不断扩大，参与者应当深入实际的发展状况进行相关教育研究，这种资源供给缺乏问题的出现也是青藏高原民族地区教育信息化建设亟待解决的问题。

由于青藏高原民族地区地处西北，自然环境等众多资源存在开发困难的问题，尤其是学校的校舍建设以及各项工程建设都具有一定开发难度，对于国家的配套方案的落实进度较慢，大部分地区落实地方性教育补贴存在迟缓现象，效率较低、资源的利用率不高、到位率也较低。由于教学资源在多方面存在相关缺陷，使得学生的教学条件较薄弱，基本的教学需求得不到满足，教师以及教育工作者会将较多重点放在教学环境与教学条件的改善上，尚未有更多精力与能力意识到提升自我的专业信息化素养，信息化的资源也在一定程度上较紧缺，大多数情况下的信息化资源与教师教学能力不成正比，学校或相关教育部门会搁置信息化的相关教育资源优势，使得教学水平相当长时间停滞在未进步的状态，使得该地区的教学方式与教学机制未及时得到更新转变，信息化教学尚未得到良好反馈，因此信息化资源存在供给缺乏的状态。再加上教师对于该环境的适应性较弱，尚未建设成完善的年轻教师队伍体系与结构，教师的信息化素养不够完善，培训机制尚未落实也未形成系统化的结构，教师的信息化能力较时代发展缓慢，理论实践的结合度及应用程度不高使教师的信息化素养建设处于发展中的状态，较少有教师有意愿长期在该地区任教，师资力量供给缺乏也使得教育信息化的发展受到相关限制。

（四）教育管理信息化建设系统薄弱

在教育管理信息化的建设中，首要任务应是网络信息化系统的建设发展，青藏高原民族地区的大多数学校仍将注意力放在思维模式上以期从中促进教育信息化的发展，没有深入考虑到大数据时代下信息化发展所需采取的相关应对措施，对于智慧校园的快速发展，很多学校还未建设好校园的人工智能平台，教学系统之间尚未形成整体的系统网络和沟通平台，彼此之间处于独立的状态，教学平台的相关数据未能得到有效整合和共享交换，教育管理信息化建设系统存在十分薄弱的现象与趋势，随之而来的还有教育信息化建设中的安全系统问题。由于该民族地区对信息化的了解程度不高、信息化素养的程度较低，因此导致对于建设安全可靠的教育信息化网络平台存在缺乏相关技术支持的现状，系统建设上存在诸多安全漏洞。若教育管理信息化建设系统存在问题，信息技术与教学之间也会出现不适应与教学融合难度差异较大的问题，信息技术的发展速度与该地区教学改革的进展不仅未呈现正相关的趋势，其教学进度较发达地区已经出现较大的发展差距，具有滞后性特点，高校的教学信息化与教学改革之间存在着发展步调不一致和发展不同步的现象。该地区的教育管理信息化建设系统薄弱，主要体现在基础功能管理、课程管理和学籍管理的三方面问题上。① 首先，在基础功能的管理上，系统的基础功能主要包括教学部门管理、教职工管理和账号管理上，教学部门管理主要分有多个部门，对各部门之间的人员数量以及工作职责进行一定管理规范；在教职工管理系统中，可以根据教职工的教学编码和工号查询其基本信息、工作安排以及人事变动的相关情况；在账号管理上，学生或登录者利用注册账号和密码在其中搜寻相关信息进行系统操作；在学生人数较多和教学手段信息化发展速度下，利用此种网络管理平台为教育信息化的管理提供便捷的手段，不仅能够提高工作效率，还能促进教育管理信息化在青藏高原民族地区高校的普及使用，提升其教育管理信息化发展速度。其次，在课程管理上，该地区的高校教学管理应注重在教学内容、教学方法以及教学效果上的管理。在教学内容及过程中，高校可以相关评价系统对教师上传的教学课件

---

① 王超，乔德军，陈超.大数据时代下高校教育管理信息化创新发展路径[J].佳木斯职业学院学报，2021（4）：113-114.

以及教学反思进行评估，通过学生的课堂表现评定教师的教学质量，给予教师相关教学反馈，实现对教师的信息化管理；还可以根据学生的作业完成情况以及考试成绩反馈了解学生各方面的发展倾向和学业特征，为教师的相关教学提供可行性建议。最后，在学校的学籍管理上，对于教师和学生的请假休学管理、毕业管理以及奖惩制度管理和成绩评定上也形成体系化的管理模式，以电子化的方式将信息储存于系统中，便于查询和整理。

该地区的教育管理信息化建设是一项长期的系统工程，目前存在教育管理信息化系统薄弱的现状，所以不仅应重视对于教育管理信息化系统的建设，也应树立建设完善先进的现代化信息系统的意识，加强软件和硬件的更新同步发展，密切关注信息化发展动向及时根据信息化发展进度对教育管理信息化系统建设进行调整，建立健全教学系统网络与沟通平台，转变教育管理信息化的思维模式，建立并促进学校教育工作者和学生对信息化管理的适应程度，发展信息检索能力与信息利用能力，推进智慧校园和完美信息校园的发展，推进青藏高原民族地区现代化教育的步伐，使教育教学的管理在信息技术的发展带动下推动教育工作效率和工作效果的提升，打牢该地区教育管理信息化的系统根基。

二、青藏高原民族地区教育信息化政策建设的展望

（一）加强思想理论指导，树立正确教学理念

青藏高原民族地区由于其民族性与特殊性的地域发展特征，对于其教育信息化的发展应在思想层面上给予相关必要支持，对该地区的教育信息化发展不仅起着方向性与引导性的支持作用，还起着发展突破口的启示作用。首先，对于国家出台的相关少数民族地区的教育政策上，可以了解到在《宪法》《民族区域自治法》和《义务教育法》等法律制度中，[①]国家都加强民族地区的高校教育的信息化建设，通过颁发相关文件以达到促进民族团结与进步的信息化建设，在精神上加强其民族团结性与凝聚

---

① 曹勇.新时代民族地区教育管理信息化发展策略探究［J］.西部学刊，2020（15）：55-57.

力，鼓励民族地区发挥主观能动性与创新能力，推进民族地区教育管理信息化的多元发展模式，激发其探索出适合自身的信息化建设途径。其次，学习领会高校教育信息化管理的核心内涵，对于高校教育信息化的发展存在一种教育教学方式的创新与完善路径，树立青藏高原民族地区开放共享的教育理念与现代化的教育观，着力推动教育教学方式的更新与发展，加速推进民族地区信息化建设的转型，为培养民族地区教育教学人才提供新型教育教学方式，充分发挥民族教育优势实现特色与创新发展。只有在科学的思想理论指导下，民族地区的教育工作者与相关教育人员才会树立正确的教育观和科学的教学方式推动信息化的有效建设，以思想促行动，不断采取新的教育教学措施和学会充分利用信息技术支持制定合理的民族地区发展方案。最后，在先进思想理论指导下以及正确教育理念的引导中，青藏高原民族地区教育信息化的发展应结合相关教育实践和本民族地区的发展优势取长补短，以政策和先进理念为标杆将理论付诸实践，对于文件中提及的要点可以转化为发展的战略重点，实现教育信息化的地区创新。

（二）制定地区长远规划，推进地区全面发展

对于促进民族地区教育的可持续发展和全面发展的需要，应是在对地区教育信息化发展状况有清晰深入的了解，明白自身发展的优劣情况，对此作出一定的方向性规划建设，在科学合理的规划中积极开展地区教育信息化的全面发展。首先，民族地区的教育领导者应坚持引导并加强对于高校教育管理信息化的长远规划，坚持其可持续的发展理念，扩展其合作共赢的思维模式，根据其实际的具体情况制定长远的教育与科学实施规划，并注重进行平台的基本建设、系统的架构与完善以及资源的配置与优化，形成合理科学的质量评估体系，加强技术型人才的培训，推动民族地区教育信息化的高质量建设与发展。其次，注重提升民族地区教育信息化的组织领导与方向性建设，使组织机构的信息化管理能力与现代信息技术相适应，根据规划中的措施由点到面、由局部到整体地发展推进，最大限度地发挥教育价值与教育意义。最后，构建科学适宜的民族地区发展框架与系统也是促进其信息化建设的重中之重。因此对于资料以及相关数据的收集与加工是教育信息化建设环节的重要基础，也是其民族地区科学化系统构建的主要基点，统筹促进教育系统各部分的工作正常开展，形成良好的闭环模式。对于民族地区以及边远地区发展特点与教育方式的特殊性，制定不同区域教育信息化的发展方案，完善适合其发展方向的支持力度，使地区的教育教学得到全面发展。根据民族地区自然环境与人口分布的地区特点，应对青藏高原民族地区的义务教育进行合理规划与建议，扩大教育规模，提高整体布局效果，结合城牧区教育水平的不同，改善教学规模，有计划地发展民族地区的教育教学，在人口相对集中的地方进行相关基础设施建设。

（三）调整发展战略布局，合理配置教育资源

在教育信息化发展的战略布局上，主要是对发展的各种教育资源进行优化配置，不断推进教育信息化的资源优势互补，促进地区间的均衡协调发展。教育资源不仅包括教育机制的调整完善，还有地区学校的开发布局，以及对于信息化技术的建设。青藏高原民族地区基础教育的发展出现投入不均衡的现象，存在部分地区教育资源利用率较低的资源浪费现象。由于牧区的人口基数大，总体上教学难度高，教育机制的建立健全也存在一定挑战，青藏高原民族地区教育信息化的发展首先具有可以实施的学校场所，学校内的教育管理也应跟上信息化的发展进度，做好发展的硬件基础准备，在此基础上以现代化的发展要求推进教育信息化的发展进程。智慧城市与智慧校园的建设也逐渐成为发展的重要目标，该民族地区可以逐渐形成具有自身特色的智慧教育系统，将教学模式、现代教师制度与数字一代学生合并为新型教学模式，将现代教育制度与此种教学模式相结合打造智慧学习环境，充分发挥资源的最优化力量，形成新型的学习社群，不断促进教学模式的变革，使青藏高原民族地区教育信息化的发展催生出新的学习方式、教学方式与课堂形态，以数字资源的力量提升学生的学习能力，扩展学生的学习路径，激发教师的教学活力和教研能力，使教育形态逐渐走上信息化、数字化的发展大道。终身学习是联合国教科文组织提

出的重要教育理念,在此背景下青藏地区教育应合理利用资源并促进各地区之间的资源共享,为地区之间的发展增加更多信息化发展机遇,逐渐推动民族地区的教育公平,推动地区之间创新型知识的发展,以期实现青藏地区教育信息化发展战略目标,使教育信息化的发展在偏远地区也能取得良好发展成效,整体上为我国教育信息化的发展发挥不可忽视的地区示范作用。

(四)强化教师队伍建设,创新教师补充机制

教师队伍建设是教育信息化顺利实施的关键影响因素。由于教师以及信息技术指导者是实现教育信息化理论与实践的桥梁,因此应提升教师的福利待遇并加大教师的招聘力度,吸引和鼓励青年教师在偏远地区和民族地区进行教学工作,提升偏远地区教师的师资水平,扩大其教师队伍的建设,为西部地区的教育事业提供新鲜血液,加快民族地区教师教学能力的提升。为了吸引教师的长远性发展的需要,西部地区同时应注重对于经济社会的发展以及条件的改善。教育的功能中有经济功能与人口功能,因此经济社会的发展以及基础设施的完善是必要的物质保证。通过对于边远落后地区的集中建设,使乡镇学校和贫困地区拥有良好的交通条件,不断形成便利化的生活方式,努力使其他因素的发展推动民族地区教育事业的发展,以带动教师力量的增强与教师队伍的扩展。① 除此之外,在教师的工资待遇上努力完善补贴标准,在绩效评定上对边远地区或条件艰苦教师给予一定倾斜,在生活补助上仍对偏远地区教师实行补贴政策,以提升教师的生活水平和教育条件。并且努力形成相关的教师激励机制,深入实施教师的支持计划,鼓励民族地区提高教师的补助标准,惠及更多教师,以稳定教师在边远地区和民族地区的任教。形成完善的教师补充机制也将促进教师队伍的发展,支持与塑造民族地区或偏远地区教师的培养体系,通过主要基地的建设改善信息化的实施条件,加大对口扶持力度和专业性的学科建设,提高民族地区高校、师范学校对教师的培养质量,加强对于骨

---

① 黄东兵.全面提升西部基础教育质量 巩固脱贫攻坚成果[J].中国科技产业,2021(3):42-44.

干教师的培训与支持，以州县为重要实施点，结合当地发展情况与师资需求，采取相关政策补充教学点的教师建设，促进民族地区义务教育的均衡和可持续化发展。由于青藏高原民族地区教育信息化的发展，也应努力打造一支兼具"双语"教学能力的教师队伍，不仅要向社会公开招聘教师并且调整与完善新型教师队伍，培训专业骨干教师补充民族地区教师素质与教学水平，增强民族地区学生对新型教材的理解。

第七章
普惠与精准：青藏高原民族地区教育扶贫政策

1960年，美国学者舒尔茨在美国经济学会上发表的演说中指出："自然资源的优逆和资本数量的多少不能决定经济的发展，个人的质量才是决定经济发展的关键因素。换句话说，物资的匮乏不是引起贫困的主要因素，人力资本的缺乏才是；而要形成人力资本、转化经济结构以及保证经济的可持续发展需要大力地发展教育。"从此之后，人们开始达成共识：教育作为人力资本的基本要素之一，是推动社会经济发展、促进社会公平公正的主要方法，同时也是消除贫困的主要路径。

我国是一个多民族和谐共处的国家，由于社会历史、地理因素、自然条件以及文化特征等方面因素的影响和制约，民族地区经济发展滞后。反贫困一直是摆在党和政府以及社会各界人士面前的一项艰巨的任务。从1949年中华人民共和国成立以来，民族地区基础教育事业发展一直受到国家的高度重视。对于少数民族地区的基础教育，许多行之有效的扶贫政策在党和政府的制定、监督下进行了相应的实施。何为教育扶贫，是指"通过资助贫困地区教育，加大对贫困人口的教育投入，使贫困人口掌握脱贫致富的知识技能并且提升他们的科学文化素质，最终大力推进贫困地区的文化经济发展，从而摆脱贫困的一种扶贫方式"。这些教育扶贫政策推动了青藏高原民族地区的经济发展，有效地阻断了贫困代际传递。本章拟对中华人民共和国成立70多年来民族教育事业发展中的基础教育扶贫政策给予回顾，提炼出关于青藏高原民族地区基础教育扶贫政策，并加以研究分析，找到其有待完善的地方，同时对今后青藏高原民族地区基础教育扶贫政策进行展望，提出相应的优化措施。

第一节 青藏高原民族地区教育扶贫政策的变迁

中华人民共和国成立初期,为了促进教育公平,国家采取了农民短期培训、实习学校和农村扫盲等举措,我国教育扶贫工作的序幕由此拉开。实际上,该时期并未颁发正式的教育扶贫政策,教育扶贫工作的开展更多的是采用青年团协作、以民教民的方法。中华人民共和国成立的第二年,《关于救济失业教师与处理学生失学问题的指示》的颁布标志着我国教育扶贫工作正式以官方政策文件的方式进行开展与实施。

以该政策的正式出台为起点,综合不同时期民族地区教育发展的特征以及扶贫价值和内容,可以将其分为三个阶段:普惠性扶贫阶段、专项扶贫阶段和精准扶贫阶段。教育政策的推进是从国家层面出发再到民族层面的聚焦,故本节将先分析国家大政策背景下的教育扶贫,然后再关注民族地区的教育扶贫政策,最终提炼出关于青藏高原民族地区基础教育扶贫政策。

一、普惠性扶贫阶段

中华人民共和国成立伊始,各项事业百废待兴,社会主义教育事业在艰难中摸索前行,青藏高原民族地区的基础教育事业发展更是举步维艰。帮助贫困人口解决温饱是那时候我国青藏高原民族地区反贫困最迫切的任务。而要从根源上缓解青藏高原民族地区的贫困现状,青藏高原民族地区贫困人口最需要的是政府给予他们物质和经济上的扶持,用以保障青藏高原民族贫困地区教育的正常开展、确保民族贫困人口享有公平公正的受教育权。

国家大的政策背景：1950年7月，在《关于救济失业教师与处理学生失学问题的指示》中，最先提出要增设人民助学金项目来保障因经济困难而辍学的学生的受教育权利，通过补助经费的方式来减轻贫困学生的学费压力。1952年，《关于调整全国高等学校及中等学校学生人民助学金的通知》和《关于调整各级各类学校教职工工资及学生人民助学金标准的通知》中明确了经济层面上教育资助内容、形式和标准，并开始在全国范围内推广普及。此后，在经历了"文革"时期教育的起伏变化后，"教育扶贫"在1984年颁布的《关于帮助贫困地区尽快改变面貌的通知》（以下简称《通知》）中被提到，这是"教育扶贫"第一次被写进国家政策文件。与此同时，《通知》中还指出要有计划有系统地发展和普及初等教育；要集中力量攻克几个连片贫困地区的问题；要十分关注我国贫困地区的教育问题并且适当增加投资智力建设。在随后颁发的《关于教育体制改革的决定》中，针对经济落后地区提到要着手解决教育经费问题，促进职业教育的发展；要分层次，并且采用不同的形式普及教育。1993年，在《国务院关于中国教育改革和发展纲要的实施意见》中提到，我国要加大特困地区的三到四年级小学教育的普及工作。同年，在《国家八七扶贫攻坚计划（1994—2000年）》中明确提到，要大力推进贫困地区的教育改革，把具有"老、少、边、穷"特征的贫困地区作为扶贫对象，开启"贫困地区义务教育工程"并且投入专项扶贫资金。分析我国1995年以前的教育扶贫政策可看出，这段时期的工作重心是在保障贫困群众的受教育权，扶贫对象是具有"老、少、边、穷"特征的贫困地区人群和广大农村地区群众，扶贫方式以普惠性的"输血"式经济帮扶为主。虽然教育扶贫政策在这个阶段趋于零散，没有形成独立完整的政策体系，但是贫困群众的基础物质需求和受教育权利在政策制定和实施过程中已经受到了重视，物质和权利扶贫在教育扶贫中的基础性功能和前提性作用也得到了明确。

对于民族地区：1951、1956年，教育部相继召开了第一次、第二次全国民族教育会议，在坚持各民族教育平等发展的基础上，从民族地区实际情况出发，制定并实施了一系列发展民族地区教育事业的政策和措施。同时又为了缩小民族地区与其他地区教育发展的差距以及更好更快地发展民族教育事业，国家对民族地区的基础教育发展给予了极大的援助和倾斜。这也是国家对民族教育最初的扶贫，即普惠性阶段的扶贫。由于我国当时经济发展有限、人才缺乏、理念不足等原因，这一阶段针对民族教育的扶贫政策大多数停留在国家对民族教育物资的给予，即救济式扶贫。救济式扶贫是指扶贫主体直接向扶贫客体提供生产和生活所需要的粮食、衣物等物资或现金，以帮助贫困人口，也称"输血式"扶贫。这个阶段是最直接的"输血式"扶贫，教育经费的扶贫是体现"输血式"扶贫的最好方式。国家和政府为了解决少数民族地区教育事业的特殊需求，在民族地区教育经费方面设置了专项补助经费。

根据当地经济及教育事业发展情况，以1955年指标数为基础，一般应逐年适当增加。1955年为1819.9万元，到1979年已增至7100万元。这为民族基础教育事业发展提供了有力的资金保障。除此之外，国家对民族地区的学生在报考一般中学和大学时，还给予一定的年龄放宽政策和适当的加分政策，一直沿用至今。随着全国范围内的义务教育普及工作和贫困地区的职业教育发展工作有效推进，民族地区的教育扶贫政策从20世纪90年代中期开始逐渐由强调贫困群体的权利扶贫和物质扶贫，转为关注贫困地区的教育资源帮扶和教育质量发展。

二、专项扶贫阶段

1996年，在《关于尽快解决农村贫困人口温饱问题的决定》中指出，努力做好扶贫开发工作，要利用科技的手段提升农民的素质，走科教扶贫的道路。2001年颁布的《关于基础教育改革与发展的决定》中提出，要积极促进九年义务教育和发展高中阶段教育，尤其是对于那些人口数占中国人口15%并且尚未实现"两基"的贫困地区，更要加大扶贫力度，尽最大可能扫除青壮年文盲，打好"两基"攻坚战。由此，前一阶段"输血救济式"扶贫转向了这一阶段的"造血开发式"扶贫。因为我国在这一阶段基本解决了农村贫困人口的温饱问题，所以人民群众的对受教育权利的需要逐步变为了对高质量教育资源的需求。2003年，在《国务院关于进一步加强农村教育工作的决定》中明确说明，要提升农村教育的质量和效益，首要保障农村适龄儿童学生接受义务教育的权利，其次才是加强农村中小学远程教育工程的发展并促进优质教育资源在城乡之间的共享。同年，为了通过优质资源向贫困地区倾斜的策略来帮助贫困地区更好地发展教育，国家在《关于开展经常性助学活动意见的通知》中提出要紧密结合"大中城市学校对口支援本省（区、市）贫困地区学校工程"和"东部地区学校对口支援西部贫困地区学校工程"，组织全社会展开丰富多样的经常性助学活动。除此之外，为了攻克农村地区师资不足和教育资源短缺等方面的问题，以及实现优质的"普九"目标，在《2003—2007年教育振兴行动计划》《国家西部地区"两基"攻坚计划（2004—2007年）》和《2004—2010年西部地区教育事业发展规划》等一系列政策文件中明确指出，要大力支持农村小学教学点的资金、大力推进教育信息化的发展，尽快使农村中小学和贫困边远地区享受高质量的教育资源。为了确保农村地区能及时享有优质教育资源，在2008年颁发的《中共中央关于推进农村改革发展若干重大问题的决定》中再次强调首先要加强建设远程教育，然后大力扶持贫困地区的教育，把贫困地区的教育质量扎实地提升上去。为了促进教育公平目标的实现，在2010年《国家中长期教育改革和发展规划纲要（2010—2020年）》中特别强调，要在一定程度上往农村贫困地区和偏远的民族地区优先输送优质教育资源，尽快缩短农村贫困地区和偏远的民族地区与其他地区的教育差距。

　　党的十一届三中全会以后，社会主义进入新的历史发展时期，经过不懈努力，我国各项事业发生了翻天覆地的变化。民族地区基础教育得到了很大的发展，使得其与国内其他地区的发展差异不断缩小。国家对民族地区的教育扶贫政策在已有发展以及尊重民族地区差异性的基础上不断完善，并且又实施了一系列新的扶贫政策。这一阶段的民族教育扶贫已经由前一阶段的"普惠式扶贫"过渡到了"专项式扶贫"，形成以专项式扶贫为主、以救济式为辅的扶贫方式。这一阶段是民族教育发展的关键阶段，也是国家民族扶贫的攻坚阶段。该阶段的民族教育扶贫政策体现为以下两个大的方面：

首先是民族地区教育基础建设，包括国家贫困地区义务教育工程和寄宿制学校建设工程。为了缩小少数民族地区和边远贫困地区与发达地区的差距、提升国民的素质、促进贫困地区经济发展和社会进步，党中央、国务院提出了"国家贫困地区义务教育工程"。这一工程是有史以来我国规模最大的教育工程。该项工程于1995年开始实施，前后进行了两期，中央协同地方财政投入资金达200亿元（前期126亿元，后期73.6亿元），实施范围涉及22个省、自治区、直辖市及新疆生产建设兵团的852个贫困县。一期共新建项目中小学3482所，改、扩建项目中小学28478所。危房比率由10%左右下降到3%以下。购置课桌、凳653万套，添置图书1亿多册，配备教学仪器设备近40万台套。二期共新建、改扩建中小学10663所，添置仪器配备1.6万台套，购置课桌、凳205万套，新增图书资料2300万册。这项工程的实施，使得西部农村贫困地区特别是青藏高原少数民族地区、农牧区中小学的办学条件得到了极大改善，促进了青藏高原少数民族地区基础教育事业的发展。

因为少数民族地区群众居住地分散、交通不便、教育落后和经济欠发达，所以他们在接受教育上受着地理环境上的限制。为了解决这一困境，帮助这些地区发展教育、摆脱贫困和提升民族素质，"寄宿制学校"应运而生。"寄宿制学校"是党和政府为发展我国少数民族教育事业所采用的一种特殊而重要的办学模式。20世纪80年代初，我国开始大规模地建设"寄宿制学校"，截至2007年年底，"农村寄宿制学校建设工程"已覆盖中西部民族地区953个县，共建成寄宿制学校7651所，可满足208.5万新增学生的就学需求。

其次是内地西藏班、新疆班的举办。由于西藏地区教育相对落后，中央在1984年决定在内地创办西藏学校、建立西藏班。1984年11月，国家确定在京、津、沪等全国18个省市开办内地西藏班。1985年开始招收初中学生，当年招收1300人。1989年开始招收高中学生，当年招收300人。2010年又开始举办内地西藏中职班。2000年，在举办西藏内地班成功经验的基础上，国家又着手在北京等8省市举办内地新疆高中班。从2011年开始，在9个省市33所学校举办内地新疆中职班，累计招收1.32万人。30多年来，内地西藏班和新疆班共培养了社会各级各类人才5.5万名，绝大多数毕业生都回到本地县级以下从事基层工作，为民族地区生产、社会各个方面的发展注入新的活力，促进了青藏高原民族地区经济的大力发展。

分析1996年至2012年这段时期民族地区关于教育扶贫政策可发现，专项扶贫阶段教育扶贫的方向从全国的范围逐步专注到部分中西部和少数民族地区。从最开始普及义务教育的目标慢慢变为后面重点关注义务教育质量的提高以及高中教育的普及；从单纯的资金和物质帮扶逐步转变为教育对口帮扶、师资队伍培训以及信息化资源共享等资源上的帮扶；教育扶贫政策体系显示出同一原则和分类措施并行、基础性与专项性融合等系统化的特点。因为义务教育均衡改革发展的不断推进，使得某些特别贫困的民族地区、民族人口逐步成为教育扶贫工作的关注焦点，同时也使得教育扶贫从开始的物质、权利扶贫逐渐转向于资源、能力扶贫。

三、精准扶贫阶段

2012年开始，习近平总书记的"治贫先治愚，扶贫先扶智"的精准扶贫理念将教育扶贫提到了一个前所未有的战略高度。为了帮扶和保证贫困地区从根源上脱贫摘帽，国家颁布了一系列的教育政策文件。例如《农村义务教育阶段学生营养改善计划》《乡村教师支持计划（2015—2020年）》《关于实施面向贫困地区定向招生专项计划的通知》《关于实施教育扶贫工程意见》等。在这些文件中，政府明确强调要加大力度发展贫困地区的基础教育、要增加定向招生数量、要提升农村学生身体和思想素质、要打造高质的乡村师资、要把扶贫主战场聚焦到集中连片的特殊贫困地区、要把精准扶贫范围精准到农村贫困地区。

"精准性"和"全面性"两个关键概念在这一阶段的教育扶贫政策中得到首次明确。在精准性方面，在《国家贫困地区儿童发展规划（2014—2020年）》中提到，要促使出生在680个连片特困县中的儿童的发展水平在一定程度上接近或达到全国平均水平。在2015年颁布的《关于打赢脱贫攻坚战的决定》中强调要加强实施教育扶贫工程，把精准扶贫、精准脱贫作为教育脱贫的基本战略方针。在全面性方面，2016年颁发的《教育脱贫攻坚"十三五"规划》中明确指出不让一个孩子因为贫困而失学，应对建档立卡等贫困学子进行从入学到毕业的全过程资助，实现对他们教育的全覆盖，并且充分强调到2020年要显著提升贫困地区的教育总体发展水平。在随后出台的《关于进一步加强控辍保学提高义务教育巩固水平的通知》《深度贫困地区教育脱贫攻坚实施方案（2018—2020年）》《关于进一步加强财政投入管理深入推进"三区三州"教育脱贫攻坚的指导意见》等文件中更是提出，重点对流动、留守、残疾、家庭经济困难适龄儿童少年与服刑人员未成年子女进行跟踪监测，将"三区三州"等深度贫困地区作为教育扶贫的重点帮扶对象，通过优化教育扶贫资金支出结构，聚焦深度贫困地区和建档立卡的贫困学生。

党的十八大以来，在全国各族人民的共同努力下，我国教育事业体现出全新的特色，青藏高原民族地区的基础教育事业在当地教育主管部门的正确指导下以及国家的援助下取得了可喜的成绩。纵然如此，新的时代青藏高原民族教育体现出新的特征，即：就宏观方面而言，青藏高原民族地区基础教育事业与我国整体教育事业仍有很大差距；就微观层面而言，青藏高原民族地区内部参差不齐的现象也很严重，严重影响了我国脱贫致富奔小康和由教育大国迈向教育强国的进程。所以，以习近平同志为核心的党中央对扶贫开发工作进行了深刻研究和全面部署，教育扶贫作为阻断贫困代际传递的重要途径重新被提上日程，决定把扶贫的战略重点由区域转向了人群。2013年11月，习近平总书记在湖南湘西考察时首次提出了精准扶贫的概念，随后在贵州考察时对扶贫工作又强调了"对象要精准、项目安排要精准、资金使用要精准、措施到位要精准、因村派人要精准、脱贫成效要精准"的基本方略，要求到2020年贫困人口必须全部实现脱贫，并将"发展教育脱贫一批"作为五大精准扶贫精准脱贫的重要途径之一。

自此，以"精准扶贫"为主旋律的扶贫攻坚战又拉开了帷幕。对于青藏高原民族地区基础教育事业发展而言，这是非常难得的机遇。同时，国家在教育领域实施了一系列扶贫政策来推进教育精准扶贫项目的实施，例如学前教育三年行动计划、农村义务教育阶段学生营养改善计划、两免一补、西藏15年免费义务教育、新疆南疆四地州14年免费教育、教育援藏援疆、新疆与内地省市中小学千校手拉手活动以及内地民族班等。这些教育扶贫政策基本覆盖整个教育领域，渗透到了中西部农村贫困地区以及青藏高原少数民族边远山区和农牧区。

研究2012年到现在的教育扶贫政策可看出，扶贫的领域渗透了教育物质、教育资源、个体能力以及教育权利等多个维度，扶贫的对象逐渐从部分中西部贫困地区和民族贫困地区精准到了每一个民族特困地区、每一个民族贫困群体以及每一位民族贫困学生，同时扶贫的范围覆盖了我国的各级各类教育。教育扶贫政策开始呈现出系统化、科学化和纵深化等发展趋势以及全面性、精准性和层次性等发展特点。随着我国小康社会的全面建成，在保障了青藏高原每一个民族贫困地区、贫困群体以及每一位贫困学生的教育经费、教育资源和受教育权后，教育扶贫现代化主要的思考方向将变为建设文化生态、发展贫困群体的内生动力以及培养学生的综合能力。

第二节　青藏高原民族地区教育扶贫政策分析

教育扶贫不仅需要多部门多机构协同合作，而且需要多学科理论视角深刻剖析贫困问题的本质，它不再只是教育领域内部的事情。为了提出具备系统性、前瞻性、针对性和可操作性的建议，完整诠释中国特色的教育政策，我们需要借助教育学、心理学、管理学、政治学和经济学等学科来分析教育扶贫。多学科视角既有助于探寻具有中国特色的实际教育扶贫理论模式和实现教育脱贫攻坚的目标，也能辅助纠正教育脱贫过程中出现的问题和剖析教育扶贫的功能与价值，从而提高教育脱贫的成效。本节将从教育扶贫价值理念、教育扶贫研究成果以及教育扶贫实践问题三个方面对民族地区的教育扶贫政策进行剖析。

一、教育扶贫价值理念分析

（一）教育扶贫推动民族地区公平正义的发展

教育扶贫能从根源上解决脱贫问题，它是我国扶贫方式中关键有效的一种。然而，对教育扶贫的认知不应该只局限于教育内部、只保持在教育扶贫自身，要在社会主义背景下清晰地认识到教育扶贫所探寻的公平正义的基本价值特征，要具有现代化以及可持续发展的意识，以此来打牢教育扶贫理论基础，并通过此理论基础的指导，更好地促进青藏高原民族地区教育扶贫事业深入发展，特别是促进青藏高原民族地区教育公平以及基础教育事业的改革发展。

与此同时，教育扶贫看起来是通过教育使青藏高原民族地区贫困人口脱离贫困，实质含义却是以教育为切入口，消除青藏高原民族地区社会中的不平等，使青藏高原民族地区社会达到公平正义、和谐发展的状态。教育扶贫的最终目的，不仅在于通过教育帮助多少青藏高原民族地区贫困人口减贫脱贫，更在于通过起点公正、过程公正和结果公正，实现青藏高原民族地区的教育分配正义和关系正义，在实现乡村振兴、全面建成小康社会等目标的同时，实现教育扶贫对青藏高原民族地区社会公平正义的价值追求。

党的十九大报告中指出，要尽最大努力使每个学生享有高质量和公平的教育。教育扶贫与教育公平紧密相关，彰显着社会公平正义的价值追求。要让教育扶贫惠及青藏高原民族地区的每个学生，体现出相应的政策价值，宏观上最好依据青藏高原民族地区的具体情况和问题，探索出导致贫困的不恰当机制的问题所在，制定对应的策略和实践措施，完善彻底摆脱贫困的制度保障机制，得到富有中国特色的青藏高原民族教育扶贫政策体系和解决方案。要彻底转变青藏高原民族地区人民的教育观和人才观，最好的方法便是充分认识到民族教育扶贫政策在国家扶贫战略中的重要作用，并且有方向性地采用实际可行的措施，只有这样才能稳定保障社会公平正义的结果公平原则，教育扶贫的深远意义才能得到体现。

（二）教育扶贫推动民族地区"五位一体"建设发展

党的十八大报告对推进中国特色社会主义事业做出"五位一体"总体布局，从经济建设、政治建设、文化建设、社会建设、生态文明建设五个方面入手，着眼于全面建成小康社会、实现社会主义现代化和中华民族伟大复兴的战略目标做出了布局规划。民族地区是我国现代化建设至关重要的一分子，但是民族地区社会文化和法律意识薄弱、经济发展落后、生态保护意识欠缺、民族团结意识不强，所以在建设"五位一体"的过程中会存在许多问题。教育扶贫政策能将各族人民团结起来，从多方面推进"两个一百年（在中国共产党成立一百周年时全面建成小康社会；在中华人民共和国成立一百周年时建成富强民主文明和谐美丽的社会主义现代化强国）"目标的实现，实现中华民族伟大复兴的中国梦，它是实现民族地区现代化建设的重要方法。

在经济建设方面，民族教育扶贫通过教育质量的提升和教育公平的保障，培养了大量民族人才、提高了民族地区的创新能力并且指引了民族地区可持续发展，促使高质量的科学技术和教育资源逐渐转化为生产力，为青藏高院民族地区的建设贡献了大量的人才。

在文化建设方面，民族教育通过宣传和普及医疗健康知识，使得民族地区人们"有病靠信教"的陋习逐渐转变为"有病治病 生病就医"的科学观念。由此，青藏高原民族地区的医疗卫生状况得到了极大改善，孕婴死亡率以及传染病发病率开始越降越低。

在政治建设方面，民族教育扶贫通过提高民族地区群众的思想道德以及文化素质、加强民族团结教育和民族团结精神建设，使得中华民族所有成员心往一处想，劲往一处使，各个民族团结一心，为实现中华民族的伟大复兴而共同努力。

在社会建设方面，民族教育扶贫通过传播法律知识，提升民族群众的法律意识。这样既可以引导民族群众在遇到矛盾冲突时用法律的手段来解决，还能在一定程度上扫黑除恶，并且促进民族地区法治建设的发展。

在生态文明建设方面，民族教育扶贫通过增强民族群众的生态保护意识，让他们明白合理开发和利用自然资源的重要性，使得民族群众心甘情愿保护环境的同时学会怎样去保护环境。民族教育扶贫缓解了青藏高原民族地区的生态压力，保护了青藏高原民族地区的生态环境。

（三）民族教育扶贫推进"一带一路"和"人类命运共同体"建设

我国正处在全面建设"一带一路"的重要发展时机，推动共建丝绸之路经济带是进一步实现"一带一路"倡议的重要环节之一。青藏高原少数民族人口比例较大的地区基本上都处在我国建设"一带一路"丝绸之路经济带的重要方向之上，有着重要的地理战略意义，然而这些地区许多都极其贫困。青藏高原民族深度贫困地区分布中，青海有33个县市，西藏自治区有29个县市，新疆维吾尔自治区有33个县市。以新疆维吾尔自治区为例，它的经济基础薄弱，贫困地区众多，整体的经济水平很低，但它却是丝绸之路经济带建设上的关键地区，这必然会阻碍我国"一带一路"的发展建设，同时也会影响中国对当前全球自由贸易体系的维护和世界经济新智能的开放。为了更优地实现建设丝绸之路经济带、建设区域经济合作架构的宏伟目标，民族教育扶贫的价值开始凸显。教育扶贫能充分发挥教育的引领与促进功能，通过提高少数民族教育质量来推进民族地区人力资源的进步提升、来带动民族地区经济和政治发展、来夯实我国"一带一路"发展的基础。

习总书记在党的十九大报告中指出要坚持和平发展道路，促进人类命运共同体的构建。培养共识精神以及求同存异、和而不同的主张是建设人类命运共同体所需的要素。在建设人类命运共同体时，首先需要尊重和认可相互的文化习俗，其次才能实现多元文化的共存与发展。中国各民族间的合作发展以及文化的交融是实现国际之间"各美其美，美人之美，美美与共，天下大同"的美好心愿的核心。民族教育扶贫既能为民族文化提供可持续发展的土壤以及为其的传播和传承提供创造性的条件，也能为学校教育奠定基础。通过民族教育扶贫，使得青藏高原地区的民族文化与其他民族文化多元共生，和谐共存，而文化的多元发展为"人类命运共同体"的建设提供了多种可能性。

（四）教育是解决我国民族扶贫特殊难题的突破口

习总书记对民族地区扶贫工作做出重要指示："坚持精准扶贫，倒排工期，算好明细账，决不让一个少数民族、一个地区掉队。"青藏高原民族地区不仅有普通贫困地区的特点，而且有着民族地区独有的扶贫难题；青藏高原民族地区自然地理条件特殊，生态环境不够优化，导致贫困的因素复杂多样。青藏高原民族地区具有独特的五大扶贫困难：第一，人才和资金的匮乏导致先进产业发展困难；第二，语言风俗等传统理念的束缚使得青藏高原少数民族群众难以适应现代文化；第三，长期远离中心市场和消费者群体造成青藏高原少数民族群众市场意识不强；第四，由于历史发展，青藏高原少数民族群众传统生活方式惯性大，使得社会发育程度不高；

第五，青藏高原民族地区的宗教关系较为复杂，部分地区境外势力渗透严重，导致其难以长治久安。

教育是解决青藏高原民族扶贫难题的关键突破口，是实现其精准扶贫、赢得脱贫攻坚战的核心。一方面，教育扶贫通过提高青藏高原民族群众的科学技术能力和生态保护能力、提升青藏高原民族地区生产能力和人力资源，促进了高端产业的逐步发展与地区经济的发育。另一方面，教育扶贫通过加强青藏高原民族地区与外界的联系互动，让大家建立了更全面的合作互惠关系，使得青藏高原地区市场教育的渠道得以扩展，青藏高原少数民族群众消费意识得以提升。不仅如此，教育还是改变青藏高原民族群众生活理念的主抓手，教育扶贫通过向民族群众普及健康科学的生活方式，使得青藏高原民族地区社会发育程度得到提升。与此同时，教育能促使青藏高原民族地区文化与外界文化相互交流融合，教育扶贫使得民族群众有机会学习汉语、了解更多的习俗文化，让他们在适应更加多元和现代文化的同时具有更加广阔的现代化思想观念。最终，民族教育扶贫能培养青藏高原群众的民族团结意识和祖国统一意识，在维护青藏高原民族地区团结的同时保障了中华民族的和谐统一。

二、教育扶贫研究成果分析

贫困一直与人类的发展相伴相随，如何摆脱贫困是人类在经济社会发展过程中不断思考的问题，也是各国专家学者研究的永恒话题。当前，学者们关于扶贫教育的研究主要关注两个方面：一方面是研究教育扶贫理论，目的是通过解析清楚人在受教育时是如何产生积极意识的，从而使贫困人口脱贫；另一方面是研究教育扶贫模式，主要是实证研究，通过研究问题和现象，对比分析教育扶贫模式、过程以及结果在不同地区中呈现的某些特征和共同点。例如，研究农村偏远地区为何会长期贫困以及如何在农村偏远山区进行教育改革、研究贫困民族地区教育扶贫的策略等。

1960年以来，我国学者对教育扶贫问题进行了广泛而深入的研究，为我国的扶贫开发提供了坚实的理论基础。1996年，国务院明确指出："将扶贫开发的内容转移到依靠科技进步,提高农民素质上来。"目的是为了尽快解决农村贫困人口的温饱问题。由此,扶贫工作重心发生转移,从以前解决温饱问题,上升到改善民生,实现教育公平,减少贫富差距。党的十八大以来,教育扶贫工程被作为扶贫攻坚的主要任务,促使教育扶贫成为更多学者的研究内容和关注点。2015年出台的《中共中央国务院关于打赢脱贫攻坚战的决定》明确要求:"要着力加强教育脱贫,加快实施教育扶贫工程,让贫困家庭子女都能接受公平有质量的教育,阻断贫困代际传递。"

此后,学者们关于教育扶贫的研究成果快速增加,研究内容更加丰富,教育扶贫问题成为研究热点。对于青藏高原民族地区的教育扶贫虽然没有专门的研究,但梳理分析各个专家学者对于大方向上的教育扶贫以及民族地区的教育扶贫研究,对于青藏高原民族地区的教育扶贫研究具有指导和借鉴的意义,给青藏高原民族地区的教育扶贫研究提供了丰富的理论支撑。回顾和梳理学术界对教育扶贫的研究,主要集中在以下五个方面。

(一)教育扶贫理论研究

我国学者借鉴国外教育扶贫理论,用"贫困文化理论""资源要素理论"和"人力素质贫困理论"研究了我国教育扶贫的问题。吴理财认为,贫困文化是一种非物质形式,是贫困阶层自我需要和对贫困的适应形成的一种独特生活方式,能满足他们生存和生活的需要,贫困文化是长期贫困的主要根源,即使消除了物质上的贫困,也不足以根除作为完整生活方式的贫困文化。对于如何阻止贫困文化的代际传递,方清云提到,要运用教育和现代科学知识阻止贫困群体之间贫困文化的代际传递,破坏贫困文化的复制功能,教育和科学技术可以助贫困人口后代掌握摆脱贫困的知识和技能,树立改变命运的脱贫的信心。资源要素理论主要从经济学的角度研究贫困问题,认为贫困是对土地、劳动力、资金等生产要素不能进行有效合理配置的结果。

1980年伊始,我国学者开始用西方人力资本理论研究我国的贫困问题。王小强、白南风在对西藏、云南和贵州的例子分析后得出"落后"这一概念的本质规定是人的素质差。人的素质差,不仅造成了目前落后地区落后的结果,而且还可能是造成将来落后地区更落后的原因。郭丛斌、丁小浩在《教育与代际流动》一书中写道:"人力资本理论认为教育可以增加劳动者的知识技能,提高劳动者的劳动生产率,并提高劳动者的个人收入,进而促进社会公平。"其理论框架可表示如下:子女教育——较高劳动生产率——子女收入。随着对扶贫研究广度和深度的增加,学者们发现扶贫是一个庞大的系统工程,造成贫困的原因很多,单方面解释无法全面系统地说明贫困问题。因此,系统扶贫论应运而生。林乘东在文章《教育扶贫论》中指出,教育不能独善其功地反贫困,发挥教育的反贫困功能必须有其他条件的配合。从近年来的研究发展看,系统扶贫论已被学者接受,成为主流扶贫思想,国家扶贫政策的制定也充分体现了这一理论。

(二)教育扶贫意义研究

《中共中央国务院关于打赢脱贫攻坚战的决定》中对精准扶贫的基本内容进行了详细的规制和拓展。这一决定将发展教育脱贫列入扶贫方略之中,明确了教育扶贫具体实施路径,这充分说明了教育扶贫在国家扶贫战略中有重要地位和作用。学者们也探讨了教育扶贫的重要意义。傅佑全认为,实施教育扶贫是对传统扶贫政策和模式的创新和重构,为贫困地区培养更多的技术人才,既有理论意义也有现实意义。林乘东认为,教育扶贫的实质是以素质换物质,它可以提高国民素质,增强贫困人口把握经济机会的能力,斩断贫困的恶性循环链。王国玲认为,教育扶贫的意义在于"依靠教育,唤起贫困人口的自我觉醒,培养其自主发展的意识和能力,挖掘其最终摆脱贫困的内在潜力,从而促使他们早日走向富裕"。刘冠男认为,教育不仅能转变贫困人口落后的思想观念,提高人口的综合素质,还有利于贫困地区经济的持续、协调发展,社会的和谐稳定,可以缓解因人口压力带来的种种问题,提高贫困人口保护生态的观念,推动区域整体发展和科学技术的普及,从而彻底改变贫困地区的贫困人口的精神面貌。汪三贵、曾小溪认为,教育扶贫可提升贫困人口向上流动的能力,能解决能力制约性贫困。吴霓认为,教育是破除贫困代际传递的重要途径,是消除贫困的必要手段,有改造人的功能。李兴洲从社会治理和可持续发展的角度探讨了教育扶贫的意义，认为教育扶贫可促成社会的公平公正的价值追求。严万跃认为，教育扶贫有现实意义，通过教育扶贫可以产生一定的经济效益，接受教育致富的例子可起到示范效应。

有学者对民族地区实施教育扶贫的意义也做了研究。谢敏认为，民族地区教育扶贫可以重塑少数民族文化和社会经济生活，为边疆、青藏高原少数民族主体和社会发展提供战胜贫困的支持力，增强民族自信心，巩固边防，促进民族团结与社会协调建设发展，有助于弘扬中华民族精神，增强民族凝聚力与国家向心力。孙华认为，教育扶贫可以使少数民族群众解放思想，更新观念，提高自身文化素质，以适应民族地区建成小康社会的需要和推动地方经济社会实现跨越式发展的现实需要。牙祖元认为，在少数民族地区落实教育扶贫攻坚有两方面的意义：一方面可以将市场经济意识、开放发展意识、开拓进取意识潜移默化地融入少数民族群众的思想观念之中，转变少数民族群众思想观念；另一方面可以不断提升少数民族地区群众的科技素质、文化素养，对挖掘少数民族地区经济社会发展潜力，将先进科学技术成果广泛应用到少数民族地区经济社会发展各项工作中，起到极大的推动作用。严庆认为，教育既能短、平、快地培训急需人才，又有"绵绵用力、久久为功"的作用，教育扶贫不仅是临时救急的良药，更是可持续发展的慢性补药。

教育扶贫不仅可以实现教育的公平公正，维护社会的和谐稳定，实施教育扶贫不仅能加快青藏高原民族地区的经济发展，为青藏高原民族地区发展培养本民族人才，还有利于边疆的稳定和谐，可以促进民族团结和增强民族凝聚力，也有利于不同民族之间交往、交流和交融，便于民族优秀文化的传播和继承。教育扶贫就个体而言最明显、最有效的意义就是："教育是帮助人们摆脱贫困的最重要途径。教育不仅仅让人们拥有一份工作，更让人们工作稳定，工作条件和待遇良好，这也是经济获得更大发展、更长远发展的基础。"①

---

① 联合国教科文组织.教学与学习——全民教育全球监测报告（2013—2014）[M].北京：教育科学出版社，2014：144.

（三）教育扶贫影响因素研究

教育部原副部长朱之文认为，贫困地区教育扶贫受六个方面因素的影响：①贫困地区客观条件差，教育基础薄弱。②城镇化进程迅速，合理布局教育资源难度大。③职业教育发展滞后，人才培养水平亟待提升。④农村教师整体素质不高，影响教育质量。⑤教育经费保障不足，财政投入难以满足教育的可持续发展。⑥贫困地区脱贫致富的内生动力不足，等、靠、要思想严重，民族地区受宗教因素和"读书无用论"的影响，不愿主动送孩子上学。李峰认为，教育扶贫过程中个体"获得感"很重要，如果个体"获得感"缺失，会诱发民众的不平衡心理和不满情绪，危及民族地区的区域社会稳定。滕星认为，现行的民族地区基础教育阶段课本知识远离了民族地区学生的现实生活，没有凸显出民族地区地域性和特点，不熟悉的教学内容易造成学生学习困难，学习动力降低，出现少数民族学生学困的现象。李吉和、王希隆对甘肃省积石山县保安族教育现状进行了调查，认为落后的思想观念、传统的生产方式、经济落后、民族教育优惠政策不到位是影响保安族教育发展的主要因素。

（四）教育扶贫存在的问题研究

朱之文认为，教育基础薄弱、教育资源布局难、职业教育滞后、教师整体素质不高、贫困地区内生动力不足、民族地区宗教的影响是贫困地区发展面临的问题。代蕊华、于璇认为，目前教育扶贫在思维理念、制度建设、扶贫方式以及社会力量参与等方面存在诸多矛盾和问题。李锋认为，教育扶贫政策精准度不高是教育扶贫中存在的主要问题。惠普性政策多于特惠性政策，民族贫困地区教育扶贫政策的一元化文化范式容易忽视多样化地方知识。以升学为主要目的的教育模式，过多强调教育"治贫"的功效，放大教育的"致富"功能，使扶贫对象对教育扶贫政策提前产生预期效益期盼，但往往短期的培训并不能长期带来稳定的收入，使贫困群众产生现实与预期心理落差。王嘉毅认为，教育扶贫最大的问题是各类教育资源不能满足贫困人口的迫切需求。姜丽美认为：很多地方过度重视硬件建设，而忽视师资力量软件建设；重视理论教育忽视应用型教育；忽视对学生的心理健康教育；贫困群体自身受教育意识薄弱增加了帮扶的难度是现行教育扶贫存在的缺陷。

民族地区教育扶贫问题也引起了学者们的关注。周学桃认为，资金的投入使少数民族地区学校硬件设施有所改变，但教师队伍管理体制不健全，对教师培养重视不够和教师福利待遇水平低是教育扶贫中存在的主要问题。王国玲认为，青海贫困地区教育扶贫存在的主要问题是：单一的经济结构、原始落后的生产方式对教育需求不高，使教育发展总体受约束；教育供给严重不足，教育投资效益相对较低；教学模式陈旧，脱离现实。李凯、吴霓认为，西藏自治区教育扶贫面临的主要问题有：基础教育办学条件匮乏，标准化程度低；教育经费保障水平低；"组团式"教育援藏教师因地域差异以及援助时间短等因素，成效受影响；区内就业岗位少影响学生读书积极性。李倩对和田市教育扶贫做了研究，认为目前和田市教育扶贫存在以下问题：人力资源匮乏，政府以外的扶贫力量较少，经济制约教育发展。谢尚果、胡美术认为，在民族地区教育扶贫过程中过分注重生活和学习环境的改变，忽略了心智方面的扶持，职业教育和继续教育在科技传承和推广方面的作用没有得到足够重视。李蓉蓉、李桂认为，少数民族地区教育扶贫存在"教育资源分配不公平，教育扶贫缺乏活力，资金、人才严重不足"等方面的问题。

（五）对教育扶贫的对策研究

民建中央认为扶贫应该在提高人的素质上下功夫，今后的扶贫路径，要重点关注如何留住本土人才、引进外来人才；需要建立健全机制，实施教育扶贫，完善职业教育对口支援机制，鼓励东部地区职业院校对口支援贫困地区职业院校。朱之文针对教育扶贫问题，从全面着手，提出了总的建议对策：①做好顶层设计，要摸清贫困地区受教育人数，编织好教育脱贫攻坚行动计划，结合实际谋划教育扶贫的政策措施。②根据不同教育群体分类施策。③通过强化责任、加强保障和完善机制全面保障教育政策的实施。④通过教育对口帮扶、积极争取社会支持和加强舆论宣传广泛动员各方力量参与。钟秉林指出，要加强贫困地区各阶段的教学质量，并完善家庭困难学生的资助体系，同时提出运用信息化手段，推广数字化资源应用，扩大优质资源的覆盖面是教育扶贫的新路径。孙华认为，连片特困区要加强教育扶贫的攻坚力度，就要架构顺畅有效的工作协调机制，拓宽教育扶贫资金来源渠道，探索教育均衡化发展的有效实现形式。傅佑全认为，要从贫困地区基础教育、职业教育两方面来提升贫困地区人口质量。秦瑞芳、闫翅鲲认为：农村扶贫现实路径要构建"共生"教育模式，即教育立场要立足于人与自然共生，区域文化之间的共生；基础教育教材编写和设置以及职业教育培训要与当地自然人文环境相适应，使贫困人口接受的知识与自己的环境相符，觉得对脱贫致富有用；科技人员向贫困人口不仅要传授科学技术还要输入新的价值观念，同时要融入情感教育，树立贫困人口积极向上的精神，促进贫困人口的社会融入能力，实现文化的"共生"。

张澧生从搭建好农村基础教育平台、完善农村基础教育的财政保障机制、大力发展职业技能教育扶持地缘性贫困农村、建立和完善贫困农户救助专项制度和发展体系、借鉴发达国家教育精准扶贫先进经验完善教育扶贫结构和方式五个方面探讨了湘西教育精准扶贫的现实路径。梁存翊、彭志荣以广西壮族自治区为例，探讨了新形势下教育扶贫的路径，提出广西要结合实际，从专项资金的使用、师资队伍建设、政策的执行和就业服务体系的完善等方面探索教育扶贫路径。潘瑞萍认为，职业教育的主要功能是培养技术技能人才，是最有效的"造血式"扶贫，因此教育精准扶贫应大力发展职业教育。唐智彬、刘青通过对湖南省武陵山片区37个县（市）的调研，认为贫困地区扶贫先扶教，关键是定向农村职教。高鸿认为，面对藏区地广人稀的实际，可以引入"互联网+"平台缩小培训的空间距离，是藏区教育事业持续健康发展的新路径。李凯、吴霓认为，西藏教育扶贫首先要保障教育投入和教育扶贫政策的完善，进一步深化"组团式"教育援藏，还要开发就业岗位，增加毕业生收入。

通过对已有文献的归类梳理，学者们从社会学、经济学、教育学等视角研究了教育扶贫问题。已有的研究成果，成文形式多样，既有期刊论文也有学位论文；研究内容广泛，涵盖了教育扶贫的内涵、功能意义、路径等；研究层面以宏观为主。现有的教育扶贫研究虽取得了一定成果，但深入研究的空间还很大：第一，现有研究成果过多关注纯理论研究、政策性研究，但样本性的实证研究少，研究结论未必适用于所有贫困地区，特别是青藏高原民族地区；第二，研究成果专著形式少，多为期刊论文和学位论文；第三，目前关于教育扶贫问题的研究，多从贫困地区的自然环境和人文环境入手，从多维角度进行相关探讨的研究尚少；第四，从研究个案空间分布看，现有研究泛指贫困地区，面过大过广，对少数民族地区、国家集中连片特困地区的关注度不够，尤其缺乏青藏高原民族地区个案的研究。

三、教育扶贫实践问题分析

中华人民共和国成立70多年来，在党的扶持和民族地区各级部门的自主努力下，青藏高原民族地区基础教育事业取得了长足的发展，与非民族地区教育发展相比，差距也在逐渐地缩小，但青藏高原民族地区基础教育发展在国家扶贫政策下依然存在有待进一步完善的问题。

（一）资金不足且缺乏监督机制

民族地区基础教育事业在近几年来虽然发展较快，但是青藏高原民族地区依然不容乐观。

资金匮乏是影响青藏高原民族地区教育事业发展的重要因素。一直以来，我国在公共教育费用方面的支出比例不高，特别是用来发展民族基础教育的经费更是少之又少。教育经费是确保教育事业发展不可或缺的一部分。我国学者姚俊英提到："虽然国家确认在教育发展上的支出经费必须大于国民生产总值的百分之四，但是由于我国的教育体系过于庞大，目前的教育投入还不能满足教育发展的需求。"因此，经费欠缺在很大程度上阻碍了青藏高原民族地区发展教育事业。

除此之外，民族贫困地区几乎主要依靠转移性支付，因为其财政收入甚微，经济基础也十分薄弱。而且教育投入效率较低，且存在着行政管理费用、各级政府和扶贫机构及其工作人员对教育资金的侵占和挪用，以及面向贫困地区的教育资金被非贫困人员享用等问题。原本民族贫困地区教育经费就不足，再加上现在监督机制不完善的问题，二者严重制约了青藏高原民族地区的基础教育发展。

（二）重"输血"而轻"造血"

客观上，分析近些年来我国的民族基础教育扶贫举措，大多关注扶贫物资，对于民族地区的人力资源开发的措施几乎没有。古人言，授人以鱼不如授人以渔。物质上的扶贫的确很关键，但是只能缓解暂时的困难，无法从根源上解决青藏高原民族地区贫困问题。而且长期的物质援助会导致青藏高原民族扶贫对象产生心理依赖，这样反而使得扶贫效果适得其反。此处的心理依赖，指的是"贫困者缺乏改变自身贫困生存状态的信心、需要和热情，一味地将自身生存的希望寄托于外界援助上的一种惰性心理现象"。

主观上，人一旦有了"心理依赖"，思想上便会随波逐流，安于现状，行为上的表现便是"等、靠、要"。长此以往，"心理依赖"会使得民族扶贫对象迸发"知识无用""劳动无用"的观念，从而导致民族贫困地区扶贫工作陷入"贫困—支援、再贫困—再支援……"的死循环。导致"心理依赖"的原因是多样的，但究其根本，还是因为青藏高原民族地区扶贫对象还没有从国家的"输血"转化到自身的"造血"，即缺乏"造血"意识。

（三）资源人均占有量少且缺乏调控政策

民族地区人口增长与其他地区有所差异，其人口增长速度要高于其他地区。"从50年代的2000万人增加到6500万人，年平均增长速度为3.5%，大大高于全国人口的平均自然增长水平，也高于汉族贫困地区人口的自然增长率。"民族地区人口的快速增长，降低了青藏高原地区人均资源占有量，资源的存量无法满足现有人口的需求。

一个地区人口过多，社会资源和生产条件过少，便会产生供不应求的现象。而且人口的数量还在以极快的速度逐年增长，这必然会导致社会生产和资源产生超负荷的现象。因此，青藏高原民族地区群众会愈发贫困，人均资源占有量会越来越捉襟见肘。同理，教育领域也遵循这个规律。教育作为一种资源，如果享有这项资源的青藏高原民族地区人口数量过多而资源总量过少，那么教育资源的人均占有量便会急剧缩减，人的教育发展便无法支撑，贫困代际传递也难以阻碍。因此，青藏高原民族地区人口的过快增长，给国家的扶贫也会带来很大的压力。

（四）缺乏人文关怀

青藏高原目前有些地区仍然贫困，而且有部分地区会出现返贫现象，其间缘由值得我们深思。研究其近几十年来基础教育的扶贫工作发现，最有价值的一个原因是青藏高原民族地区基础教育扶贫工作不够集中，致使国家许多资源浪费了。首先，基础设施建设程序冗杂，但青藏高原民族地区基础教育扶贫工程的重心大多都在这上面。其次，流转到地方上的扶贫资金会出现被打折扣与被吃回扣的问题。最后，许多扶贫工程因被偷工减料使得其建成后质量堪忧。以上种种都没有将扶贫工作落实到人，这便是"缺乏人文关怀"。

所谓人文关怀，指的是解决人最基本最迫切的需求，从根本上关注和关心人。对于青藏高原民族地区基础教育扶贫来说，扶贫工作的焦点要聚集在该地区基础教育的教师和学生上。师资是青藏高原民族地区基础教育发展不可或缺的建设者，同时也是其基础教育发展的前提。青藏高原民族地区师资流失非常严重，不仅是因为其地理气候环境差、生活条件艰苦，最重要的原因还是国家对青藏高原民族师资的人文关怀不足。青藏高原民族教师远离家乡和亲人，无法感受家庭和亲情的温暖，加之国家关怀与关注的缺失，长此以往难免会产生离职的念头。其次是学生，学生是教育的主体。如果适龄的教育主体无法按时按量入学，那么教育便失去了其意义。对学生缺乏人关怀的结果便是：青藏高原民族地区大量学生辍学。一种情况下，不上学的孩子进入社会后从事低收入且劳苦的工作；另一种情况下，有些孩子在社会中游荡后成了负面分子，对于社会的治安稳定造成一定影响，这种情况是最糟糕的。

第三节 青藏高原民族地区教育扶贫政策的优化路径

在全面建设小康社会的时代背景下，教育扶贫问题已经在政府部门、领导人和专家学者的共同推动下从社会议题进入了决策议程，如何促进教育扶贫多维内生式发展，如何最大限度地以普惠、优质、精准的教育帮扶促使贫困群体实现从物质脱贫到能力脱贫的根本性变化，已然成为构建实质性公平的教育扶贫政策体系的关键点和支撑点。

基于现阶段我国教育扶贫的现状，可针对政策决策形成三方面的思考。其中在增强问题意识，找准政策变迁的关键这一部分，就青藏高原民族地区教育扶贫实践问题给出了相应的建议展望。

一、提升政治觉悟，优化政策顶层设计

政策制定者要时刻树牢政治意识、大局意识、核心意识、看齐意识；坚定中国特色社会主义道路自信、理论自信、制度自信、文化自信；坚决维护习近平总书记在全党的核心地位，坚决维护党中央权威和集中统一领导，要加强学习领悟历任国家领导人特别是习总书记的教育扶贫思想，因为我国教育扶贫工作的制度优势和脱贫成果源于国家领导人的掌舵领导以及对教育扶贫的价值理念取向。也正是在"为中国人民谋幸福，为中华民族谋复兴"这一初心与使命中，在"国家治理现代化""乡村振兴""精准脱贫"等战略指引下，我国教育扶贫事业才能一如既往并持续行走在合适、自信的发展道路上。所以，现今的政策制定者需要在扎实学习领悟习

总书记教育扶贫理念的基础上，努力寻求行之有效的教育扶贫路径，从而引导教育扶贫政策的变迁方向。

二、增强问题意识，找准政策变迁的关键

政府应该依据社会需要以及国家战略分领域、分群体、分时期有针对性地实施政策，并且要在教育扶贫工作中保持对于急待解决的具体问题的极高的敏感性。政府部门还应意识到教育权的保障、教育能力的提高、教育物资的援助和教育资源的整合配置是目前我国教育政策涉及的重点，必须针对教育扶贫对象和主体、方法和特征等展示的区别与多样化的需求来建立精准和全面，以及科学的扶贫政策，不要只关注某个单一领域的帮扶。除此之外，政府还应规范教育扶贫政策的实施管理、监督机制以及效能追踪，保证已经脱贫的对象不再返贫，持续推动贫困地区的稳定发展。对于青藏高原民族地区教育扶贫实践问题，以下建议展望或可作为参考：

（一）增加扶贫经费，健全监督机制

教育投资是保障教育事业顺利发展的重要举措，是支持国家可持续发展的基础性战略。为了逐渐解决青藏高原民族地区基础教育发展过程中的难题，国家要更加关注其基础教育：加大对发展青藏高原民族基础教育的资金投入，并且协同当地政府增加对民族教育资金的配额；可通过媒体宣传，呼吁社会各界共同关注青藏高原民族教育脱贫工作，最终形成集社会扶贫、行业扶贫以及专项扶贫为一体的扶贫模式。

除了扩宽教育资金来源、增加教育财政经费的投入等措施外，国家还应制定相关政策来规范管理基础教育经费的使用。要"建立所有权和经营权相分离，以政府监督、学校监督、社会监督为委托代理的监督体系，对扶贫经费的分拨、流转、使用情况起到动态观察和监督"。为了完全杜绝民族教育扶贫经费被挪用或者贪污的问题，国家可将民族教育扶贫立法并将其纳入国家的法治体系中，这样便可形成严密规范的连带问责制，保证教育扶贫资金能真正落实到最需要的地方，去帮助最需要帮扶的人。此

外,还可将扶贫工作人员和干部的绩效考核与其对应的扶贫成果挂钩,最终切实保障青藏高原民族地区基础教育扶贫经费的落实。

(二)落实国家通用语言文字,教育,唤醒"造血"意识

美国学者奥斯卡·刘易斯认为:"贫困文化是贫困群体在与环境相适应的过程中产生的行为反应,并且内化为一种习惯和传统文化,它的特点是对自然的屈从感、听天由命、对主流社会价值体系的怀疑等。"①换句话说,民族地区贫困人口养成了一种思维定式:他们只愿在随波逐流和不思上进的圈子里循环。形成这种思维定式的原因是他们长期处于旧时的文化圈中,短时间内无法认同和融进主流文化。而不通晓民族主流语言更加坚固了这一思维定式。因为不通晓主流民族语言,主流民族文化中提倡的"要积极努力地去追求幸福生活"的观念便无法渗透到民族贫困群众中。所以必须要加强青藏高原民族地区的国家通用语言文字,教育。

国家通用语言文字,教育起始于1980年左右,到现在已经有了40多年的历史。毫无疑问,国家通用语言文字,教育在这些年的实施中取得了卓越的成果,但不可否认目前国家通用语言文字,教育在理论和实践中还存在某些问题和困境。例如,监督机制缺乏、优质师资匮乏、学生国家通用语言文字,水平不高等。因此,为了帮助青藏高原民族地区学生破除语言上的障碍,使他们融进民族教育事业的建设中,从而促进我国教育事业的大力发展,国家要密切关注青藏高原民族地国家通用语言文字,教育,继续加大对青藏高原民族地区国家通用语言文字,教育资源配置扶贫,让每个孩子都有机会接受高质量高水平的国家通用语言文字,教育。

(三)因地制宜,实施计划生育

社会发展永恒的规律是人口的增长和所在区域的物质生产要保持一定的比例。在贫困的外部特征上,青藏高原民族地区的资源人均占有量很低,它导致了青藏高原民族地区贫困代际传递的问题。青藏高原民族地区贫困人口基数大,所以国家投入的资源分摊到人头上就很少,因此,国家

---

① 沈红,周黎安,陈胜利.边缘地带的小农——中国贫困的微观理解[M]北京:人民出版社,1992:187.

可在青藏高原人口增长率较高的民族地区实施计划生育政策，通过人口数量的降低和人口质量的提升来实现脱贫的目标。虽然现今我国已开始实施一对夫妻可以生育三个子女的计划生育政策，但是理论结合实际，对于青藏高原婴儿出生率较高的地区可以因地制宜地实施计划生育政策。

首先，倡导"少生优生幸福一生"生育观。生的孩子少了，养得自然就好了，因为一个家庭的物质资源是有限的，孩子少了，分配到每个孩子头上的资源便多了。例如，在孩子的教育经费上，生得少的家庭会比生得多的家庭的孩子更充足。充裕的教育经费使得孩子有机会接受更优质的教育，获得更多的教育资源，从而提升孩子的素质。这是降低数量提高素质的关键方式，同时也是脱贫致富的重要举措。其次，国家和政府可给予青藏高原民族地区积极响应计划生育政策的家庭适当的补贴和奖励。特别是对于民族独生子女家庭，更要加大补贴和奖励力度，可以为其建档立卡，大力帮扶其孩子在接受基础教育时的教育经费，让青藏高原民族地区的群众体会到实施计划生育带来的诸多益处。

（四）聚焦师生，以人为本

不论是教师还是学生，都是鲜活的个体，他们都有自己最迫切和最直接的需求。要做好青藏高原民族地区的基础教育扶贫工作，必须要重视当地的教师和学生。

对于学生，国家应该重点关注帮扶，首要任务是确定需要帮扶资助的学生名单，这项工作需要学校和青藏地区的扶贫办共同协作完成。首先，要对学生的家庭状况进行排查和筛选，确定出家庭特别困难的需要扶持的学生。其次，在确定好对象后要给这些学生建立档案卡，实行一生一卡制。尤其是对于家中有老弱病残的这类学生，政府应该给他们更多的资助和帮扶，帮助他们解决生活的困境，让他们自己能够立志、努力，从而唤醒他们内心深处的抗贫动力。除此之外，教育主管部门可与学校进行合作，设置更多的奖励项目，比如优秀奖、进步奖等。通过以奖品代替补贴，对当地的中小学生实行激励补助，这样既能够调动学生的学习积极性，又能让学生感受到国家对他们的关怀，最终让他们明白只有读书才能改变自己命运的道理，这样才能从长远的意义上为青藏高原民族地区教育发展增加助力。

对于教师，首先是招聘问题。为了更好地吸引优秀师范毕业生的到来，国家教育部可以和青藏地区地方政府协同合作，结合当地实际制定相应政策来提高藏区以及边远农牧区的教师待遇。尤其是对愿意服务于民族地区基础教育的优秀青年教师，可以给其相应安家费，为其在配偶工作以及孩子教育问题的解决上提供绿色通道。另一方面是教师的稳定性问题，教育主管部门应和学校协调，在职称评选、个人晋升和住房上特殊关照服务于青藏高原民族基础教育的教师，这样可在很大程度上避免教师离职。

总的来说，民族基础教育是我国教育事业不可或缺的一部分。教育兴则国兴，教育强则国强。民族基础教育的发展程度与民族地区特别是边远山区、农牧区的孩子受教育程度息息相关；民族地区经济发展的进度与脱贫致富的进程取决于民族基础教育的发展程度；发展好民族基础教育可以更好地促进国家的长治久安和各个民族的和谐发展。为了加快推进我国由教育大国迈向教育强国的步伐，我们必须全方位地分析当前青藏高原民族地区基础教育发展存在的问题，竭尽所能地帮扶和发展青藏高原民族地区的基础教育。

三、多方吸纳政策建言，形成政策变迁合力

对于教育扶贫理论的探索、教育扶贫政策的实施、教育扶贫存在的问题以及应对策略，如果能有一群学者专家，他们来自不同的专业领域并且具有不同的价值取向，他们在一起深入地讨论，那么最终会得出非常有价值和创新性的观点与建议。很明显，要制定出行之有效的方案以及实施细则来优化和完善教育扶贫政策，以最大限度地减小在实施教育扶贫政策途中可能出现的沟通阻力和协调障碍，最后达到推动教育扶贫事业前进的目的，至关重要的一步便是鼓励具有不同利益的个体对教育扶贫建言献策并且吸纳分析这些具有创造性的建议和看法。因此，在教育扶贫政策制定的

过程中应构建畅通的诉求表达渠道，建立平等的观点交流和分享平台，健全民主和谐的决策参与制度。比如，通过网络平台和大众媒体等多种多样的方式为政策共同体提供建言献策的参与渠道。这不但能让利益主体的诉求和意见得到有效的表达和反馈，也能推动我国教育扶贫治理现代化的快速发展。

第八章
全面与底线：青藏高原民族地区教育公平政策

"发展更加公平更高质量的教育"是我国政府2021年的重点工作。青藏高原民族的地区集西部地区、高原地区、民族地区、欠发达地区于一身，改革开放至今，国家采取多样化的方式力保青藏高原民族地区社会经济持续发展，其中教育公平政策发挥了至关重要的作用。梳理青藏民族高原地区教育公平政策的历史脉络，厘清教育公平政策发展的演变逻辑，可为新时代民族地区教育公平政策的研究发展提供丰富养料。

　　青藏高原民族地区教育公平政策内容可以分为基本受教育权、提升补偿教育、发展个性与能力三个方面。根据不同时期教育公平政策的侧重点可以将特点概括为：由"保底"式公平过渡到"均衡发展"式公平、单一方法促进公平过渡到多元工具维护公平、"物质关怀型"公平过渡到"人文关怀型"公平、单一主体推动公平过渡到协同攻坚保障公平。教育公平政策在青藏高原民族地区政策推行的过程中也存在教育资源配置不均衡、宏观统筹规划不足、现代教育与青藏高原民族地区生境发生偏离等问题，其未来改革方向应从建立有利于青藏高原民族地区教育均衡发展的财政投入机制、促进青藏高原民族地区教育资源的合理优化配置、加强青藏高原民族地区教育信息化建设、提供适切教育和有效教育、重视多元文化建设、借鉴国外先进经验六个方面系统谋划。

第一节　青藏高原民族地区教育公平政策内容

一、保障少数民族学生基本受教育权的政策内容

（一）改革开放至十六大保障少数民族学生基本受教育权的政策内容

改革开放后，为了满足国家建设的需要，我国政府相继颁布了一系列保障民族地区教育公平发展的政策。1980年，《关于普及小学教育若干问题的决定》（以下简称《决定》）出台，该《决定》中提出了促进教育公平的政策，从此我国教育公平政策的大幕拉开了。1983年，《青海省牧区寄宿制小学暂行条例（草案）》颁布，青海省重视到了寄宿制学校对于促进民族教育进步发挥的作用。1984年通过了《中华人民共和国民族区域自治法》，该法案规定国家要通过采取一系列措施来帮助民族自治地区普及义务教育及其他教育事业，保障少数民族学生的受教育权，提高人民的科学文化水平。次年，《中共中央关于教育体制改革的决定》通过，该文件在充分认识我国各地经济发展差异的基础上提出要分期分区地普及义务教育，要求在20世纪90年代前，东部沿海及内地发达地区要保质保量地完成普及工作，而经济落后的地区要根据本地区的不同情况安排不同的进程，对于少数民族地区教育的发展国家尽力支持。[①]《中国教育改革和发展纲要》在1993年颁布，规定了教育发展和改革的目标，积极支持贫困地区和民族地区教育的发展，强化了优先发展教育的战略地位，保障了青藏高原民族地区少数民族学生受教育的权利。1994年，在第二次全国教育

---

① 杜宇宁.改革开放40年义务教育公平政策变迁研究［D］.长春：东北师范大学，2019.

工作会议上，党中央和国务院提出在我国东部、中部、西部地区开始推广普及九年义务教育，少数民族学生受教育的权利进一步得到保障。1997年《关于加快牧区民族教育改革和发展的若干意见》颁布，1998年《关于加快民族教育改革和发展的决定》颁布，国家在肯定了民族教育工作的同时关注到了青藏高原民族地区特有的牧区教育，①提高牧区教育的质量也是促进教育公平实现的重要一步。《关于深化教育改革全面推进素质教育的决定》于1999年颁布，提出要基本普及九年义务教育，改造薄弱学校，颁布政策扶持贫困地区，实施"国家贫困地区义务教育工程"。②2002年，《国务院关于深化改革加快发展民族教育的决定》颁布，提出以少数民族地区自力更生为主、国家扶持为辅的模式促进青藏高原民族地区教育事业的发展。

（二）十六大至十七大保障少数民族学生基本受教育权的政策内容

此阶段保障少数民族学生基本受教育权的重点是继续扩大九年义务教育的普及范围。随着信息化的不断发展，《2004—2010年西部地区教育事业发展规划》（以下简称《规划》）出台，它对西部地区在义务教育阶段学校信息化的发展做出了具体的规划，并提出到2010年，该地区的初中都要配备播放设备和教学光盘，该《规划》从教学设备上保障了青藏高原民族地区学生的基本受教育权。次年，《关于加快国家扶贫开发工作重点县"两免一补"实施步伐有关工作的意见》颁布，提出从该年春季学期开始，义务教育阶段的贫困地区学生全部免费给予教材，重点支持少数民族特别是人口较少的民族地区，给予其接受教育的机会。《中华人民共和国民族区域自治法》的颁布进一步保障了少数民族学生的教育平等的权利。《中华人民共和国义务教育法》（修订版）于2006年出台，该法案明确了义务教育阶段的经费保障，将对九年义务教育阶段免费受教育权的保障提升到了法律保障的高度，以权威、严谨的法律确保了每位适龄儿童都享有接受义务教育的权利，使义务教育具有强制性和公益性的特点。该法案保障了少数民族学生基本受教育的权利，从此我国进入了九年义务教育阶段免收学杂费的新阶段。

---

① 吴明海.中国少数民族教育史教程[M].北京：中央民族大学出版社，2006：366-367.
② 段丽华.教育公平：制度视域研究[D].长春：东北师范大学，2015.

（三）十七大至十八大保障少数民族学生基本受教育权的政策内容

这一阶段保障少数民族学生基本受教育权的重点是"加快高中阶段教育的普及"。党的十七大报告中指出："教育是民族振兴的基石，教育公平是社会公平的重要基础。……把促进教育公平作为国家基本教育政策，是社会主义初级阶段促进社会公平的重要战略选择。"①2019年修订的《教师法》中提出，补贴少数民族地区从事教育工作的具有中专及以上学历的教师。2010年，胡锦涛总书记又一次明确提出要努力促进教育公平，随后《国家中长期教育改革和发展规划纲要（2010—2020年）》（以下简称《纲要》）颁布，提出"全面提高少数民族和民族地区教育发展水平……促进民族地区各级各类教育协调发展……到2020年，普及高中阶段教育，满足初中毕业生接受高中阶段教育的需求"，②《纲要》明确了实现教育公平的主要任务，并且将其作为了国家的基本教育政策，它的提出有利于促进惠及全民的优质教育、充满活力的教育体制的形成。同年4月，《关于贯彻落实科学发展观进一步推进义务教育均衡发展的意见》发布，它是教育公平制度落实的保障，有利于推动我国义务教育公平制度体系的形成。2012年出台了《关于加强教师队伍建设的意见》，从培养优秀的教师方面为少数民族地区适龄儿童接受良好的教育提供了保障。同年颁布的《关于深入推进义务教育均衡发展的意见》中提出，要通过办学资源的均衡配置、优质教育资源的共享等措施，在我国完成"两基"的基础上，实现所有适龄儿童接受到公平且有质量的教育。随后《教育督导条例》与《关于加强督学责任区建设的意见》相继颁布，前者提出加强对义务教育普及水平的监督检查，后者则进一步深化了省、市、县的责任，进一步保障了青藏高原地区少数民族学生基本受教育权。

（四）十八大至十九大保障少数民族学生基本受教育权的政策内容

党的十八大报告又一次提出要促进教育公平的实现，把教育资源倾向

---

① 草珺.社会主义教育公平观及其实践对策研究［D］.兰州：兰州大学，2017.
② 国家中长期教育改革和发展规划纲要工作小组办公室.国家中长期教育改革和发展规划纲要（2010—2020年）［M］.北京：人民出版社，2010：13-14.

民族地区，实现教育公平有利于实现社会公平，教育公平是构成和谐社会主义社会的核心内容之一。实现少数民族的教育公平不仅有利于民族教育政策的落实，还会直接影响到少数民族学生的合法权益、团结的社会主义民族关系，甚至全面建成小康社会目标的实现。2013年，中央政府审议通过了《中共中央关于全面深化改革若干重大问题的决定》，该决定提出要"促进社会公平正义，深化社会体制改革"。[①] 同年12月，《全面改善农村义务教育薄弱学校基本办学条件的意见》出台，自此以后国家开始重视城乡义务教育资源的优化配置，缩小二者之间的差距，加快公共教育服务均等化的进程。次年又下发了《全面改善贫困地区义务教育薄弱学校基本办学条件底线要求》，其目的是通过改善贫困地区学校的办学条件，促使贫困地区实行义务教育的学校达到办学标准。此制度有利于西部少数民族贫困地区学生受教育权得到保障，是提高少数民族地区义务教育条件的有效措施。2015年，《义务教育学校管理标准（试行）》颁布，自此我国政府对教育公平的重视由权利公平转为质量公平。2015年，我国《教育法》和《义务教育法》都进行了修订。《教育法》中提出中国公民都有接受教育的权利和义务，并且明确指出接受教育的公民是不分民族的，同时《义务教育法》里也提出中国适龄儿童，不分民族，依法享有平等接受义务教育的权利。

（五）十九大至今保障少数民族学生基本受教育权的政策内容

十九大报告进一步提出："推进教育公平，努力让每个孩子都能享受公平而有质量的教育。"[②]《关于深化教育体制机制改革的意见》于2017年颁布，其中提到要对教育人才招生、管理体制等体制机制进行顶层设计，以此来达到到20世纪20年代建立科学的教育基础制度体系的目标，从根本上保证了少数民族地区学生的教育公平发展。同年，《高中阶段教育普及

---

① 中共中央关于全面深化改革若干重大问题的决定［EB/OL］.（2003-11-15）.http://cpc.people.com.cn/n/2013/1115/c64094-23559163.html.

② 石玉昌.西部地区教育公平70年："要上学"与"上好学"［J］.西南大学学报（社会科学版），2019，45（6）：20-28+201.

攻坚计划（2017—2020年）》颁布，其中规定高中阶段教育的毛入学率到20世纪20年代要超过90%，把重点放在民族地区义务教育普及水平的提高上，保障贫困家庭学生受教育的机会。随后《关于进一步加强控辍保学提高义务教育巩固水平的通知》印发，明确提出要注重义务教育巩固水平的提高，从而为义务教育的发展保驾护航。这是加大对青藏高原民族地区义务教育扶持力度的有力举措，对实现教育公平具有重大意义，2018年《全面加强乡村小规模学校和乡镇寄宿制学校建设的指导意见》颁布，通过给予乡村学校优质的办学条件，加强师资和经费，达到两年后基本实现县域内城乡义务教育一体化的目标。次年，《义务教育质量评价指南》发布，具体规定了义务教育质量的评价指标体系，旨在提高义务教育的质量，促进义务教育公平、高质发展，有利于为青藏高原民族地区的学生提供公平、高质量的教育。

二、提升补偿教育政策内容

（一）改革开放至十六大提升补偿教育的政策内容

首先，国家在经费投入上向少数民族学生倾斜。从1983年起，国家以定额补助方式对青海、云南、贵州三个多民族省份及五个自治区进行补助，补助资金超出了每年国家拨出的补助专款的50%。1986年通过了《中华人民共和国义务教育法》，指出国家要加大财政支持、师资支持等方面的力度，促进义务教育在民族地区实施。为了贯彻落实《义务教育法》，1992年出台了《中华人民共和国义务教育法实施细则》，其中明确具体地指出要补助少数民族聚居区的义务教育。随后"国家贫困地区义务教育工程"开设，投入该工程的资金的50%以上都投向了普及九年义务教育困难较大的民族地区。随后国家为了资助处境不利中的儿童，尤其是少数民族地区的儿童，在1997年设立了"国家义务教育人民奖学金"。同年，《关于认真贯彻中央扶贫工作会议精神，进一步加强对口支援民族和贫困地区发展教育事业的通知》颁布，对教育对口支援的省份进行了确定：辽宁省帮青海省、山东省帮新疆维吾尔自治区、全国支援西藏自治区等。

在学生政策及民族教育课程方面,《关于加强民族院校教材建设工作的意见》出台,推动了藏文、蒙古文等教材审查委员会的成立,并且促进了少数民族地区双语教学的发展。随后,《关于在部分全国重点高等学校试办少数民族班的通知》颁布,提出要有计划、有重点地在高等学校开设民族班,并且对少数民族班应达到的目标、入学条件、班级招生名额的分配都做出了规定,还提出通过降低分数的方法使教育资源向少数民族学生倾斜。①1984年,全国人大通过了《中华人民共和国民族区域自治法》,院校(全国范围内的中等专科学校和高等院校)在招生时,可对少数民族学生实行条件放宽和降低标准政策,这是首个以法律的形式保障中国高等院校录取少数民族学生的补偿政策。②三年后,《普通高校招生暂行条例》颁布,该条例规定对于少数民族地区的民族学生可以采取适度降分录取的政策,在相同条件的情况下,优先录取居住于汉族地区的少数民族学生。③该条例也重视到了中专学校,提出中专学校对少数民族地区学生的招生可采取"同等分数优先录取"或"适当放宽分数录取"的办法。随后颁布了《关于高等学校招收委托培养研究生的暂行规定》,提出录取研究生时可以对少数民族学生采取降分录取政策,《普通高等学校本专科生实行奖学金办法》对少数民族学生的奖学金也做了专门规定。2000年,国务院制定了《关于推动东西部地区学校对口支援工作的通知》,可以从中看出国家加大了支援民族地区教育的力度,包括东部沿海城市对少数民族地区的支援、全国城市对西藏地区教育的全面支援等,支援的形式主要是开设西藏班、新疆班等民族班并为民族贫困地区培养中学生、大学生。两年后,国务院下发了《国务院关于深化改革加快发展民族教育的决定》,再次强调了民族教育的重要性并对其指导思想、教育任务、教育目标等做出了具体的规定,并在总结了50多年经验的基础上提出了进一步发展的措施。

---

① 教育部印发《关于在部分全国重点高等学校试办少数民族班的通知》[EB/OL].(1980-06-21)[2015-10-1].http://www.seac.gov.cn/gjmw/mzjykj/2004-06-29/1194334511360349.htm.

② 马晓瑞.论高校少数民族优惠政策的完善[D].武汉:华中师范大学,2014.

③ 罗玉珍.教育公平视角下的少数民族教育优惠政策[D].重庆:西南政法大学,2009.

（二）十六大至十七大提升补偿教育的政策内容

这一阶段青藏高原民族地区提升补偿教育的政策主要以十六大报告提出的扶持农村、贫困偏远地区为主旨。在 2003 年颁布的《国务院关于进一步加强农村教育工作的决定》中提到要加快推进"两基"任务并且致力于推进高质量的义务教育，用五年时间推进西部地区完成"两基"任务，对于边远山区、少数民族地区的学校建设问题，也提出了具体的解决措施。[①] 2003 年颁布了《2003—2007 教育振兴行动计划》，2004 年颁布了《2004—2010 年西部地区教育事业发展规划》，随后又颁布了《国家西部地区"两基"攻坚计划（2004—2007 年）》，这一系列计划促进了义务教育阶段贫困家庭学生资助制度的建立，本着不让任何一名学生因为家庭贫困而上不起学的目的，力争到计划实施的收官之年全国家庭贫困学生在义务教育阶段都能享受"两免一补"的优惠政策。它们的提出保障了少数民族地区农村家庭经济困难的学生接受义务教育的权利。2006 年在"我国西部大开发"的大背景下，教育部为了实现教育公平、民族平等，贯彻党的民族政策，启动了"少数民族高层次骨干人才培养计划"，并且下发了一系列促进该计划顺利完成的文件。该计划规定对少数民族本科毕业生考研招生录取时实施降低英语分数线的优惠政策，有利于培养少数民族人才，改善青藏高原地区少数民族的人才结构层次。

（三）十七大至十八大提升补偿教育的政策内容

伴随改革开放的不断深入，针对青藏高原地区少数民族学生的补偿教育政策越来越全面而细化。根据十七大报告精神，此阶段对于青藏高原民族地区的提升补偿教育政策主要围绕"特殊教育"和"务工人员子女"。2009 年颁布了《关于进一步加快特殊教育事业发展的意见》（以下简称《意见》），该《意见》针对残疾儿童的普及义务教育工作提出了具体要求，提出不仅要保障适龄残疾儿童优先享受"两免一补"的政策，还要加大在教材、设备等方面的补助力度，减少残疾儿童在学业支出上的压力。该

---

① 郑巧.效率 素质 公平——改革开放以来基础教育政策话语的变迁［D］.上海：华东师范大学，2009.

《意见》是我国针对特殊教育制定的第一个政策。次年,《关于建立普通高中家庭经济困难学生国家资助制度的意见》出台,使高中教育阶段的资助政策不再空缺,从此整个基础教育阶段都被国家资助体系覆盖了。2010年,《国家中长期教育改革和发展规划纲要(2010—2020年)》颁布,其中指出要适当地向边远的民族贫困地区优先输送优质资源,加快缩小区域教育差距的速度,从而实现教育公平的最终目标。2011年,国家关注到了贫困地区、民族地区学生的健康问题,为了解决此问题国务院颁布了《关于实施农村义务教育学生营养改善计划的意见》,要求以试点的方式进行,最终达到改善民族地区农村学生身体健康状况的目的,保障他们顺利完成学业。《关于深入推进义务教育均衡发展的意见》于2012年出台,详细指导了进城务工人员的子女以及残疾儿童等处于劣势地位的群体接受义务教育的问题,民族地区学生的教育也因此得到了保障。其中提出可以在普通学校开设特殊教育班级,使仍然具有接受普通教育能力的适龄的残疾儿童享有进入学校学习的机会,同时,国家鼓励开办特殊教育学校,为这类残疾儿童提供更全面的保障;针对进城务工人员随迁子女的入学问题,提出他们可以在公办学校名额不足的前提下接受民办学校的教育。同年又颁布了《关于做好进城务工人员随迁子女接受义务教育后在当地参加升学考试工作的意见》,提出学校的招生及录取工作可以根据随迁子女升学考试的人数制定,为民族地区务工人员随迁子女的升学提供了保障,这是秉持以人为本的理念,进而保障教育公平的客观需求。

(四)十八大至十九大提升补偿教育的政策内容

教育扶贫是此阶段制定政策的重点。《中共中央关于制定国民经济和社会发展第十二个五年规划的建议(2011—2015)》中提到,促进我国教育发展的重点在于促进民族教育的发展,并提出要加大对民族地区双语教师的培训力度,政策向民族地区倾斜。2012年,《国家基本公共服务体系"十二五"规划》颁布,提出公共教育资源要向民族地区倾斜。两年后,《关于创新机制扎实推进农村扶贫开发工作的意见》颁布,在有关教育的部分提出了一系列保障少数民族学生受教育权的政策,如贫困地区义务教育的巩固率在一年后要超过90%，普及高中阶段教育并且到2020年义务教育水平和基础教育办学质量都大幅度提升。《关于加快发展民族教育的决定》于2015年颁布，其目的在于缩小少数民族地区与其他中东部发达地区的教育差距，并且推出一套与少数民族教育发展特点相适应的普惠性措施，指明了我国少数民族教育的中长期发展方向，争取到21世纪20年代少数民族地区教育的发展水平与全国教育平均水平相接近。[①] 同年，国家又颁布了《国务院关于进一步完善城乡义务教育经费保障机制的通知》，其中明确规定了城乡义务教育经费保障机制，提出加大对民族地区农村义务教育的财政投入，促进城乡义务教育的均衡发展的实现。次年，《关于加快中西部教育发展的指导意见》颁布，支持中西部高校建设一流大学，推动民族教育快速发展。2017年4月，《关于做好2017年重点高校招收农村和贫困地区学生工作的通知》发布，重视到了民族学生升学进入高等学校的问题，提出高校专项计划，为提高青藏高原民族地区教育质量起了至关重要的作用。

（五）十九大至今提升补偿教育的政策内容

此阶段提高义务教育的质量是青藏高原民族地区教育政策的重点。2017年12月，《加快中西部教育发展工作督导评估监测办法》出台，加大了对青藏高原民族地区学生的资助力度，开发"9+3"的免费教育模式，特困地区建档立卡的初中毕业生成了扶持的重点。随后，《援藏援疆万名教师支教计划实施方案》颁布，提出优秀教师赴西部地区支教的计划，第一批向新疆维吾尔自治区、西藏自治区支教的教师高达4000余人，当地优秀教师不足的问题得到了显著缓解，教学水平也得到了一定提升。次年，《中共中央国务院关于全面深化新时代教师队伍建设改革的意见》颁布，提高了教师的补助标准，农村教师特岗计划的实施规模也由此扩大，培养"一专多能"的教师，优先满足老少边穷地区教师补充需要。2019年，《关于深化教育教学改革全面提高义务教育质量的意见》发布，提出优化教师

[①] 陶惠施.十六大以来我国基础教育公平政策研究[D].长沙：湖南师范大学，2016.

资源配置，提高教师的权益和待遇，从而推进义务教育薄弱环节改善，有利于推进青藏高原民族地区县域义务教育由基本向优质发展。2020年，《关于加强新时代乡村教师队伍建设的意见》发布，提出重点将优秀人才引入乡村，提高他们的地位、待遇，提升发展空间，利于满足青藏高原民族地区学校对师资的需求，从而保障该地教育公平。

三、发展个性与能力教育的政策内容

（一）改革开放至十六大发展个性与能力教育的政策内容

改革开放后，国家开始重视知识和人才，工作重心也转移到了社会主义现代化建设上来，但对于学生个性与能力教育的重视还仅仅停留在表面，此阶段政策的重点集中在艺术教育方面。《关于加强民族艺术教育工作的意见》中提出国家政策要向民族艺术教育倾斜。《关于全日制普通中学全面贯彻党的基础教育方针、纠正片面追求升学率倾向的十项规定（试行草案）》颁布后，全国范围内的教育工作者都加强了对德育和体育的重视程度，认为教师不能只重视提高学生的成绩，还要重视培养学生的德育以及体育等方面的能力；不能片面地追求升学率而使学生的课业负担过重。随后《中共中央国务院关于深化教育改革全面推进素质教育的决定》颁布，重视到了培养美育对促进学生全面发展的重要性，将美育看成推进素质教育、深化教育改革的必然要求，提出"美育不仅能陶冶情操、提高素养，而且有助于开发智力，对于促进学生全面发展具有不可替代的作用"。① 此后，国家加强了青藏高原民族地区学生的艺术教育，促使教育成为创新人才的摇篮。2000年，为了贯彻以上决定，教育部颁布《教育部办公厅关于开展全国农村学校艺术教育实验工作的通知》，提出艺术教育相对薄弱的地区是农村地区，要通过建立农村艺术教育实验县加强对农村学校学生的艺术教育，培养其艺术方面的能力。如青海省设置的实验县是互助县，甘肃省的实验县是天水市秦城区，新疆维吾尔自治区的实验县是

---

① 中共中央国务院关于深化教育改革，全面推进素质教育的决定［EB/OL］.（1999-06-13）. http://www.moe.gov.cn/jyb_sjzl/moe_177/tnull_2478.html.

乌鲁木齐县、麦盖提县。《全国学校艺术教育总体规划（1989—2000年）》颁布实施后，全国范围内的学校艺术教育都有了明显提升，但相对于教育的其他领域来说艺术教育仍处在相对弱势的位置，为解决这一问题，两年后教育部颁布了《全国学校艺术教育总体规划（2001—2010年）》，为21世纪第一个十年确立了艺术教育的目标和行动规划，为青藏高原民族地区学生艺术能力的提高提供了制度保障。

（二）十六大至十七大发展个性与能力教育的政策内容

体育教育是这一阶段政策关注的重点。《教育部国家体育总局关于进一步加强学校体育工作切实提高学生健康素质的意见》于2006年出台，这是明确所有体育训练及活动是选拔优秀体育后备人才的基础的首要文件，并且进一步提出应为擅长体育运动的学生提供需要的场地以及条件，缓解学生运动员文化课学习与训练之间的冲突，使他们学习与训练都可以兼顾，还倡导加强体育与教育部门的合作，发挥双方优势的互补作用，为学生运动员提供了发展的平台。另外它还提出教师在对学生运动员进行训练时要考虑到学生所在地的实际情况，并根据学生身心发展的差异性增加课程内容的适宜性、选择性。在青藏高原民族地区开展体育活动受到海拔高、氧气稀薄等自然条件的制约，在此意见的支持下青藏高原民族地区的教师就可以创设相适宜的体育活动，保证民族地区的学生得到符合其身心发展、年龄特征以及个性发展的训练。

（三）十七大至十八大发展个性与能力教育的政策内容

在此阶段，发展民族地区学生个性与能力的政策得到了进一步发展。为贯彻《国家中长期教育改革和发展规划纲要（2010—2020年）》关于"坚持全面发展，全面加强和改进德育、智育、体育、美育"的要求，次年《关于在义务教育阶段中小学实施"体育、艺术2+1项目"的通知》出台，该项目提出各单位要结合本地实际的体育文化和艺术特点，在与学生身心发展特点相一致的基础上确定体育及艺术项目，为学生搭建体育、艺术活动的平台，并且允许学生依据自身兴趣及特长进行自主选择，有利于推动体育与艺术教育的改革，满足青藏高原民族地区学生个性与能力发展的需求，促进该地区学生全面而有个性的发展。此后，教育部又出台了《中等体育运动学校管理办法》。其中突出了职业技术训练并规定了学生训练、参赛、培训以及接受文化教育的时间安排等，促进了体育人才的培养及管理达到制度化、规范化的标准，为民族地区培养体育人才提供了详细的指导意见。

（四）十八大至十九大发展个性与能力教育的政策内容

十八大后国家对学生的个性与能力发展更加重视，为了促进特长教育更好的发展，教育部门相继制定了多个政策。《关于推进中小学教育质量综合评价改革的意见》出台，第一次在对学生的综合评价体系中加入了"兴趣特长养成"标准，目的在于使每位学生都能接受到与自身发展特点相适应的教育，并在注重统一要求的基础上促进青藏高原民族地区学生的个性发展与可持续发展。随后教育部又出台了《中小学书法教育指导纲要》，它不仅要求引导学生掌握书法的基本知识，还要求注重培养学生在练习时的体验以及个性化情感，否定了片面要求学生掌握基本规范的书法教学，倡导根据学生不同的发展水平和表现调整教学内容。2014年，《关于普通高中学业水平考试的实施意见》出台，倡导学生发挥长处避免短处，根据自身兴趣和特长选择科目进行考试，自此文理学科之间的界限被打破了，另外还倡导学校实行走班教学，走班教学的实施是建立在尊重学生自主选择的基础上。这些政策为实现因材施教，促进青藏高原民族地区学生个性与能力的发展创造了有利条件。2015年相继制定了《关于加强和改进学校美育工作的意见》和《关于加快发展青少年校园足球的实施意见》。前者支持学生根据自身特长选择课程，其目的是既要保证每位学生都拥有接受美术教育的机会，还要按照学生艺术能力发展的情况开设相应的专业课程。它的出台创新了青藏高原民族地区艺术人才培养的模式，进一步凸显了新时代倡导的育人导向。后者提出学生运动员可以进行注册，建立了学生运动员注册制度，为青藏高原民族地区的学生运动员以后进入国家足球队提供了平台。它的制定为青藏高原地区的足球特长生的发展方向起了引领作用，为建立因材施教、内容丰富的青少年校园足球教育体系奠定了基础，健全了人才输送以及培养足球苗子的渠道。

（五）十九大至今发展个性与能力教育的政策内容

在倡导培养创新型人才的今天，国家十分重视培养学生的个性与能力。2020年3月，《关于全面加强新时代大中小学劳动教育的意见》颁布，它的颁布使各级教育工作者加强了对学生劳动能力的培养，提出学生在学习系统的文化知识外，还应有目的、有计划地参加劳动，建构劳动教育课程体系并强调将劳动教育融入其他课程。同年7月，《大中小学劳动教育指导纲要（试行）》颁布，针对劳动教育的目标框架、劳动教育的育人价值定位以及劳动教育的内容提出了具体指导，有利于培养青藏高原民族地区学生的劳动意识，提高他们的劳动能力。2019年，《关于切实加强新时代高等学校美育工作的意见》颁布，初步提出要把艺术课程纳入教学计划中，培养学生的艺术和劳动能力，为了进一步深化，《关于全面加强和改进新时代学校美育工作的意见》以及《关于全面加强和改进新时代学校体育工作的意见》于次年10月出台。前者本着加强顶层设计和聚焦突出问题的目的提出应加强美育在各个教学领域中的渗透及融合，进一步拓展实施美育的路径，凸显美育的价值；后者则指出两年后，各地中小学都要配齐体育教师，在符合教育培养目标的前提下开展体育课程，争取15年后形成高质量的学校体育教育体系，这为青藏高原民族地区学生进一步提高身体素质、培养艺术能力提供了机会。2021年，《义务教育质量评价指南》发布，提出对学生的评价要采取综合评价与特色评价两种方式，一方面要注重学生的全面发展，另一方面还要注重不同学生发展之间的差异性和多样性，促进学生个性发展，这是新时期国家对学生个性与能力教育重视的体现，有利于促进青藏高原民族地区学生的个性化发展。

第二节 青藏高原民族地区教育公平政策的特点和不足

一、特点

(一)"保底"式公平过渡到"均衡发展"式公平

"保底"式公平是指要保障每一位学生的义务教育,即使是天赋较低或家庭经济条件不好的学生;"均衡发展"式公平是依据学生的天赋或生活环境,为其提供与其相适应的高质量教育,使至少大部分学生达到教育质量的高标准。① 改革开放早期,青藏高原民族地区教育公平政策的重点是"特殊教育",随着农村教育问题的逐渐凸显,青藏高原民族地区教育公平政策的重点发展为"民族农村贫困地区教育"。此政策的转变受到当时国家经济状况的制约,改革开放早期国家尚无能力保证青藏高原民族地区所有人获得优质的教育,只能凭借有限的能力去使社会上处于弱势地位的学生有上学的机会。随着在党的领导下中国人民共同的奋斗,我们国家经济能力不断增强,对青藏高原民族地区实行的教育公平政策不再单单注重"弱势关怀"与"经济补偿",而开始注重青藏高原民族地区学校的教育资源质量,由此"均衡发展"得到提倡。本质上讲,教育全面均衡发展是以结果公平代替机会公平,强调教育因人而异。国际教育公平政策的变化趋势、国内教育界的自我反思和我国经济的快速发展都是推动我国青藏高原

---

① 薛二勇.论教育公平发展的财政政策创新——基于美国的政策分析[J].教育研究,2011(10):95-100.

民族地区教育公平政策重心转移、教育均衡发展的力量所在。在今后相当长的一段时间内，教育均衡发展都是我国制定青藏高原民族地区教育公平政策的核心所在。

（二）单一方法促进公平过渡到多元工具维护公平

改革开放后，政府主要通过加大资金投入来干预教育公平，将教育经费向青藏高原民族地区倾斜，为青藏高原地区民族学生提供更多的教育机会，使他们"有学上"。如《中华人民共和国义务教育法》等，加大教育经费的投入并进行合理分配是政府通过财政手段促使教育公平的重要方式。曾经有学者分析了某一年的财政性教育支出数据，得出加大财政性教育支出确实有利于缓解教育不公平的问题，[①]青藏高原民族地区的教育亦是如此。在相当长的一段时间里，财政补偿一直是推进教育公平的主要手段。

但事实证明，仅利用单一的手段实现教育公平是不可行的，只有动员多方形成合力才有可能达到教育公平的目的。随着时代发展、改革不断深入，我国政府采取了更多样的手段来促进教育公平的实现，财政性教育支出也更为细致和多元，如"免费教科书""营养早餐"等政策陆续出台。另外国家还重视到了青藏高原民族地区特殊儿童和随迁务工子女受教育难的问题，并通过颁布一系列政策对其进行补偿，保障他们受教育的机会。此外，在信息时代这个大背景下，为了补齐教学点的短板，更好地促进教育公平，国家也加大了对青藏高原民族地区信息技术方面的支持。2012年，我国实施了利用信息技术帮助学校开展国家规定课程的"教学点数字教育资源全覆盖"工程，其最终目的是使义务教育取得均衡发展。[②]青藏高原民族地区可以根据本地区人民的特殊需求和民族特色，促使各种不同的教育资源达到融合进化甚至优质再生，使教育吸收优秀资源，使高原民族地区的教学也紧跟时代发展。

---

① 武彦民，李明雨.关于财政分配对教育公平基础性作用的实证分析[J].现代财经，2010（2）：3-9.

② 李海萍.改革开放40年中国基础教育公平政策的推进策略与演进逻辑[J].全球教育展望，2019，48（7）：72-86.

(三)"物质关怀型"公平过渡到"人文关怀型"公平

在部分西方研究中,教育公平概念的理论由"分配正义论"改变为"关系正义论",前者可以归结到经济正义论之中,这种"分配正义论"容易聚焦于关注经济边缘化及剥夺等不公平的现象,由于决定物质分配制度的背景隐藏在这些现象之中,因此很容易被忽视。另外,非物质资源的问题常常存在于公平问题中,这种非物质资源的问题也很难解决。应该反思现阶段社会正义应思考的本质问题,社会正义并不是要求公平地分配社会资源、教育资源,还应考虑到存在于社会中的每个个体,社会正义是要使这些个体都有平等的权利,通过个体之间的人际互动来实现自身价值。而后者则是从更加深入的一面剖析正义,它更强调个体处于互动层面的社会关系中的正义,如果从社会关系的正义的角度去看待正义,就可关注到忽视的问题,即社会上处于弱势地位的部分学生缺乏爱、关注、尊重等多样性的正义。① 从我国青藏高原民族地区教育公平的一系列政策来看,改革开放初期的机会公平和资源公平都较倾向于使学生获得基础知识和谋取生存的能力,随后发展为关系型公平则更倾向于促进学生全面发展,培养团结合作的优良品质。当前我国对青藏高原民族地区教育公平的政策仍然以财政资助为主,但从近几年出台的一些政策中也可以看出我国政府开始关注民族地区弱势学生的全面发展及更深层次的需要。如以上提到的一系列发展个性与能力教育的政策内容都是为了满足学生深层次的个性化需要,较多关注学生精神层面健康发展的满足和更为多样化、多元化的心理需求。

(四)单一主体推动公平过渡到协同攻坚保障公平

改革开放至今,我国政府一直是推进教育公平的中流砥柱,假若政府没有采取一系列行动,根本就不可能取得如今的成果。但随着时代的发展,教育公平内涵也逐渐深化,政府这一单一主体显得越来越独力难持。最近,联合国教科文组织进一步深化了"公共利益"的内涵,他们认为

---

① 石中英.教育公平政策终极价值指向反思[J].探索与争鸣,2015(5):4-6.

"公共利益"的内涵属于经济范畴,不应将其引入教育领域,并倡导应推动"公共利益"向"全球共同利益"转变,"全球共同利益"并不认为应仅仅依靠政府这一单一主体,而是认为促进教育公平应成为集体共同努力完成的任务,实现教育公平是所有人的责任。针对我国存在经济下行的风险以及人口老龄化造成的社会负担不断增加的问题,政府在不增加家庭负担的情况下,发挥其倡导、激励和搭建平台的作用,积极鼓励民间力量参与教育公平事业,倡导企业、社会群体等加大对教育的捐助,以多元主体协同参与教育公平事业,促进教育公平的实现。

二、不足

(一)教育资源配置不均衡

国家正在不断加大对青藏高原民族地区教育经费的投入,还利用建设规范化的财政转移支付制度等一系列方法来增加青藏高原民族地区的教育资金投入,缩小教育差距。《教育部国家统计局财政部关于2019年全国教育经费执行情况统计公告》显示:2019年全国普通高中各级教育生均一般公共预算教育经费增长速度最快的是西藏自治区;2019年全国中等职业学校各级教育生均一般公共预算教育经费增长最快的是青海省;2019年全国普通高等学校各级教育生均一般公共预算教育经费增长最快的是新疆维吾尔自治区。①(如表一)但是由于青藏高原民族地区各个区域有着不同的经济发展情况和不同的教育重视程度,各个区域的政府在教育经费总投入及其总投入所占比重上仍然有着巨大差距,这就导致各地区在建设学校、招聘教师、课程设置等方面出现不均衡的情况,政府对教育资源不均衡的配置仍是急需解决的问题。

---

① 教育部 国家统计局 财政部关于2019年全国教育经费执行情况统计公告[EB/OL].(2020-10-28).http://www.mof.gov.cn/zhengwuxinxi/caizhengxinwen/202011/t20201104_3616607.htm.

表一 各级教育生均一般公共预算教育经费增长情况(单位:元)

地区	普通高中			中等职业学校			普通高等学校		
	2018年	2019年	增长率(%)	2018年	2019年	增长率(%)	2018年	2019年	增长率(%)
全 国	16446.71	17821.21	8.36	16305.94	17282.42	5.99	22245.81	23453.39	5.43
北京市	75612.21	79584.07	5.25	57992.24	69775.68	20.32	63273.24	68139.62	7.69
天津市	36951.66	37151.62	0.54	25528.26	26011.87	1.89	21633.86	21663.78	0.14
河北省	13589.28	15938.07	17.28	17388.05	18861.90	8.48	17647.64	18494.60	4.80
山西省	15020.11	16185.90	7.76	17959.65	18460.89	2.79	15053.28	16240.69	7.89
内蒙古自治区	17205.96	20147.88	17.10	20117.85	21666.25	7.70	20382.73	20745.84	1.78
辽宁省	14039.96	15479.41	10.25	15069.25	17407.16	15.51	14580.39	15876.12	8.89
吉林省	13438.81	14277.02	6.24	27971.28	27264.52	-2.53	21270.21	17776.89	-16.42
黑龙江省	12899.62	13432.59	4.13	18431.05	20333.28	10.32	16704.59	17687.50	5.88
上海市	56313.87	58776.91	4.37	56146.03	60507.94	7.77	42004.41	39702.78	-5.48
江苏省	28948.77	29991.06	3.60	19034.09	20131.46	5.77	20955.70	21101.90	0.70
浙江省	29489.61	31748.10	7.66	24879.67	26260.31	5.55	22556.09	26126.51	15.83
安徽省	13374.66	14701.94	9.92	14839.15	15609.70	5.19	15913.66	16155.21	1.52
福建省	18535.73	18502.62	-0.18	20718.53	20530.16	-0.91	19055.17	19928.25	4.58
江西省	13970.79	14852.74	6.31	14376.94	14683.26	2.13	19563.96	18489.42	-5.49
山东省	15946.52	16747.37	5.02	18182.65	19022.99	4.62	15210.02	17712.26	16.45

续表

地区	普通高中			中等职业学校			普通高等学校		
	2018年	2019年	增长率（%）	2018年	2019年	增长率（%）	2018年	2019年	增长率（%）
河南省	10047.73	11465.93	14.11	10249.32	10233.60	-0.15	15260.03	15475.95	1.41
湖北省	17672.42	20066.20	13.55	15992.25	15489.44	-3.14	16631.07	18606.55	11.88
湖南省	13443.81	14776.83	9.92	12380.55	13904.02	12.31	14946.34	16053.23	7.41
广东省	19149.20	21657.89	13.10	17961.78	19872.37	10.64	29901.32	36290.78	21.37
广西壮族自治区	10976.94	11903.01	8.44	10672.02	11446.29	7.26	14606.90	15534.07	6.35
海南省	19367.30	19627.96	1.35	14623.72	15436.30	5.56	25900.15	26611.04	2.74
重庆市	15048.84	15370.42	2.14	13268.34	14036.62	5.79	15572.30	16523.78	6.11
四川省	12488.62	13448.21	7.68	12402.00	13759.41	10.95	15604.39	18180.67	16.51
贵州省	14061.30	14773.77	5.07	7635.91	8846.18	15.85	20220.51	22834.59	12.93
云南省	14123.11	14514.60	2.77	12670.68	12608.46	-0.49	15837.73	16313.27	3.00
西藏自治区	33786.13	41728.42	23.51	53705.74	48928.38	-8.90	51107.57	58549.52	14.56
陕西省	16350.02	17941.68	9.73	12861.45	13764.53	7.02	16742.08	17086.23	2.06
甘肃省	12618.89	14567.09	15.44	18710.07	18496.11	-1.14	21297.21	20314.47	-4.61
青海省	19995.36	23378.89	16.92	15715.03	21444.76	36.46	33832.88	36890.42	9.04
宁夏回族自治区	14302.11	14595.05	2.05	15938.47	15981.77	0.27	26057.97	27558.47	5.76
新疆维吾尔自治区	16993.14	18376.65	8.14	14707.26	15908.35	8.17	20072.42	25715.14	28.11

另外，十六大报告确立了以农村教育为重点的政策制定原则，但在九年义务教育阶段，农村生均公共财政内教育事业费始终没有达到全国平均水平，部分民族地区的学校虽然按照国家政策的标准配置了多媒体设备以及钢琴、架子鼓等艺术器材，也出资建了舞蹈房等教室，开设了美术、音乐等艺术类学科，但因为师资、管理等原因造成这些器材空置，使国家对民族地区的资源支持沦为"面子工程"。由于教育资源配置不均衡，城乡学校在办学条件、教师授课质量等方面仍存在很大差距。

（二）宏观统筹规划不足

经过改革开放40多年的发展，青藏高原民族地区教育的供给与需求之间的矛盾已经不是供给数量不够，即"有没有"的问题，而是"优不优"的问题。青藏高原民族地区教育供给的教育产品单一且粗放、供给体制呆板、缺乏平衡性。青藏高原民族地区教育与需求之间的矛盾表现在两个方面：第一，表现为不够积极主动地了解少数民族人民的教育需求，使供给与少数民族人民教育需求的多样性、个性之间产生矛盾；第二，表现为没有积极主动调查社会各行业对青藏高原民族地区人才的需求，使青藏高原民族地区教育培养结构与该地区社会经济发展对人才的要求不符。[①]受教育者个人、用人单位都是教育资源供给的需求方，受教育者自身多样的本性和用人单位对人才多样的需求是可以相配合的，但是教育的单一性及不灵活性的特征给这一配合造成了困难。青藏高原民族地区位于我国西部，文化多元、地势复杂，但该地区的教育同质化较严重、特色学科较少、民族文化传统重视不足、人才培养模式单一，不管是教育条件还是人才的质量与全国相比都处在劣势地位。

宏观统筹规划的不足会加剧青藏高原民族地区教育的供求矛盾。这种矛盾主要表现为：首先，教育资源供给的方式与少数民族人民的特殊需求不一致。学生的学习需求随着教育改革而逐渐变化，他们开始要求多样化、个性化的学习方式，开始期待能拥有更多自主性学习时间的学习场

---

① 石玉昌.西部地区教育公平70年："要上学"与"上好学"[J].西南大学学报（社会科学版），2019，45（6）：20-28+201.

地，对学校教学条件、教师教学方法、课程内容的期待值也逐渐增长，而现阶段的教育对非主流群体、弱势群体受教育权的保障没有重视到位，使学生渴望本地上学、工作的需求与政府提供的高层次的教育之间产生了矛盾。其次，缺乏高素质的劳动者和中、高层次科技人才。青藏高原民族地区的教育体系还难以满足拔尖创新人才以及能工巧匠的培养需求，第四次产业革命急需技能型和创新型人才，但是青藏高原民族地区中小学以及高校并没有做好准备。最后，教育资源的供给水平达不到少数民族人民的期望值。政府未能保障青藏高原民族地区高质量的教育供给，而人民期望高质量的教育，这就造成现有的供给满足不了人民对高质量教育的需求。

（三）现代教育与青藏高原民族地区生境发生偏离

最大化地使用生态系统的产物是一个民族生存的方式，在与自然相互生存、相互依赖、相互创造的过程中，人们会在生态系统中找到自己的生存点，削弱改造生态的风险，进而获得成功。[1] 从古至今，人类生存方式与生态系统之间都存在着密切的联系，正是因为这种联系才导致了我国青藏高原民族地区多样化的生存方式。然而如今，青藏高原民族地区农、牧民后代的传统生存能力普遍呈下降的趋势，直接造成生态智慧水平的下降。现代基础教育与青藏高原民族地区的生境出现偏离是造成这一现象的原因所在，这一偏离使青藏高原民族地区不同生境中的学生教育成就、上升机会较少，社会认同及个人认同较低，使部分民族学生只能被迫徘徊在城市的边缘遥望故乡。青藏高原民族地区的基础教育一直坚持为祖国培养社会主义建设人才的信念，无论在培养目标还是方法上遵守的法则都与我国中东部发达地区一致。针对青藏高原民族地区各地不同的实际情况，现代基础教育应鼓励学校开发校本和地方性课程并且支持教师创新教学方法，然而受基础教育设施以及教学质量等因素的影响，特别是青藏高原民族地区的农村在进行教育评估时仍然存在仅以学生成绩为标准的现象，这

---

[1] 谈松华.有质量的公平须正视个体差异［N］.中国教育报，2016-03-04（5）.

一现象直接导致该地的基础教育创新程度偏低。另外，现代教育对于少数民族传统文化的重视程度并不高，学生在进入学校后接受不到与自身文化背景相适宜的教育，势必会降低他们对自己文化的认同感和自信心，进而导致青藏高原民族地区较低文化水平以及学业成就，难以实现教育公平。

第三节 青藏高原民族地区教育公平政策改革方向

一、建立有利于青藏高原民族地区教育均衡发展的财政投入机制

第一，建立促进青藏高原民族地区教育公平的教育转移支付制度是十分重要的，因为它是改革的目标。在这个目标的具体引导下，政府要注重公共服务均等化。因为公共服务均等化是确保各地区基本公共服务提供能力一样的前提。除此之外，政府还应关注青藏高原民族地区各省对区内政府的教育转移支付制度的完善。因为只有发挥完善的教育转移支付制度的作用，才能逐渐缩小辖区内地区间教育投入的差距，这也能为进一步缩小全国地区间教育投入的差距打下基础。第二，应该对教育转移支付现有的结构进行调整。可以采用扩大均等化转移支付的范围和提高均等化转移支付的数量这两个措施，让教育转移支付资金发挥最大的作用。政府还应发挥其宏观调控的作用，缩小区域间财力的差距。现如今我国的转移支付制度的形式存在太过烦琐的问题，针对这个问题，政府要采取多种措施去解决，比如将转移支付的形式进行一定的简化，将我国多种转移支付的类型总结为两种方式：一种是均等化转移支付，另一种是专项转移支付。青藏高原民族地区的补贴也可以通过中央政府减少税收的增量返还来增加。第三，政府有关部门要大力推进规范的教育专项转移支付制度的建设，还要增大对青藏高原民族地区的财政支持。事实证明，对少数民族学生实施的

"免费教科书""开办民族班"等一系列专项补助政策促进了青藏高原民族地区教育的发展,增进了教育公平。但是建立并使用专项转移支付资金的前提是存在严格的监管程序和严格的项目准入机制,只有这样才能保证专项资金真正用到了教育上,减少专项拨款项目设立的随意性,提高其使用的效益。

二、促进青藏高原民族地区教育资源的合理、优化配置

教育资源配置不均衡常常会制约一个地区的教育发展,这也是青藏高原民族地区教育发展落后的原因之一。一方面,青藏高原民族地区学校缺少优质的教育资源,并且缺乏一定的办学条件。教室、图书馆、食堂、宿舍、课桌椅等硬件设施短缺是青藏高原民族地区特别是农牧区中小学校普遍存在的现象。危害学生身体健康最为突出的是学校危房这一问题,我国在2001年启动了"农村中小学危房改造工程",在此工程实施后,部分农村中小学校的房屋状况得到了一定的改善,但对于面积广阔的青藏高原地区来说却是杯水车薪。另一方面,教育资源配置不均衡也体现在对现有教育资源的浪费。青藏高原民族地区大多地理环境复杂,人口分布不均,学校的布局也十分分散,国家开设的教学点虽然为学生入学提供了机会,做到了教育起点公平,但是师生比过低,"一位教师,六个班级的学生"是该地区的真实写照,教学质量难以提升。另外这种分散的、小规模的学校也增加了管理的难度,因此实现教育资源合理、优化配置是促进青藏高原民族地区教育持续、健康、公平发展的关键。

首先,针对青藏高原民族地区优质教育资源短缺、各方面发展落后的情况,政府有关部门应推动以市场调节为辅、计划调节为主的教育资源配置方式的建立,进一步加大对青藏高原民族地区教育资源配置的倾斜力度,认识到我国计划体制的有利因素,发挥政府在投入及分配中的重要作用,通过严谨、科学的计划方法制定一系列相应的有利于青藏高原民族地区教育资源合理配置的政策。以长远的眼光来看,青藏高原民族地区各级政府还应着力培养市场机制,加大引进符合青藏高原民族地区优质教育资

源的力度，培养并创造本土化的教育资源。其次，对于青藏高原民族地区现有教育利用效率低、资源被浪费等一系列问题，政府可以通过推动该地寄宿制学校发展这一措施去加快当地教育规模效益的形成。21世纪初，"农村寄宿制学校建设工程"启动后，中共中央共向民族地区投资了近百亿元，为的是能够建设一批农村初中为主的寄宿制学校。这一措施为青藏高原民族地区突破教育公平的"瓶颈"发挥了关键作用，但从青藏高原民族地区的教育发展需求上看，还需进一步加大投资力度。最后，还应加大对当地寄宿制学校的科学管理，保障寄宿制学校的良性运营，减少教育资源的浪费，提高利用率。

三、加强青藏高原民族地区教育信息化建设

信息技术教育可以降低普及教育的成本并且加大普及教育的面积，它是实现青藏高原民族地区教育公平发展的一个不可忽视的措施。2000年，《教育部关于在中小学普及信息技术教育的通知》颁布，明确指出将用五至十年的时间把信息技术教育在全国中小学普及。经过各方的不断努力，我国中小学信息化水平在国家的各个地区都获得了一定的提高。但是青藏高原民族地区由于深处西部内陆，在经济、教育、文化发展等方面都低于东部地区，信息技术设施及应用水平与东部相比也存在很大差距。除此之外，青藏高原民族地区中小学优质的信息技术教师较少，学校里现有的信息技术教师的水平也远远不及中西部发达地区教师的水平，这也是导致信息技术设施的真正作用难以发挥的原因之一。在信息技术广泛应用的时代，巨大的"数字鸿沟"使青藏高原民族地区的教育处于劣势地位，从而教育公平也难以实现。假若这种局面没有得到改变，青藏高原民族地区教育与其他地区教育之间的差距只会越来越大。所以，国家要利用好信息技术教育这一教育改革的突破口，把信息技术教育在当今教育领域展现出来的天然优势发挥到最大，从而缩小青藏高原民族地区教育与其他地区教育之间的差距，以期促进青藏高原民族地区教育的公平发展。一方面，应以政府投入为主、社会各界捐助为辅的方式改善青藏高原民族地区的硬件环

境。另一方面，政府应通过组建一支高质量、多数量并且能适应青藏高原民族地区教育信息化的师资队伍来加强软件环境的建设。

四、提供适切教育和有效教育

应明确实现教育公平并不是要求达到"教育一致"或"教育均等"，国家想要实现的教育公平是建立在充分认识到教育薄弱地区学生个性和差异的基础之上的，也就是建立在适切教育和有效教育之上。另外，青藏高原民族地区的教育薄弱学校是落实教育公平过程中最重要的也是最困难的环节，要将全面"改薄"作为推动该地区教育公平的有效策略，让青藏高原民族地区教育公平地享受我国改革开放40多年带来的红利。首先，要促进该地区薄弱学校的自主提升，在管理、评价等方面采取相应的措施。其次，要将现行的"县局—乡镇中心校—农村小规模学校"的垂直式分包分管模式进行一定的变革，发挥县教育局的领导指挥作用：由县教育局直接联系学校去商讨人事、经费等方面的事宜，提高薄弱学校的权位，在整个县域的学校实施扁平化管理；把管理权下放给学校，让学校拥有更大的管理权，成为职能相对完善的组织。最后，要推动青藏高原民族地区农村基础教育的回归，这就要求政府加大对该地区农村公立学校的资金投入。因为只有农村学校在软件和硬件等各个方面都达到和城镇学校一样的条件，才可能使生源不流失并且吸引生源回归。实际上，无论是公立还是私立学校的建设都应根据学生学习及就业的需要不断调整、改革，为学生提供适切和有效的教育。

五、重视多元文化建设

我国是一个多元文化的国家，多元文化现象在我国的民族、语言或是地域、社会群体等方面都有体现，而加强多元文化教育有利于早日实现教育公平，所以政府及各个有关部门都要重视多元文化建设。首先，应转变理念，树立多元文化理念。多元文化教育是一种不同文化不分好坏的平等教育，基于多元文化背景下的我国应充分重视民族教育，在教育上给予其一定的地位，但是事实上民族教育却没有得到应有的重视，民族教学理论的不完整甚至空缺等现象证明了我国教育领域中多元文化理念的不足。因此，除了在法律和政策方面保障青藏高原民族地区拥有和其他地区平等的入学机会以及考试时享有的特殊待遇外，情感方面的关怀也不可缺少。其次，应调整课程模式，设置多元文化课程。青藏高原民族地区的课程设置应该充分考虑到该地区自身的文化背景，在课程内容选择上做到文化的融合，让在青藏高原民族地区生活的汉族学生和当地的少数民族学生能够理解彼此的文化，从而使各民族达到真正的融合。最后，应重视教师的作用，培养多元文化的师资。教师是多元文化教育的践行者，多元文化教育的质量如何，很大程度上取决于一线教师的教育。教师要加强多元文化理念的学习，做到理论和实践的统一。一方面，教师要了解学习青藏高原民族地区各个民族的文化知识，尊重每一个民族的传统，尊重每一位学生，从而在关键的时候给予他们各方面的支持。另一方面，教师要提高对自身言行的重视，避免有意无意流露出民族偏见或差生歧视。另外，教师还应帮助青藏高原民族地区学生了解并尊重自己的民族文化，增强他们的民族认同感。

六、借鉴国外的成功经验

教育公平是我国近几十年教育改革与发展的重要任务，随着时代的发展，促进教育公平的实现显至关重要。但是教育公平并不意味着平均，教育公平是采取一系列措施如重点扶持、补偿教育等缩小区域、学校、群体之间的差距，使青藏高原民族地区的学生享受到机会公平、过程公平乃至结果公平。实现青藏高原民族地区的教育公平，可以借鉴国外一些国家的成功经验。如美国为了提升处境不利地区教育发展的水平在20世纪60年代采取了"补偿教育"和"积极差别待遇"政策；1976年，英国在《普劳顿报告书》中针对"物质和经济极为贫乏和不利，需优先予以改善以利于教育机会均等理想实现的地区"而提出的"教育优先发展区"计划等，对于缩小本国不同族群、不同地区之间教育发展差距，增进教育机会的均等起到了实质性的作用。①改革开放以来,我国一直重视少数民族地区的教育并采取了倾斜和扶持政策,至今九年义务教育在该地区基本普及。但是受到各种因素的影响,青藏高原民族地区教育基础薄弱并且发展水平较低等问题仍然存在。如今我国东部沿海发达地区抓住了我国转向市场经济体制这一机遇并发挥了自身的区位优势,发展速度越来越快。青藏高原民族地区与东中部地区的发展差距有持续扩大的趋势,而常规的发展思路并不能解决这一问题,所以政府要寻求新的发展思路。因此,为了加快青藏高原民族地区义务教育的发展进程,政府不仅要考虑到青藏高原民族地区的现实情况,也要积极学习国外的成功经验,将国外的成功经验内化为适合青藏高原民族地区教育的方案,并且坚持优先重点发展战略。第一,政府要从青藏高原民族地区教育的实际情况出发制定相应的政策和措施,把青藏高原民族地区"两基"的巩固以及提高作为重点任务。第二,青藏高原民族地区的各级政府在为当地的教育发展做规划时,要把教育发展的战略重点放在义务教育上,给予义务教育在各个方面的优先发展权,实现青藏高原民族地区教育的公平发展。

实现教育公平是动态、循序渐进的过程,就现阶段我国两元化经济发展趋势显著的经济状况来看,实现教育公平并不是一蹴而就的事,必须要经过坚持不懈、脚踏实地的努力,任何急功近利、脱离我国目前的经济状况,想要在短时间内实现教育公平的想法都是错误的。②因此,我们要着眼于边远民族地区,从薄弱学校"改薄"做起,持之以恒地推动教育走向公平。

---

① 杨军.统筹规划 推进民族地区义务教育均衡发展[J].中国民族教育,2010(4):7-9.
② 李建忠,刘松年.从教育政策的演进看我国的教育公平[J].教育财会研究,2009,20(1):10-15.

第九章
全面与个性：青藏高原民族地区基础教育质量观

"基础教育质量政策要解决的是各级各类基础教育培养目标和教学质量标准、人才培养的目标、类型和标准的问题。"① 基础教育质量观作为评判基础教育质量的依据，规定着基础教育的发展方向，对我国整个基础教育事业的发展有着重要的指导意义。从中华人民共和国成立到现在为止，基础教育质量观已经经历了数次变革，反映了我国社会环境不断发展变化的现实以及对基础教育定位的认识不断加深。改革开放40多年来青藏高原民族地区基础教育质量观的演变经历了五个阶段：关注学业成绩的内适性质量观，关注社会人才的外适性质量观，关注学生素质的个适性质量观，关注教育服务的保障性质量观，关注全面质量的整体性质量观。② 回顾和反思改革开放以来青藏高原民族地区基础教育质量观的演变，可以为我们新时期基础教育质量观的研究与改进提供历史视野，对促进民族地区基础教育的发展与变革起着至关重要的作用，对我们国家整个基础教育事业的发展有着重要作用。

---

① 古翠凤，周劲波.我国基础教育质量政策变迁的路径特征［J］.教学与管理,2008（30）：3-5.

② 田娟，孙振东.改革开放40年我国基础教育质量观的演进与反思——基于国家教育政策文本的分析［J］.现代教育管理,2018（11）：19-25.

第一节　改革开放 40 年青藏高原民族地区基础教育质量观演进的历史阶段

一、1978—1984 年前后：关注学业成绩的内适性质量观

"文革"时期，我国的基础教育质量并不乐观，甚至出现了停滞倒退的现象，教育事业带着浓厚的政治氛围，教育为阶级斗争服务，忽视了教育的育人功能、促进社会经济发展的功能。在改革开放后，我国基础教育政策主要是恢复和重建中华人民共和国成立初期的基础教育政策，重视教育为社会培育人才的功能。随着《关于 1997 年高等学校招生工作的意见》的发布，我国的高考制度恢复，高考确实能改变人的命运，人民参与高考的热情空前高涨。高考是否录取是按分数高低决定，这就导致在当时出现了一度迷恋分数的情形，片面追求知识的掌握，唯"分"是从，以分数为基础的升学率是衡量学校教育质量的唯一指标。加之在改革开放初期，教师队伍素质参差不齐，许多教师教学能力、知识储备都不达标，在实际教学中多运用传授式的方法，学生死记硬背，强化以知识为基础的分数质量观，谁记住了更多的知识，谁就能获得更高的分数，哪一所学校的高分多，哪一所学校的教育质量就高。"文革"后，国家建设百废待兴，迫切地需要更多的人才来促进国家经济发展，而教育正是培养人才的重要手段。1978 年，教育部发布《关于办好一批重点中小学的试行方案的通知》，规定"要切实办好一批重点中小学，以提高中小学的质量，总结经验，推动整个中小学教育改革的发展"，其后教育部在 1980 年颁布了《关于分期

分批办好重点中学的决定》，这两个文件都以分数高低区分重点与非重点学校，本质上均体现了以分数为主的教育质量观。在以分数为主的教育质量观的影响下，青藏高原民族地区基础教育培养的是能够在考试中取得高分的"人才"，因此，学校为了追求升学率，给学生布置大量的学习任务，需要记诵大量的课本知识，学生的课业负担沉重。这期间只重视知识的掌握，忽视了学生身体素质以及道德品质的培养。国家也意识到了这些问题，在1981年《中共中央关于建国以来若干历史问题的决议》中，我们的教育方针有所改变："坚持德、智、体全面发展，又红又专，知识分子与工人相结合，脑力劳动与体力劳动相结合的教育方针。"培养德、智、体全面发展的学生，同时强调鲜明的政治性与专业性，为我国的经济建设服务，这项政策对于改善片面强调分数、追求升学率的问题有一定作用，但是收效甚微。紧接着，教育部在1983年印发了《关于全日制普通中学全面贯彻党的基础教育方针、纠正片面追求升学率倾向的十项规定（试行草案）》，强调"衡量一所中学办得好不好，主要看是否全面贯彻党的教育方针，对全体学生负责；学生的品德、智力、体质是否在原有的基础上有较大的提高，合格率如何；学生毕业后是否适应劳动或升学的要求"。虽然该政策要求破除学校只管升学率，不顾学生全面发展的现状，但在政策文本中，还是出现了"合格率""升学"的字样。由此可见，我们对教育质量的衡量还是集中在以分数为基础的学业合格率上。

在1978年到1984年这段时期，青藏高原民族地区基础教育质量观为关注学业成绩的内适性质量观。在这一观念的影响下，青藏高原民族地区的基础教育重视知识的传授，学生的学习方法多为死记硬背，评判基础教育质量好坏的根据是学生对书本知识的掌握程度。青藏高原民族地区基础教育重视学生的学习成绩，忽视学生实践能力、思维品质以及道德品德的培养，完全忽视了教育的育人作用。到现在为止，追求学生成绩、追求升学率的步伐还没有停止，这个状况不单单是基础教育质量观引起的，还有一些深层次的原因：教育是实现阶层流动的一个重要途径，古代有科举，现在有高考，自中华人民共和国成立以来这个途径的具体体现就是在高考上,高考唯"分数"是举,用国家统一考试来甄别选拔人才是相对公平的,所有人都可以通过高考来实现阶层流动;在传统观念的影响下,文凭或者资格证书仍然是一个人能力的体现,这两者都是从事任意一项工作的基础,而分数正是文凭和资格证书获得的前提。我们可以得出关注学业成绩的内适性基础教育质量观有助于甄别和选拔高质量人才,但同时也造成了学校片面追求升学率而导致的人的片面发展等问题。

二、1985—1992 年前后:关注社会人才的外适性质量观

青藏高原民族地区的基础教育得以重建和恢复后,有了一定的发展,但是整体的经济发展状况仍不容乐观,需要大量的具有科学知识、劳动技能和生产经验的人投身于社会生产,为国家的现代化转型提供良好的经济基础。在这一背景的影响下,教育成了培养劳动者、培养经济发展所需人才的工具,强调教育的经济功能。

为了提高民族素质,多出人才、出好人才,1985 年中共中央审议通过了《中共中央关于教育体制改革的决定》,规定教育必须为社会主义建设服务,将教育看作解决人才问题的关键。我们党对教育工作有了新的认识:教育应面向现代化、面向世界、面向未来,为我国经济和社会的发展培养各行各业的优秀人才,培养能够适应现代科学文化发展和技术革命要求的工作者。该文件的颁发意味着"关注社会人才的外适性质量观"的正式确立,将培养社会建设所需要的各级各类人才作为基础教育发展的目标。国家提出了多项举措来保障这一目标的实现,如 1986 年国家印发了《关于加强在职中小学教师培训工作的意见》,提出要着力提高教师培训的效率,改善我国当时教师紧缺的局面,提高人才培养的效率。同年,国家颁布了《中华人民共和国义务教育法》,依法律规定适龄儿童和青少年都必须接受,国家、社会、家庭必须予以保证的国民教育,但是当时青藏高原民族地区教育基础薄弱,全面普及义务教育相当困难,制约了青藏高原民族地区基础教育的发展,所培养的人才有限。总体来说,义务教育在当时循序渐进地推行,大大促进了我国基础教育事业的繁荣发展,为培养具有家

国情怀、追求新知、实事求是、独立思考、勇于创造等品质的社会主义事业建设者奠定了基础。普及义务教育是我国基础教育建设的重大里程碑，保障了适龄儿童的受教育权利，为其之后成为社会主义事业建设者提供了可能性，扩展了人才培养的来源，凸显了基础教育人才培养的外适性质量观。1990年，《中共中央关于制定国民经济和社会发展十年规划和"八五"计划的建议》总结了20世纪80年代我国社会主义建设所取得的突破，认为20世纪末的十年至关重要，"必须坚持国民经济持续、稳定、协调发展，始终把提高经济效益作为全部经济工作的中心"，要实现国家振兴、民族富强的宏伟目标必须要靠教育来提高国民素质，培养人才，"继续贯彻教育必须为社会主义现代化服务，必须同生产劳动相结合，培养德、智、体全面发展的建设者和接班人的方针"。

由此可以看出，在1985年到1992年间的青藏高原民族地区基础教育是为社会主义现代化建设服务的，教育的目的是培养社会主义事业的建设者和接班人，为社会建设提供所需的人才，强调社会人才的外适性质量观。历史上存在着社会本位和个人本位教育取向的争论，不存在其中一方优越于另一方的状况，两者有机结合才是我们所追求的。该阶段重视社会人才培养的教育质量观对于缓解当时青藏高原民族地区严重短缺的社会建设人才状况具有重要意义，促进了我国经济的发展，缩小了与发达国家之间的差距，具有一定的合理性。但其还是忽视了教育的本体功能，即促进学生自我完善、发展能力、塑造健康人格的作用。

三、1993—2000年前后：关注学生素质的个适性质量观

1993年到2000年，青藏高原民族地区的教育质量观正在由社会本位向个人本位转变，意味着基础教育开始关注学生个人的发展。1993年3月，国家教育委员会发布《关于减轻义务教育阶段学生过重课业负担、全面提高教育质量的指示》，规定"任何部门和个人都不得单纯以学科考试成绩或升学率高低评价学校和教师……加强薄弱中学建设，淡化和逐步缩小非重点学校和重点学校的差距"，说明开始取消重点学校政策，淡化以

"分数"为主的评价指标。但这种以分数评判质量好坏的观念不是一朝一夕就能改变的，这使这些政策在当时的效果不是很好，加之当时未对分数之外的目标做出指示，如情感目标和道德目标，形成片面追求升学率的状态，"应试教育"的状况更加严重了。为了淡化应试教育，后续在1993年中共中央、国务院印发了《中国教育改革和发展纲要》，规定中小学应由注重"分数"教育转向国民素质教育，在政策文本中首次出现了"国民素质"的字样，对学生的思想道德、文化科学、劳动技能和身体素质都提出了新要求，重视学生的个人发展，凸显了关注学生素质的个适性质量观。"素质教育"首次出现在1994年发布的《中共中央关于进一步加强和改进学校德育工作的若干意见》中，意见指出要"增强适应时代发展、社会进步，以及建设社会主义市场经济体制的新要求和迫切需要的素质教育"，可以看作以素质教育为核心的教育政策的开端。同年，在《国家教育委员会关于全面贯彻基础教育方针，减轻中小学过重课业负担的意见》中提到：更新教育观念是解决应试教育模式的关键，我们需要重新探讨基础教育质量的评价标准，以学生综合素质的全面发展而不是分数的高低来判断基础教育质量的高低。1996年，在《全国教育事业"九五"计划和2010年发展规划》中要求教育要改变"应试教育"人才培养模式，向人的全面发展培养模式转变。这段时期，人们对素质教育的认识逐渐加深，素质教育的地位不断得到巩固。1997年，国家教委印发《关于当前积极推进中小学实施素质教育的若干意见》，提出"实施素质教育是迎接21世纪挑战，提高国民素质，培养跨世纪人才的战略举措……树立素质教育的基本观念……构建以实施素质教育为目标的督导评估制度和教育质量监控制度"，据此可以得出素质教育已经成为教育质量的核心判断标准。1999年，《中共中央国务院关于深化教育改革，全面推进素质教育的决定》把教育目的表述为"以培养学生创新能力和实践能力为重点，造就有理想、有道德、有文化、有纪律的德智体等方面全面发展的社会主义建设者和接班人"，指出素质教育的根本宗旨是提高国民素质。为了保证素质教育在中学能够顺利实行，教育部在1999年印发《关于进一步深化普通高等学校招生考试制度改革的意见》，规定实施"3+X"的高考政策，对考试的内容和形式进行了改革，朝着适合素质教育的方向发展。至此，以学生素质为中心的基础教育价值观基本确立。

在此阶段，青藏高原民族地区基础教育重视人的价值、个性发展及其需要，教育质量的好坏以其对学生个人发展产生的作用来衡量而不是简单地依靠"分数"决定。总的来说，虽然该时期青藏高原民族地区基础教育目标仍然集中于培养社会建设人才，但同时也开始关注人的自身发展、学生综合素质的发展，真正将学生当"人"看，标志着基础教育质量观个适性的增强。关注学生素质的个适性质量观对于学生思维品质、道德品质、身体素质的发展具有重要意义，重视对学生的人文关怀，体现了以人为本的思想。

四、2001—2010 年前后：关注教育服务的保障性质量观

进入 21 世纪，青藏高原民族地区社会和经济的发展相比之前有了极大的进步，普及义务教育的过程虽然困难重重，但在我们党和国家的领导下，普及义务教育的目标正在一步步实现。在这一背景的影响下，人们对学校教育有了新的认识：教育不再是有钱人的奢侈品，所有人都能接受国家提供的义务教育。教育正在由私人购买才能获得的"商品"转为"公共设施"。随着人力资本理论的传入以及教育实践的发展，教育投资对促进我国社会经济发展的作用越来越明显，国家越来越重视对教育的投资，于是教育的公共属性得以凸显。基础教育投资的外溢价值愈加凸显，对社会文明发展的作用愈来愈大，从而越来越具有了公共产品的特性。[①] 十六届三中全会通过的《关于完善社会主义市场经济若干问题的决定》出现了"教育服务产品"的表述，从此人们对教育作为一种服务产品的认识不断加深，教育的公共属性被人们认可。基于以上认识，国家对基础教育质量评判的标准从促进人和社会发展的角度转向基础教育本身的质量上来。供给的产品（教育）本身的质量不达标，怎么能期望在消费产品的过程中

---

① 古翠凤，周劲波.我国基础教育质量政策变迁的路径特征[J].教学与管理,2008(30)：3-5.

获得一个好的体验？国家意识到了这个问题，从供给的角度来提高基础教育质量，开始重视学校物质环境的建设以及相配套的保障设施的建立。在2001年国务院印发的《关于基础教育改革与发展的决定》中提到，我国基础教育虽然取得了辉煌成就，但我国基础教育总体水平还不高，一些地方的基础教育相对落后。文件中强调了基础教育的重要地位，指出要将基础教育摆在优先发展的地位，切实保障经费投入，保障教育基础设施建设。2005年，教育部发布了《关于进一步推进义务教育均衡发展的若干意见》，规定要缩小地区间、地区内的学校差距，对偏远落后地区的学校加大支持力度，改善办学条件，促进教育资源的合理配置，促进教育均衡发展。在2006年修订的《义务教育法》要求"国务院和县级以上地方人民政府应当合理配置教育资源，促进义务教育均衡发展，改善薄弱学校的办学条件，并采取措施，保障农村地区、民族地区实施义务教育，保障家庭经济困难的和残疾的适龄儿童、少年接受义务教育"，为实现教育资源的合理配置提供了法律基础。2007年，党的十七大提出"教育公平是社会公平的重要基础"。基于对以上会议和政策文本的分析可以看出我们国家越来越重视教育的公平、教育资源的合理配置，凸显了关注教育服务的保障性的基础教育质量观。除此之外，国家还重视教师队伍建设对于促进教育资源合理配置、促进教育公平、提高教育质量的作用。2006年国家发布的《关于大力推进城镇教师支援农村教育工作的意见》中提倡城镇教师到农村去，不断更新农村教师的素质结构，提升农村教育质量。2007年，在西部大开发"十一五"规划中明确提出加快西部地区教师队伍建设，大力支持西部地区发展教育。总的来说，随着国家对教育功能的认识不断加深和人民对享受优质教育的需求不断扩大，在21世纪初期的基础教育质量观有了明显改变，教育演化为一种公共产品，将质量的关注点放在供给方面，关注国家所提供的教育的质量。在"关注教育服务的保障性质量观"的影响下，青藏高原民族地区扭转了只关注教育结果的倾向，更加重视我们所提供的教育质量本身，如受教育权利的保障、学校物质环境的建设和师资的配备等。

五、2010年前后至今：关注全面质量的整体性质量观

2010年，《国家中长期教育改革和发展规划纲要（2010—2020年）》（以下简称《纲要》）提出教育改革发展的核心任务是提高质量，"树立科学的质量观，把促进人的全面发展、适应社会需要作为衡量教育质量的根本标准……面向全体学生、促进学生全面发展，着力提高学生服务国家服务人民的社会责任感、勇于探索的创新精神和善于解决问题的实践能力……制定教育质量国家标准，建立健全教育质量保障体系"等体现了多方面的教育质量要求，关注全面质量的整体性质量观开始出现。

首先，人的发展与社会发展并重。《纲要》一方面强调教育对于实现全面建设小康社会奋斗目标、建设富强民主文明和谐的社会主义现代化国家具有决定性意义；另一方面也将育人为本作为教育工作的根本要求，要以学生为主体，以教师为主导，充分发挥学生的主动性，把促进学生健康成长作为学校一切工作的出发点和落脚点。在2013年教育部印发的《教育部关于推进中小学教育质量综合评价改革的意见》中规定，评价中小学教育质量时要设置多项指标，进行综合评价。中小学教育质量评价标准日益多元化反映了教育质量观也更加多元，考虑整体的教育质量。其次，教育结果质量与教育过程质量有机结合。当前我们的教育目的仍然是培养社会主义事业的建设者和接班人，一直强调教育的结果，但我们也更加重视教育过程的质量。《纲要》把促进公平作为国家基本教育政策，保障公民依法享有受教育的权利，促进义务教育均衡发展和扶持困难群体，合理配置教育资源，向农村地区、边远贫困地区和民族地区倾斜，加快缩小教育差距。建成覆盖城乡的基本公共教育服务体系，逐步实现基本公共教育服务均等化，缩小区域差距。努力办好每一所学校，教好每一个学生，不让一个学生因家庭经济困难而失学。2016年，《关于统筹推进县域内城乡义务教育一体化改革发展的若干意见》要求缩小县域内学校设备差距、教师质量差距、经费差距，推进教育资源均衡配置。2017年教育部印发的《义务教育学校管理标准》从学生角度、教师角度、学校角度等多方面阐述了

义务教育学校的管理标准。上述政策均体现出青藏高原民族地区教育质量观多元化、多层次、多领域的趋势。最后，重注教育的服务性，将不同群体对教育的满意度作为教育质量评判的重要依据，注意多元主体对教育的满意程度。教育是一种公共产品，具有公益性，理应满足社会不同主体的需要。在党的十八大报告中将我国的教育方针表述为"坚持教育为社会主义现代化建设服务、为人民服务，把立德树人作为教育的根本任务，全面实施素质教育，培养德智体美全面发展的社会主义建设者和接班人，努力办好人民满意的教育"，"人民满意"是我国教育的终极目标。在2017年《关于深化教育体制机制改革的意见》中也提到"坚持教育为人民服务"，都说明我们办教育最终是为了服务人民的理念。

我国社会的主要矛盾已经由人民日益增长的物质文化需求同落后的社会生产之间的矛盾转化为人民日益增长的美好需要同不平衡、不充分的发展之间的矛盾。相应的，对教育的需求已经从"量"转变为"质"，不仅要能接受教育，还要能接受"好"教育。"好"的教育就是人民满意的教育，这就要求我们建立整体的教育质量观，不仅要重视教育结果的质量，也要重视教育过程的质量；既要重视社会价值，又要重视个人价值；重视教育供给服务质量，追求教育公平而有质量。教育的输入、输出以及中间的过程都会对教育质量产生重大影响，因此，我们应坚持整体性质量观。

第二节　青藏高原民族地区基础教育质量观演变的趋势

在第一节中已经阐述了改革开放40多年来青藏高原民族地区基础教育质量观演进的五个历史阶段，在每个历史阶段的基础教育质量观都有不同的关注点，质量内容、质量标准、质量取向都有变化，反映了基础教育质量观的演变趋势。

一、质量内容演变趋势：教育结果—教育服务—教育全过程

在进入21世纪前，青藏高原民族地区基础教育质量的内容只重视教育结果，不论是关注学业成绩的内适性质量观，关注社会人才的外适性质量观，还是关注学生素质的个适性质量观，均是关注教育结果。但是重视的结果也不同，经历了重视学生分数到重视社会人才再到重视学生素质的转变。从根本上来说，重视教育结果是只考虑社会需求的体现，即为社会建设提供合格的劳动者。随着人们对教育的认识不断加深，教育作为公共产品的属性得以凸显，国家开始考虑人民群众的需求，人民群众需要什么样的教育，人民群众对我们提供的教育是否满意，有什么需要改进的地方。国家开始从供给的角度考虑青藏高原民族地区基础教育的质量，关注青藏民族地区的校舍建设、高质量师资队伍建设、办学经费支持、困难学生保障等问题，改善供给质量以提高青藏高原民族地区基础教育质量。进入新时代，经济、科技、社会空前发展，人民的生活水平明显提高，人民希望接受高质量的教育，对教育提出了更高的要求。这就要求我们树立整体性

的教育质量观，不仅要关注我们最终的教育结果，关注我们教育的供给，还要关注我们教育的过程，重视教育设计、教育实施、教育评价等各个环节的质量，以达到教育"公平而有质量"的宏伟目标，办成人人满意的教育。

二、质量标准演变趋势：合规定性—合需要性—合发展性

教育质量标准的合规定性，指的是按照政策文本中对教育目的的表述来衡量教育质量的好坏，重视教育的结果是否实现了政策文本中的教育目的。[①]自改革开放到20世纪末，青藏高原民族地区基础教育质量的评判都是根据是否完成了国家规定的教育目的。该阶段，青藏高原民族地区有三种基础教育质量观：关注学生成绩的内适性质量观、关注社会人才的外适性质量观、关注学生素质发展的个适性质量观。这三种基础教育质量观判断教育质量好坏的依据都是政策文本中的教育目的，教育目的在学校层面来说就是学校的培养目标。总的来说，这段时期的培养目标不论是培养能够为社会建设出力的人才，还是学生个人综合素质全面发展，都很难下定义，什么样的人能算是人才？什么样的学生才是综合素质全面发展的人？培养目标的表述具有很强的主观性，测量培养目标的达成度成为一大难题。教育领域的问题往往涉及人的问题，而人是具有独立人格的，不像机器、化学材料等可以对每一项属性进行精确定义，因此，我们无法对教育目的、培养目标所规定的"人"的属性进行测量。故在"合规定性"观念的影响下，由于难以量化培养目标的达成度，我们难以评价基础教育质量的好坏，造成了大量评价结果不符合实际的情况。

教育质量标准的合需要性，指的是教育供给要满足多元主体诉求。20世纪初，教育经济学在我国有所发展，提出教育是一种"商品"，是一种"公共服务商品"，人们对教育的认识不断加深，对教育的需求呈现出多样化的特点，在此阶段青藏高原民族地区教育质量的关注点在教育供给质量

---

① 田娟，孙振东. 改革开放40年我国基础教育质量观的演进与反思——基于国家教育政策文本的分析[J]. 现代教育管理，2018（11）：19-25.

上。人民群众作为"消费者"需要符合其需求的商品（教育），因此，人民群众需要的满足程度成了教育质量评判的标准，同时我们也要考虑其是否满足了国家需要、社会需要、学校需要等方面。有学者提出"应坚持教育提供者的约定与教育消费者的满意相统一，对于教育全过程而言，教育输入能达成约定标准就可以了；教育过程既要满足约定标准，也要满足学生、家长需要；教育结果既要满足约定标准，也要保证政府、高一级学校或用人单位的满意"。① 教育质量标准由"合规定性"向"合需要性"的转变，意味着我们对人民群众的意愿更加尊重，基础教育质量的好坏由人民群众的满意度决定，即由是否满足了人民群众的需求决定。但同时我们应该注意到，人们的需求是无穷无尽的，不可能所有的需求都能满足，我们需要方法标准来判断需求是否真实、合理。

教育质量标准的合发展性，是指"根据教育实际，制定基础教育的底线标准，作为保障基础教育质量的合格性评价标准"，② 如学校教育中的基础知识和基本能力，是科学发展观指导下的标准。"人民满意的基础教育的本质在于，以身心健康为目的，以适性发展为标准，以完成'双基'为指标，以公平均衡为优质。"③ 合规定性的质量标准倾向于按照文本评价，强调客观性；合需要性的质量标准强调尊重不同群体的需求，评价带有主观性。上述两种评价标准实际操作难度都很大，合规定性的教育质量标准无法准确测量培养目标达成度，合需要性的教育质量标准则难以涉及所有的群体需求，两者都会在具体执行过程中造成一定的误差，教育质量评价的准确性不足。合发展性的质量标准具有较强的可操作性，对微观的基础教育质量指标都做了明确的定义以及提供了合理的测量方法，并且还重视评价对学校发展和学生发展的诊断、改进、激励等作用。从合发展性的教育质量标准出发，国家对青藏高原民族地区的经费保障、教学设备、教师

---

① 程凤春, 卫喆. 再论教育质量及其衡量标准——基于ISO9000族标准的分析[J]. 教育研究, 2012, 33（6）: 56–60.

② 田娟, 孙振东. 改革开放40年我国基础教育质量观的演进与反思——基于国家教育政策文本的分析[J]. 现代教育管理, 2018（11）: 19–25.

③ 沈淳德. 基础教育质量标准："双基"还是"双高"[J]. 教育科学研究, 2011（7）: 1.

数量和质量、校舍建设以及所培养学生应具备的素养做出了明确的、标准化的规定，建立"兜底"的合格标准，保证青藏高原民族地区基础教育质量达到合格标准。

三、质量取向演变趋势：人才取向—个人取向—公民取向

正如历史上存在着个人本位与社会本位的争论一般，青藏高原民族地区的基础教育质量价值观也存在类似的争论，发展基础教育是为了社会发展，还是为了个人的发展呢？改革开放后青藏高原民族地区基础教育质量观一直在两者间变动，呈现了"人才取向"到"个人取向"，再到"公民取向"的过渡。

改革开放以后至20世纪80年代末，青藏高原民族基础教育奉行的是关注学业成绩的内适性质量观和关注社会人才的外适性质量观，两者都体现了明显的"社会取向"，一些学者将教育看作上层建筑，提出教育要为政治服务、为经济建设服务等观点，[1]将教育放在从属地位，将人视作原材料进行加工改造，生产能够为社会经济发展做贡献的人，以生产出社会人才的多少来衡量基础教育的质量。在该阶段，社会本位的基础教育质量价值观确实符合当时的社会条件，培养了一大批先进人才投入经济建设，促进了青藏高原民族地区社会经济的发展，但是忽视了教育的育人价值，造成了人的片面发展。然而，随着时间的推移，只关注社会价值的教育模式的问题日渐凸显，特别是公民的道德存在着严重问题。在20世纪90年代，教育的关注点开始由"社会"转向"人本身"，倡导发展学生的综合素质，培养全面发展的人。"马克思关于人的全面发展学说非常注重人的精神享受能力的发展以及人的'丰富个性'和人的自我完善"。[2]因此，教育不仅要重视培养学生生存所需的知识技能，也要重视学生人格的完善、精神享受能力的发展，关注学生的精神生活。在该阶段，关注学生素质的个适性质量观形成，真正将学生当作"人"来看待，重视学生的需要，注重学

---

[1] 刘复兴.教育政策的价值分析[M].北京：教育科学出版社，2003：55.
[2] 扈中平.教育目的应定位于培养"人"[J].北京大学教育评论，2004（3）：24–29.

生综合素质的培养，教育的育人价值得以凸显。迈入 21 世纪，青藏高原民族地区基础教育质量价值观转为保障性基础教育质量观和整体性基础教育质量观，体现出个人价值取向与社会价值取向两者的完善和谐的统一，即"公民"价值取向。教育的"公民价值取向"并没有只谈论教育的社会价值或者只谈论个人价值，而是将人的发展置于社会发展的大背景下，将人的发展与社会的发展联系在一起，一方面关注个人的生活、人的全面发展、受教育权利的保障，一方面也重视培养有社会责任感的公民来参与社会建设。"公民价值取向"的基础教育质量观体现了个人价值取向与社会取向教育质量观的有机结合，教育的本体功能和派生功能得以共同实现。

第三节 青藏高原民族地区基础教育质量标准的反思

迈入新时代，青藏高原民族地区的社会经济发展水平不断提高，人们的生活水平明显改善，已经不满足于从"量"出发开展的基础教育，更多的需要从"质"上考虑提供的教育。教育是一项民生工程，是一项人人可以享受的公益服务，涉及所有人的利益，关乎个人的生存问题，关乎社会的和谐问题，关乎国家长治久安，关乎国家命运。青藏高原民族地区地处内陆，是少数民族聚居的地区，具有独特的民族文化，在处理青藏高原民族地区基础教育问题时我们需要更为谨慎。由于历史、环境、资源等因素，青藏地区的经济基础相对于东部地区来说还比较薄弱，教育水平也相对落后，但是我们不能因此而降低对青藏高原民族地区教育质量的要求。历史上基础教育质量观的变动本质上是基础教育质量标准的变动，基础教育质量标准是基础教育质量观的本质体现，是学前教育以及中小学教育发展的风向标。我们必须对基础教育质量标准统筹规划，既考虑基础教育结果的质量，又考虑教育服务过程的质量，既考虑不同群体的特殊教育需求，又要坚持最低限度的共同标准，既要考虑人的价值又要考虑社会的价值。当前，青藏高原民族地区仍然存在着一种传统的基础教育质量观，判断基础教育质量好坏的依据是学生对知识掌握的程度以及获得分数的高低。受传统教育质量观的影响，青藏高原民族地区的教育工作都围绕"分数、升学率"来展开，过于重视学生书本知识掌握的情况，忽视了学生能力和情感的培养，形成了一种畸形的基础教育模式。基础教育本应是为人的生存和发展打下基础，培养其生存技能，树立正确的世界观、价值观和人生观，学会如何与人打交道等，使其能在这个发展迅速、文化多元的社会中有尊严、有质量地生活下去。要发挥基础教育的育人作用，必须要纠正传统片面的基础教育质量观，全面理解教育质量的丰富内涵，研究制定合理的基础教育质量标准。总的来说，我们要坚持"全面整体、基础底线"的基础教育质量标准。《国家中长期教育改革和发展规划纲要（2010—2020）》规定我国教育改革发展的重心是提高教育质量。因此，从新时代人的价值取向和社会的价值取向出发，探索青藏高原民族地区合理有效的基础教育质量标准，对于提高青藏高原民族地区基础教育质量，促进当地经济社会发展具有重要的理论和实践意义。

一、全面整体

全面整体是指在基础教育质量的内涵上，要考虑到影响基础教育质量的各个因素。教育质量有着丰富的内涵，从不同的角度看待教育质量就形成了不同的教育质量内涵。教育学视野下的教育质量重点关注人的发展质量，关心人的智力、能力、体力、精神等其他方面的发展，但是人的发展难以用工具测量，以其为标准会给质量评价带来一定的模糊性。站在经济学的立场上来看，教育质量就是教育投入与产出的比值，用最小的教育投入获得最多的教育产出是衡量教育质量好坏的重要依据，但是将教育质量局限于投入产出比上，会影响弱势地区的教育投入，不利于教育公平的实现。从管理学的角度来看，教育质量就是实际结果与预设教育目标的达成度，但是教育过程是复杂多样的，学生可能获得了预设目标之外的发展，教学过程具有生成性，难以保证评价结果的全面性和客观性。上述由不同角度得出的教育质量内涵各有其特点，我们要规避上述三种片面的教育质量观点的局限性，要树立全面整体的基础教育质量标准。联合国儿童基金会（UNICEF）从学生因素、环境因素、教学内容、教学过程以及教育结果五个方面对教育质量做出了全面的、系统的论述，提出教育质量的评价不能只看我们教育的最终结果即"培养出的学生"，而且还要考虑整个教育过程，如教育服务供给、课程设计、教学质量、师资水平、学生和教师评价方式等方面，包含教育的输入、教育的过程以及最终的输出等教育环节，强调教育质量内容的全面性。① 因此，我们应纵观基础教育的全过程，而不是从某个单一角度去评判教育质量，牢固树立全面整体的教育质量标准，坚持用全面的观念看待教育质量，坚持基础教育供给质量与基础教育过程质量的统一，坚持基础教育结果质量与基础教育服务本身质量的统一。坚持全面整体的基础教育质量标准不仅是教育质量内涵丰富性的要求，也是学生发展质量与教育服务供给本身质量所具有的内在统一性要求的。一方面，学生的发展会受到就读学校教育质量的影响，若是学校自身的设备、教学环境、教师质量不达标，学生的发展定会受到严重影响。我们不能只注意到社会对学校教育提出了这样那样的要求，忽视了完成社会要求所配套的学校物质环境以及制度环境。另一方面，在西方进步主义教育思潮的影响下，很多学者接受了"教育即生活"的思想，认为教育是我们生活的一部分，教育的过程就是生活的过程，教育的质量就是生活的质量。在基础教育阶段，学生大部分的时间都在学校中度过，学生的生活都带着教育的印记，提高教育的质量就是提高学生生活的质量。

二、基础底线

"基础底线是指在基础教育质量标准上，坚持绝对标准与相对标准的辩证统一，其本质是教育质量标准的社会制约性与主体性的辩证统一。"② 人民群众对教育的需求是多样化的，不同的群体对教育的质量有着不同的要求。每个人都有一套自己的价值标准，教育质量标准也是如此，不同主体的立场、角色、个人倾向性等方面都存在着差异，因而也就对基础教育的质量标准有着不同的看法。若是任由所有人不断地提出自己对教育的要

---

① UNICEF.Defining Quality of Education [C].Education Working Paper.Programme Division. New York.A Paper Presented by UNICEF at a Meeting of the International Working Group on Education, Florence, Italy, 2000.

② 田娟，孙振东.改革开放40年我国基础教育质量观的演进与反思——基于国家教育政策文本的分析[J].现代教育管理，2018（11）：19-25.

求，就会导致多重基础教育质量标准的出现，永远不会有公认的质量标准。这种以"满足需求论"为基础的教育质量标准认为标准取决于主体不同的需要，忽视了需要本身是否合理。所以我们设想基础教育的质量标准，不能只考虑主体对基础教育的某一特殊需求，还要充分考虑这种需求是否合理，是否符合社会规律。由于主体的需求总是会受到一定时期内的社会制约，人民群众的需求会表现出共性的一面，而这共性的需求就是我们需要坚守的基础底线。我们要根据当前的经济发展水平以及人民群众共同的需求来制定基础教育质量的基础底线标准。教育质量提升的道路是没有终点的，是一个持续的、不断发展的过程，教育质量标准在不同的时期有不同的表现，我们要根据当时的社会需要以及人民群众的共同需要来制定教育的质量标准；同时我们应该注意到教育质量标准的本体即任何时候我们都要坚持的质量标准，我们开展的任何教育工作都是指向人的发展，坚守基础底线，在争取办好"人民满意的教育"路上不断前进。

教育公平作为人民群众一个趋于无限正确的诉求，理应作为基础教育的底线来坚守。教育公平是一个宏观的概念，我们还要进一步细化教育公平的相关问题。教育公平是谁的教育公平？追求什么样的教育公平？教育公平的实现能到什么程度？① 这三个问题我们都需要来考虑。不同群体有着不同的教育公平诉求，在社会上处于优势地位的群体往往是既得利益者，希望保持自己的优势地位，而教育的筛选功能正是保证自己地位的关键，维持自己的优势地位就是该群体的"教育公平"。文化资本理论认为处于优势地位的群体往往拥有更多的资源，教育内容的选择也是有利于优势地位群体的成功。2011年全国政协委员王平提出："我们也不要鼓励我们农村的孩子去上大学，因为一旦农村孩子读了大学，就回不到自己的家乡，回不去自己的家乡就是一个悲剧。"② 这忽视了弱势群体阶层流动的

---

① 陈栋.底线与上限：论教育公平的立场、内涵和限度——兼论新教育公平的实践路径[J].教育发展研究，2017，37（2）：32-41.
② 南方周末.全国政协委员王平："不要鼓励农村孩子上大学"[EB/OL].（2011-03-17）.http://www.infzm.com/content/56057/.

意愿,"寒门再难出贵子"正是其生动的体现。知识分子群体关注的是弱势群体的教育公平问题以及知识分子自身处境待遇问题。大部分知识分子持有公平正义的思想,对教育资源分配不均造成的阶层固化问题有着清晰的认识,要求重视任何一个群众的受教育权利,在最大程度上促进教育公平的实现。最迫切、最期望实现教育公平的群体是处于社会底层的人民群众,往往因为贫穷而无法获得教育资源,即使进入了学校,也难以适应学校的教育内容和教学方式,仅仅是参与了学校教育,但是实际获得的体验一直处于边缘化的状态,难以获得学业上的成功。不同的利益相关者看待教育公平的角度不同,所追求的教育公平有着一定的差异,在教育实践中需要进行利益整合,处理好各方利益的关系,在提高教育公平"底线"的同时不能激化新的教育矛盾。一方面,我们要"兜底",关注底层人民群众的受教育权利;另一方面也高度关注中间阶层的核心利益,让其切身体会到教育给他们带来的高质量的生活,提高其满意度。人民群众满意的教育才是真正公平的教育。

第四节　青藏高原民族地区基础教育质量监测路径

对青藏高原民族地区的基础教育质量进行监测可以了解青藏高原民族地区基础教育发展现状，分析其中存在的问题以及原因，可以有针对性地提出改进措施以改进青藏高原民族地区的基础教育，提升基础教育质量。我国教育部基础教育质量监测中心认为监测目的是："对基础教育阶段学生的学习质量和身心健康状况以及影响学生发展的相关因素进行全面、系统、深入地监测，准确地向国家报告基础教育质量的现状，为教育决策提供信息、依据和建议；通过监测数据和检查结果的发布，引导家长、教师、学校和社会树立正确的教育质量观，促进亿万中国儿童青少年的身心健康发展。"[1] 由此可见，我们进行教育质量监测的目的不是为了比较，而是为了促进基础教育不断健康地发展，最终实现人的健康发展。要全面发挥基础教育质量监测的积极作用，实现基础教育质量监测的目的，必须注意以下几个问题：

一、建立多元主体参与的教育质量监测平台

基础教育质量直接关系到每一位公民的利益，基础教育质量监测是对公民教育权益的保障，本质上是为了提高人民对基础教育的满意度。由此看来，人民群众理应成为教育质量监测工作中的重要"评委"。党的十九大报告指出："公众参与是民主决策的重要体现，也是与人民群众关系最

---

[1] 教育部基础教育质量监测中心网站［EB/OL］.http：//www.eachina.org.cn/introduce.php#02.

直接最密切的决策程序。公众参与是重大行政决策的规定程序,过程公开是重大行政决策的必然要求,政府决策的价值取向在于公共利益。"在基础教育质量监测过程中要让人民群众参与进来,可以为基础教育质量监测的顺利执行提供合法性的基础,而且还能对我们监测过程中的不足提出改进意见,有利于基础教育质量监测机制的不断完善。我们做基础教育质量监测本身是为了提高人民群众所享受的教育质量,但是实际执行过程中很少有普通群众的参与,没有为人民群众与政策执行人员建立一个沟通的桥梁,导致人民群众的诉求无法反映到政府部门去,只能等着政府的调查。缺少人民群众参与的基础教育质量监测必然会导致群众的信服不足,质量监测合法性缺失,因此必须要建立多元主体参与的教育质量监测平台来提高群众的参与度,但是有一些前提条件需要我们注意:公众是否有能力参与教育质量监测,我们需要对基础教育质量监测的政策和制度进行广泛宣传,使公众了解我们的质量监测政策,熟悉质量监测的步骤,培养公众的参与能力;基础教育质量监测行政人员是否转变了角色观念,明确做质量监测的目的是为了服务人民,不得对公众参与质量监测产生抵触情绪,欢迎群众参与;公众参与基础教育质量监测的渠道是否完善,要保证人民群众的意见能够及时传达到教育质量监测部门,并且能够监督质量监测的全过程。建立多元主体参与的教育质量监测平台最核心的是在公民有想法或者意见时,能够有一个随时随地及时反映自己诉求的途径,如网络和电话等,能够直接与基础教育质量监测部门沟通,传达自己的意见。

二、制定科学合理的质量监测标准

制定科学合理的基础教育质量监测标准是我们进行质量监测的前提,任何质量监测都需要有标准来依照,标准正是我们进行质量监测的依据。基础教育质量需要监测的对象是多元的,包括教师、学生、学校领导以及学校本身的服务质量。我们需要根据不同主体的特点来制定科学合理的基础教育质量监测标准。在所有需要监测的基础教育主体中,学生的各项指标以及影响因素是我们关注的重点,监测标准不仅要关注学生的学科成绩，还要关注学生基本知识以及基本能力的发展状况，既要监测学生的学习，也要监测学生的生活，综合评价学生的发展状况，这是全面整体的基础教育质量观的要求。另外我们也需要关注学校教育服务的质量监测，如校园环境建设、教学设施配备、宿舍质量和师资水平等问题。基础底线的基础教育质量观体现了对教育公平的追求，弱势群体是否能够接受教育以及是否对困难学生做出了援助保障其学业的完成都是教育质量监测的重要标准。有什么样的基础教育质量观就有什么样的教育质量监测的标准。但是不论如何我们都应该以全面的观念来看基础教育问题，使我们教育质量监测的标准尽可能地全面，来全面准确地测量我们基础教育的质量。我们可以参考欧盟委员会依据欧盟《2010年教育和培训战略》研究制定的教育质量监测的16个核心指标，而这些指标都是围绕着文件中提到的八大教育政策领域确定的。① 事实上，我国基础教育领域涉及多方面的问题，都或多或少地影响着基础教育质量，我们要依据基础教育领域存在的问题，研究制定合理的基础教育质量监测标准。正如青藏高原民族地区的基础教育公平问题备受关注，我们要据此来设计青藏高原民族地区基础教育质量监测的指标，如地区间教育资源分配、校级教育水平差距以及困难学生的保障等指标。总的来说，教育质量监测的标准要"以人为本、以学生为本、以教师为本"。

三、采用有效的质量监测方法

基础教育质量监测的方法不会是纸笔测试，以学生和老师取得的纸面分数并不能反映基础教育的质量。基础教育学校众多，老师和学生的基数偏大，若是对青藏地区所有基础教育进行监测将会耗费大量的人力物力成本，还会影响基础教育学校正常的教学秩序。我们进行基础教育质量监测的目的是为了了解基础教育质量的现状以及存在的问题，根据问题提出改进建议来提升基础教育的质量。我们并不会对所有的监测对象进行测量，

---

① 李建忠.欧盟教育质量监测的指标和基准［J］.比较教育研究，2009（10）：21—26.

一般会用抽样的方法选取一定数量的样本来代表整体，但是抽取样本的时候方式要科学，使被抽取的对象能够最大程度地代表群体，这是基础教育质量测量的一个实用方法。另外，对整体基础教育质量如何进行描述、不同样本之间如何比较的方法可以参考 TIMSS 项目和 PISA 项目的做法。TIMSS2003 在抽取样本时使用了矩阵抽样的模式，并且采用项目反映理论的质量缩放方式对学生表现进行科学描述。[①] 要注意到质量缩放还需要一个前提：不同样本进行不同处理后得出的结果能够互相比较。为达到这一要求，PISA 项目"通过现代测量理论中的等值处理技术，将各套试题册相互链接，从而使得做不同题册、不同难度题目的学生之间可以进行相互比较"[②]，对"质量缩放"方法进行了补充。我们可以参考这两种方法，结合我国实际，发展本土的基础教育质量监测方法。

四、基础教育质量监测反馈

前文中我们已经提到，基础教育质量监测并不是一场考试，并不会用多少分来表示我们测量的结果。虽然打分数、做排名的方法会在一定程度上督促各学校提高教育质量，但是还会有负面影响，如家长知道了这些分数排名不会再将自己的孩子送入分数低的学校，造成一些学校招生困难和一些学校容量不够的问题，特别是在青藏高原民族地区，有不少困难家庭，他们不得不进入排名低的学校，无法自主选择学校，加重了教育上的不公平。所以，我们要充分考虑基础教育质量监测的反馈形式、方法，发挥基础教育质量监测的引导、诊断、激励、改进的功能。为了发挥基础教育监测的以上作用，同时为了保障人民群众的知情权，我们必须对基础教育质量监测的结果进行公示，但是我们要规避公示结果后带来的上述负面影响。建立一个合理完善的基础教育质量监测反馈机制尤为重要。不能不

---

① Eugenio J. Gonzalez, Joseph Galia, Isaac Li.Scaling Methods and Procedures for the TIMSS 2003 Mathematics and Science Scales.http：//isc.bc.edu/PDF/t03_download/T03_TR_Chap11.pdf：253-273.

② 孔祥娟.PISA 对构建我国基础教育质量监测体系的启示[J].课程与教学，2009（7）：34-36.

公开，要做到适度公开，将反馈对象分为国家层面、省级层面和县级层面三个部分，对不同层面的群体进行不同层级的反馈：国家层面的反馈对象是每个公民，向其公布每个省级单位基础教育整体质量及存在的问题；省级层面的反馈对象是省级教育行政部门，向其反馈其省内每个县级单位的整体基础教育质量及存在的问题；县级层面的反馈对象是县级教育行政部分，向其反馈该县的基础教育质量水平及存在的问题。区分层级的反馈方式，一方面可以让上级教育行政部门指导下级教育行政部门提高基础教育质量，另一方面，公众可以获得自己所在省的基础教育质量反馈信息，但并不会具体到某一学校的教育质量，规避了前文中提到的多种风险。

第十章
致力于高质量的教育

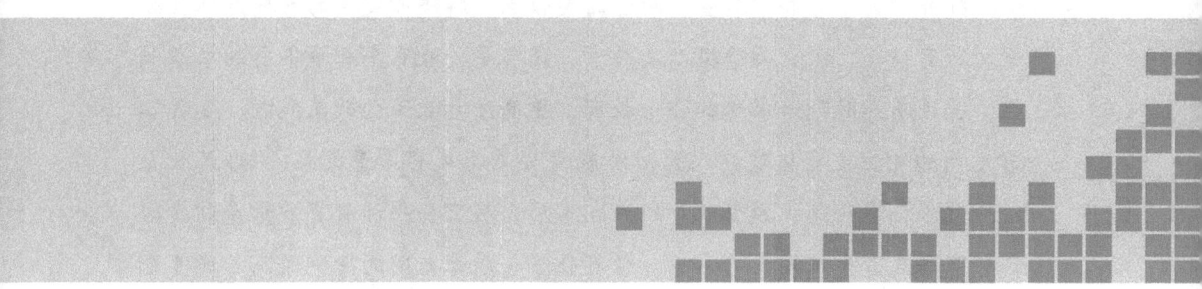

习近平总书记在党的十九大报告中提出"努力让每个孩子都能享有公平而有质量的教育"。兼具"公平"与"质量"双重规格的教育才是人民满意的教育。但公平与质量的关系是纷繁复杂的，两者有契合点的同时也存在冲突，冲突不解决，就没有办法同时实现教育公平而有质量的发展。

探寻"公平"和"质量"两者的契合点，解决冲突点的前提是抓住公平、教育公平、教育公平观以及质量、高质量、教育高质量各自的本质属性。梳理不同时期追求更加公平教育、更高质量教育的政策线索，发现二者之间的冲突主要体现在人为地将教育公平与教育质量割裂、"形式"上过分追求公平而忽视教育质量的内在本质、教育公平和教育质量受到我国现行高等教育体系结构的影响、教育公平与质量之间的冲突因高等教育资源配置模式进一步加剧四个方面。针对二者之间的冲突可以从以下几个方面解决：第一，正确理解教育公平与教育高质量的内涵并科学把握二者的关系；第二，优化配置高等教育资源，推进合理的高等教育结构体系建立；第三，通过改革制度和政策达到教育公平与质量之间人为冲突的弱化；第四，采用个性化的培养方案，坚持"以人为本"的教育理念；第五，发挥市场作用，提供多种层次的供给进而满足需求的多样化；第六，建立科学的公平—质量评价体系，增强衡量标准的科学性。从而进一步实现公平而有质量的教育。

第一节 公平、教育公平、教育公平观

一、公平与均等、公正、平等

公平的概念很容易与均等、公正、平等的概念相混淆。第一，公平并不等同于均等。从对不同年龄、不同体型的儿童均分水果的例子中可以看出，均等的分配在一定情况下并不意味着公平，它更注重平分物体数量、平分程度等方面的相同。相较于均等来说，公平在道德、伦理等方面更突出、更抽象。第二，公平并不等同于公正。虽然从字形来看二者比较相似，但无论是二者所包含的范围还是二者所强调的意义等方面都存在较大不同，从二者的核心来看，前者是平等而后者是中立。第三，虽然公平的核心是平等，但它们之间也存在区别。公平与平等都归于价值观的范畴之中，在某种情况下二者存在相通的一面，如经常讲到的机会平等、规则平等。另外，二者又代表着不同的价值观，结果平等就是二者相矛盾的一面。保障公平的前提是要清楚地认识差异并且允许这种差异的存在，它突出的是一定情形下的"异"；平等则是不能允许差异存在的，它突出的是一定情形下的"同"。在对前者进行衡量时，必须以差异性为首要考虑因素，以合理性为关键的衡量标准，它体现了合理分配利益的要求。

根据以上的描述可以看出，达到地位方面的平等、原则方面的公平、权利方面的同等、利益分配方面的机会均等以及结果方面的公正才是社会成员想要的公平，它们之间形成合理的社会经济关系才是这种公平的本质所在。由此，"公平是指一定社会中人们之间利益和权利分配的合理化，是反映和评价人们之间合理的社会利益关系的范畴"。① 合理的社会规范以及政府政策是公平的重要内容，社会成员对这一重要内容的评价属于狭义公平的范畴；社会成员之间合理的利益关系包含范围较广，社会规范以及政府政策也包含在其中，对前者的评价属于广义公平的范畴。所以，广泛意义方面的公平包括了狭义方面的公平。

二、教育公平的内涵与划分

第一，社会成员之间的教育利益分配关系是教育公平所反映的重要内容。在当今社会这一个大的共同体之中，凡事都被赋予了双面特性，社会成员之间的利益一方面存在共性，另一方面也存在差异性。个体未来生活的质量、状态受到教育水平的影响，渴望得到最大利益份额是人的本性所在，教育公平深层次的本质就是对这种利益进行分配时的规则要求，但由于我国优质教育资源的总量较短缺，建立合理的分配制度显得十分必要。

第二，人与人之间的关怀是教育公平的精神体现。公平观的出现是人类进入文明时代的标志，从此人类开始以理性的观念去评判各事各物，并且人类开始加强对自身行为的约束及规范，从而解决社会中一系列不公平的现象，促使社会达到某一时代、某一范围内的公平，保障社会平稳进步。在我们当今时代，随着国家以及人民群众对教育的重视程度不断提升，教育公平的问题显得十分突出。从当今社会现状以及生存、发展的条件而言，没有接受教育的人就难以在社会立足甚至失去发展的空间。所以，从对人意义关怀的层面出发，教育公平的终极目标和背后隐藏的本质就是为了促进人类的全方面发展。

第三，教育公平不仅是一种规范性概念，还是一种描述性概念。应然与实然、理想与价值等之间的差异是规范性概念与描述性概念之间的本质差异，在教育公平之中二者是相统一的关系。当个体的理想超越了现实时，理想既大于、包括了现实还成了现实的基础，甚至成了超越现实的前

---

① 朱金花.教育公平：政策的视角[D].长春：吉林大学，2005.

提条件。尽管各界学者对教育公平有着不同的界定，但教育公平是客观存在并不以人的意志为转移的。因此，教育公平既是对现实教育利益关系、分配模式的价值评价也是对教育现实、事实、实然的超越。①

通过以上对教育公平本质的分析可简单对教育公平进行概念界定，即教育公平不仅是反映现实社会中的教育公平问题，还是衡量现行的教育公平标准是否适用于现实社会的教育公平问题。当对教育公平进行考察时，基于的视角不同，对教育公平的划分也有不同。

首先，学生与教师是教育实践的两个主体，从这一视角来看，可以分为学生公平和教师公平。前者意味着对学生成绩、课堂表现等方面的评价是否公平，而后者则意味着对教师教学质量、职称评定、工资绩效等方面的评价是否公平。

其次，起点、过程、结果是某一活动进行的全过程，从这一视角看，可以分为教育的起点公平、过程公平以及结果公平。教育起点的公平意味着保障每个人享有进入学校学习的权利，这里的每个人是不歧视性别、社会地位、民族等因素的。如今我国以颁布各种法律的形式保障所有适龄儿童的受教育权，使他们都有接受义务教育的机会。在教育的过程中，由于受到学生个体差异性以及家庭背景等因素的影响，部分教育工作者会偏袒某一位学生，要想保障教育的过程公平就要求教师甚至国家平等地对待每一位学生。过程公平包括宏观和微观两方面内容。宏观是指国家层面，国家首先应公平地投入教育资源。我国幅员辽阔、民族众多，东部和西部的经济发展水平存在差异，国家对师资、基础设施等方面的投入应保证公平。微观指教师层面，教师是促进学校教育公平、提高教学质量的首要力量，教师应抛开学生的家庭背景、社会地位、智力水平等因素，平等地关爱每一位学生。最后，目标是否达成直接影响教育结果是否公平。对于区域发展、民族发展存在差异的我国来说，只有消除不同区域、不同民族的学生在教育起点、教育过程中的差异，使不同区域、不同民族的学生

---

① 润洲. 我国现阶段教育公平问题的理论探讨 [D]. 曲阜师范大学，2002.

获得相同的学业成就,才是实现了最本质上的公平,才是保障了结果上的公平。

最后,从教育操作的视角来看,可以把教育公平分为原则、操作、结果公平。适于某一情境中一定的原则是将有限的教育资源进行公正合理分配的前提条件,也就是说原则公平是结果公平的基础。一个时期的经济发展水平制约着那个时期的教育发展水平,教育原则要根据那个时代的教育发展水平而变化,适于所有情况下的教育公平原则是不存在的。从我国当前的现实情况出发,最关键的是保障义务教育阶段适龄儿童入学的权利,逐步缩小区域、民族之间的差距,而对于非义务教育阶段的学生来说,最适用的教育公平原则就是结合"金钱"与"能力"。伴随教育公平原则出现的就是操作公平的问题,操作上出现问题会导致原则无法发挥其公平的作用,致使教育结果达不到公平,如某些学校高考加分制度中的腐败现象就导致高考的结果不公平。由于操作者难以摆脱个人情感、利益等方面的影响,因此就必须拥有完整的公平程序,除此之外,严格的监管制度、操作者个人优良的道德品质在保障教育结果公平上也发挥了不可替代的作用。需要注意的是,从教育操作视角划分的教育结果公平与从活动过程视角划分的教育结果公平的含义是不相同的。前者是相较于原则及操作而言的,只有在教育原则与教育操作都保证公平的前提下,教育结果才会公平,由于个体是具有各方面差异性的,所以这种教育结果公平也是相对于个体而言的,不是平等的;而后者是相较于起点与过程而言的,只有在教育起点与教育过程都保证公平的前提下,教育结果才会公平。

三、教育公平观的内涵

学生观就是对学生的解释,按照这一观念来说教育公平观就是对教育公平的解释,① 即对教育资源的配置是否合理的评价。② 首先教育公平观与

---

① 王勇鹏.教育公平观:问题和对策[J].教育发展研究,2006(10):44-49.
② 郭彩琴.教育公平论——西方教育公平理论的哲学考察[M].徐州:中国矿业大学出版社,2004:35,192.

教育公平是两个不同的概念，它们之间存在本质的区别。教育公平包括资源的配置程度、教育制度的合理性等，它是指现存的教育资源配置状况，而教育公平观则是对资源配置程度、教育制度合理性的评价和规范，即对教育公平的评价与说明。另外，对教育公平观的理解应建立在对教育公平的理解基础之上，教育公平观随着时代发展、社会的变化而变化，因此不同时代的人对教育公平观的理解是存在差异的，甚至两种不同教育公平观之间存在矛盾与冲突。罗尔斯的公平观对当今教育产生了较大影响，他研究的教育公平观偏向平等主义；诺奇克生活的时代与罗尔斯生活的时代较接近，但他的教育公平观则偏向于自由主义，他认为公平的教育只存在于私人教育之中，公共教育是不可能达到教育公平的。最后，社会成员只有认可一定的教育公平观并且遵循它的引领才可以去理解他们心中的教育公平，只有顺应这个规则才能促使作为一个抽象概念的教育公平最终转换成为具体的教育事实。

因此，教育公平观对于社会成员渴望实现的教育公平起着引领和使之具体化的功效，它通过对教育公平的解释、说明、评价等途径帮助人们实现最终的教育公平。

第二节 质量、高质量、教育高质量

一、质量与高质量的内涵

"质量"一词被广泛应用于经济、物理、化学、教育中,"质量"一词在不同领域也有不同的解释,大致总结为以下五种观点:第一,"质量"被看成是绝对的,如商场提供的特有的产品或餐馆提供的优质服务。只要是用这一"质量"形容的东西就代表它达到了无与伦比的境界,或许这类东西本身并不是很难得到,但它的稀有程度却可以展现出它主人的地位。当今时代所指的精英教育就是这种"质量"在教育领域中的体现,只有极少数学生才能接受这种"高质量"的精英教育,同时这类学生也凸显了他们的身份与地位。第二,"质量"被看成是形容有效达到最终目标的词语,即达到某种既定的质量程度才算达到了最终的目标。第三,将这种"质量"设定为某实物内在的规定性,即"质量"是衡量原设计或最初制定的规格与最后生成的结果之间是否一致的标准,只有最后生成的结果与原设计或最初制定的规格相同,才能说这个结果保证了它的质量。第四种观点与前一观点之间存在联系,它强调只有在前一观点的基础上达到了较高的契合度,才能说某一物体是有高质量的,相反则是低质量的。最后一种观点是最近盛行的观点,该观点将"质量"看成是否满足了顾客的需求以及满足的程度,认为只有最贴近顾客需求的产品才是最高质量的产品。

因此,"质量"的内涵至少有以下几个层面:第一,质量是任意一种实体(产品、服务、结果等)都具有的。第二,质量有利于实体之间进行区别。第三,只有当某一实体自身的固有特性满足了价值主体的需求时,价值主体才会对这一实体的质量作出准确评价。第四，质量的高低与价值主体的满足程度呈正相关关系，价值主体的满足程度高，质量则高；价值主体的满足程度低，质量则低。

二、教育高质量的内涵与特点

《教育大辞典》将教育质量定义为"教育水平高低和效果优劣的程度，最终体现在培养对象的质量上。"[①] 教育高质量是促进教育公平的新理念，是符合当今社会发展的公平观，有利于促进教育的普及并达到高水平的教育公平。教育高质量中的"高质量"指的是一种质量标准，这种质量标准应是高于一般水平的，显著的学术水平、特色鲜明的办学风格、高等的人才培养质量都是教育高质量的表现。教育高质量是建立在教育规模逐渐扩大的前提下，将提高教育质量作为教育改革的重中之重，将实现教育公平作为教育改革的价值取向，并且满足价值主体对教育高质量的迫切需求，最终实现教育的可持续以及公平发展。实现教育高质量就是实现高层次的教育公平，在如今的时代背景下其特点主要体现在以下几方面：

（一）以育人为本同时兼顾学生个性发展

享受教育的主体是人，实现所有人的自由且全面发展是教育公平的宗旨所在。"个人的理性、才智、品格以及个性的特质只能在教育的平等关系中发展起来"，[②] 因此，在生存与发展都被受教育水平所制约的今天，要想实现教育高质量的公平就要秉持一贯的育人为本理念，实现教育高质量公平的首要任务无疑是保障每位适龄儿童（特别是弱势群体儿童）的受教育权，从而实现每人个性化发展的公平。如今我国义务教育的普及水平不断提升、普及范围不断扩大，从今往后的一段时间里应着眼于优质及特质教育机会的公平，让更多适龄学生享受到高质量教育。需要注意的是教育高质量不仅仅追求的是优质甚至特质，更重要的是适于学生的发展水平，只有采取因材施教的教学方法，才能实现学生智力水平及个性潜能的高度

[①] 顾明远.教育大辞典［M］.上海：上海教育出版社，1998：85.
[②] 王国平.教育公平与优质教育研究［M］.杭州：杭州出版社，2013：601.

发展。因材施教是以学生身心发展的个性特点为基础的教学方法，是个性化教育本质所在，也是实现教育公平的最高层次。

（二）以学术立校同时关注学生能力提升

要想促进教育高质量发展就要办好一批有质量的高等教育学校，高等教育学校的核心是学术，学术也是学生发展的根基。较高的教学质量与高水平的科研学术是高质量高等教育学校的基础特征，高质量高等教育学校也应本着以提高学生研究与实践能力为起点，以使每位学生都能奉献社会为终点的理念培养学生。官僚主义盛行的今天，高等教育学校也受到了它的影响，行政的权利越过了其管理范围并逐步伸向了学术权力的边界，这一现象直接弱化了高校教师的学术权力，使部分教师不再一心钻研而是痴迷于职位的追求，教师对学生学术上的指导也逐渐减少，学生的能力没有得到提升，渴望实现的高质量高等教育的公平显然就停留在了字面上。需明确高等教育学校是学术机构，要将学术作为其首要的立校标准，追求学术思想、鼓励学术构想、支持学术实践，以学术发展推动学校与学生发展。[①]

（三）以创新兴教同时促进学生学业成功

在教学中培养学生的创新精神是保障教育可持续发展、促进学生高水平发展的不竭动力。创新教育是学生享有均等成功机会的保障，接受过创新教育的学生获得的教育结果较没有接受过创新教育的学生更公平，尤其在学生未来就业上更加明显。"就业＋创业"的新时代已经改变了学生较单一的就业形势，伴随而来的是学业成就成了教育是否较高质量的重要指标。学业成就检测对于教育高质量公平发展的促进作用逐年显现，我国政府也逐渐认识到了这一点。《国务院办公厅关于深化高等学校创新创业教育改革的实施意见》于2015年颁布，其中明确提出要重视并进一步深化高校的创新教育改革，秉持素质教育的理念，加大力度培养不仅具有创业的素质还要具有开创性个性的高质量人才，分阶段分层次地实施创新教育。

---

① 张继平. 高质量高等教育公平的主要特点及实现机制［J］. 高等教育研究, 2016, 37（2）: 13–18.

（四）以特色办学同时满足学生多元需求

只有学校在教育中融入自身的特色，学校才可以增强自身的核心竞争力，实现教育高质量的发展就必须创建一种更具有特色的教育，从全方位去满足学生的多元需求。这种特色不是要求教育平均，更不是要求学校之间消除差异、消除多样。马歇尔曾提出，平等的机会并不是要消除差异而是展示差异，应该承认人与人之间存在不同的天赋。如今学生的需求呈多元化趋势，这一趋势直接导致教育质量标准多样化，教育质量标准逐渐被多样化的质量标准取代。中国特色教育体系要结合不同层次、不同类型的学校，在其本有的基础上办出特色，根据学生身心发展的差异性选取适合他们自身的培养目标及教学方式，因材施教使学生都接受到适合自身个性特点的教育，促进其各展其长，成为各行各业的高素质人才。想要实现以上构想，各学校就要放弃趋同发展的理念，沉心静气地挖掘自身特色，将高质量的教育资源提供给学生。

第三节　致力于更加公平的教育

一、初步形成了具有中国特色的教育法律体系

教育法律体系的初步形成保障了青藏高原民族地区适龄儿童享有平等的受教育权利,从 1978 年改革开放至今 40 余年以来,已初步形成了以《中华人民共和国宪法》为总纲,以《教育法》为基本,以《义务教育法》《教师法》《职业教育法》《高等教育法》为具体内容,以《残疾人保障法》《妇女权益保障法》《残疾人教育条例》等相关法律、教育行政法规为补充的法律保障制度体系。[①]在《教育法》中明确表达出要保证中国公民受教育的合法权益并且明确指出接受教育的公民是不分民族的,这一法律的颁布意味着对于青藏高原少数民族地区甚至我国范围内的全体公民受教育的保障上升到了法律的高度,改变了那种不平等的、少数人优先享有的教育现状。同时,初步形成的教育法律体系还针对我国一系列社会问题提出了解决措施,如社会弱势群体的受教育问题,在当时许多贫困家庭的适龄儿童因为经济问题而被迫放弃学业,部分残疾的适龄儿童由于身体状况(即使他们并未丧失学习的能力)也不得不放弃学业。法律针对社会弱势群体接受教育的一系列规定进一步促进了教育公平的实现,体现了《中华人民共和国宪法》的原则,即教育机会平等。另外,《义务教育法》里也提出中国适龄儿童,不分民族,依法享有平等接受义务教育的权利。2006 年修订

---

① 尹力.致力于更加公平的教育:义务教育政策三十年——基于改革开放 30 年义务教育政策与法制建设的思考[J].清华大学教育研究,2008,29(6):43-49+73.

的《义务教育法》增加了更加人性化的内容，使受教育者的人权本质更加突出。首先，权利本位代替工具本位成了新的立法宗旨，相应的公民权利本位也替代了国家利益本位。其次，修订的法案重视到了均衡发展这一价值追求，明确了政府在这一方面的责任。另外，该法案还提出了利于保障受教育权的问责制度。最后，明确了新的发展走向，即着眼于保障弱势群体适龄儿童的受教育权。以上法案是我国改革开放40余年来教育领域中各种关系变化的反映，也显示出了国家对于实现教育公平发展的决心。

二、致力于更加公平的教育

在总教育法律体系的指引下，我国政府有关部门相继颁布了一系列致力于促进教育公平的政策，在青藏高原民族地区主要体现在是否保障了少数民族学生基本受教育权、是否以政策补偿了少数民族学生、是否满足了少数民族学生对个性与能力的需求三个维度。改革开放40余年来教育政策的主旋律就是致力于更加公平的教育，此章节在第八章有详细的阐述。

（一）保障青藏高原民族地区学生基本受教育权的政策内容

从1978年至今，义务教育经历了从逐渐普及到扩大教育范围的过程，保障青藏高原民族地区学生基本受教育权的政策也经历了从注重公平到注重公平与质量的过程。（见表一）

表一 保障青藏高原民族地区学生基本受教育权的政策

年份	名称	主旨
1980	《关于普及小学教育若干问题的决定》	提出了促进教育公平的政策，从此我国教育公平政策的大幕拉开了。
1983	《青海省牧区寄宿制小学暂行条例（草案）》	青海省重视到了寄宿制学校对于促进民族教育进步发挥的作用。
1984	《中华人民共和国民族区域自治法》	采取一系列措施来帮助民族自治地区普及义务教育及其他教育事业，保障少数民族学生的受教育权，提高人民的科学文化水平。

续表

年份	名称	主旨
1985	《中共中央关于教育体制改革的决定》	在充分认识我国各地经济发展差异的基础上提出要分期分区地普及义务教育。
1993	《中国教育改革和发展纲要》	规定了教育发展和改革的目标,积极支持贫困地区和民族地区教育的发展。
1997	《关于加快牧区民族教育改革和发展的若干意见》	国家在肯定了民族教育工作的同时关注到了青藏高原民族地区特有的牧区教育。
1998	《关于加快民族教育改革和发展的决定》	
1999	《关于深化教育改革全面推进素质教育的决定》	基本普及九年义务教育,改造薄弱学校,颁布政策扶持贫困地区。
2002	《国务院关于深化改革加快发展民族教育的决定》	以少数民族地区自力更生为主、国家扶持为辅的模式促进青藏高原民族地区教育事业的发展。
2004	《2004—2010年西部地区教育事业发展规划》	对西部地区在义务教育阶段学校信息化的发展做出了具体的规划。
2005	《关于加快国家扶贫开发工作重点县"两免一补"实施步伐有关工作的意见》	义务教育阶段的贫困地区学生全部免费给予教材。
2006	《中华人民共和国义务教育法》(修订版)	明确了义务教育阶段的经费保障。
2009	《中华人民共和国教师法》(修订版)	补贴到少数民族地区从事教育工作的具有中专及以上学历的教师。
2010	《国家中长期教育改革和发展规划纲要(2010—2020年)》	全面提高少数民族和民族地区教育发展水平,促进民族地区各级各类教育协调发展。
2012	《关于加强教师队伍建设的意见》	从培养优秀的教师方面为少数民族地区适龄儿童接受良好的教育提供了保障。
2012	《关于深入推进义务教育均衡发展的意见》	通过办学资源的均衡配置、优质教育资源的共享等措施实现所有适龄儿童接受到公平且有质量的教育。
2013	《中共中央关于全面深化改革若干重大问题的决定》	促进社会公平正义,深化社会体制改革。
2013	《全面改善农村义务教育薄弱学校基本办学条件的意见》	国家开始重视城乡义务教育资源的优化配置,缩小二者之间的差距。

续表

年份	名称	主旨
2014	《全面改善贫困地区义务教育薄弱学校基本办学条件底线要求》	通过改善贫困地区学校的办学条件促使贫困地区实行义务教育的学校达到办学标准。
2015	《义务教育学校管理标准（试行）》	我国政府对教育公平的重视由权利公平转为质量公平。
2015	《中华人民共和国教育法》（修订版）	中国公民都有接受教育的权利和义务，并且明确指出接受教育的公民是不分民族的。
2015	《中华人民共和国义务教育法》（修订版）	中国适龄儿童，不分民族，依法享有平等接受义务教育的权利。
2017	《关于深化教育体制机制改革的意见》	对教育人才招生、管理体制等体制机制进行顶层设计，以此来达到到20世纪20年代建立科学的教育基础制度体系的目标。
2017	《高中阶段教育普及攻坚计划（2017—2020）》	把重点放在民族地区义务教育普及水平的提高上，保障贫困家庭学生受教育的机会。
2017	《关于进一步加强控辍保学提高义务教育巩固水平的通知》	注重义务教育巩固水平的提高，为义务教育的发展保驾护航。
2018	《全面加强乡村小规模学校和乡镇寄宿制学校建设的指导意见》	两年后基本实现县域内城乡义务教育一体化。
2019	《义务教育质量评价指南》	具体规定了义务教育质量的评价指标体系，旨在提高义务教育的质量，促进义务教育公平发展。

（二）青藏高原民族地区学生提升补偿教育的政策内容

对青藏高原民族地区学生的补偿政策主要以财政倾斜为主，随着改革开放的不断深入，贫困农村、偏远地区以及残疾、随迁子女等弱势群体儿童的受教育权得到重视，提高教育质量逐渐成为青藏高原民族地区教育补偿政策的重点。（见表二）

表二 青藏高原民族地区学生提升补偿教育的政策

年份	名称	主旨
1980	《关于在部分全国重点高等学校试办少数民族班的通知》	有计划、重点地在高等学校开设民族班并且对少数民族班应达到的目标、入学条件、班级招生名额的分配都做出了规定。
1984	《中华人民共和国民族区域自治法》	院校在招生时（全国范围内的中等专科学校和高等院校），可对少数民族学生实行条件放宽和降低标准政策。
1986	《中华人民共和国义务教育法》	国家要加大财政支持、师资支持等方面的力度，促进义务教育在民族地区实施。
1986	《关于高等学校招收委托培养研究生的暂行规定》	录取研究生时可以对少数民族学生采取降分录取政策。
1987	《普通高校招生暂行条例》	少数民族地区的民族学生可以采取适度降分录取的政策，在相同条件的情况下，优先录取居住于汉族地区的少数民族学生。
1992	《关于加强民族院校教材建设工作的意见》	推动了藏文、蒙古文等教材审查委员会的成立，并且促进了少数民族地区双语教学的发展。
1992	《中华人民共和国义务教育法实施细则》	明确具体地指出要补助少数民族聚居区的义务教育。
1997	《关于认真贯彻中央扶贫工作会议精神，进一步加强对口支援民族和贫困地区发展教育事业的通知》	对教育对口支援的省份进行了确定：辽宁省帮青海省、山东省帮新疆维吾尔自治区、全国支援西藏自治区等。
2000	《关于推动东西部地区学校对口支援工作的通知》	国家加大了支援民族地区教育的力度，支援的形式主要是开设西藏班、新疆班等民族班并为民族贫困地区培养中学、大学生。
2002	《关于深化改革加快发展民族教育的决定》	再次强调了民族教育的重要性并对其指导思想、教育任务、教育目标等制定了具体的规定以及具体措施。
2003	《国务院关于进一步加强农村教育工作的决定》	加快推进"两基"任务并且致力于推进高质量的义务教育，用五年时间推进西部地区完成"两基"任务，对于边远山区、少数民族地区的学校建设问题也提出了具体的解决措施。

续表

年份	名称	主旨
2003	《2003—2007年教育振兴行动计划》	这一系列计划促进了义务教育阶段贫困家庭学生资助制度的建立,力争到计划实施的收官之年全国家庭贫困学生在义务教育阶段都能享受"两免一补"的优惠政策。
2004	《2004—2010年西部地区教育事业发展规划》	
2004	《国家西部地区"两基"攻坚计划(2004—2007年)》	
2006	《少数民族高层次骨干人才培养计划》	规定对少数民族本科毕业生考研招生录取时实施降低英语分数线的优惠政策。
2009	《关于进一步加快特殊教育事业发展的意见》	对残疾儿童的普及义务教育工作提出了具体要求,不仅要保障适龄残疾儿童优先享受"两免一补"的政策,还要加大在教材、设备等方面的补助力度,减少残疾儿童在学业支出上的压力。
2010	《国家中长期教育改革和发展规划纲要(2010—2020年)》	要适当地向边远的民族贫困地区优先输送优质资源,加快缩小区域教育差距的速度。
2010	《中共中央关于制定国民经济和社会发展第十二个五年规划的建议(2011—2015)》	教育发展的重点在于促进民族教育的发展,并提出要加大对民族地区双语教师的培训力度。
2011	《关于实施农村义务教育学生营养改善计划的意见》	以试点的方式进行,最终达到改善民族地区农村学生身体健康状况的目的,保障他们顺利完成学业。
2012	《关于深入推进义务教育均衡发展的意见》	详细指导了进城务工人员的子女以及残疾儿童等处于劣势地位的群体接受义务教育的问题。
2012	《国家基本公共服务体系"十二五"规划》	公共教育资源要向民族地区倾斜。
2013	《关于做好进城务工人员随迁子女接受义务教育后在当地参加升学考试工作的意见》	学校的招生及录取工作可以根据随迁子女升学考试的人数制定,为民族地区务工人员随迁子女的升学提供了保障。
2014	《关于创新机制扎实推进农村扶贫开发工作的意见》	在有关教育的部分提出了一系列保障少数民族学生受教育权的政策。
2015	《关于加快发展民族教育的决定》	推出了一套与少数民族教育发展特点相适应的普惠性措施,指明了我国少数民族教育的中长期发展方向。

续表

年份	名称	主旨
2015	《国务院关于进一步完善城乡义务教育经费保障机制的通知》	明确规定了城乡义务教育经费保障机制，提出加大对民族地区农村义务教育的财政投入。
2016	《关于加快中西部教育发展的指导意见》	支持中西部高校建设一流大学，推动民族教育快速发展。
2017	《关于做好2017年重点高校招收农村和贫困地区学生工作的通知》	提出高校专项计划，重视到了民族学生升学进入高等学校的问题。
2017	《加快中西部教育发展工作督导评估监测办法》	开发了"9+3"的免费教育模式，特困地区建档立卡的初中毕业生成了扶持的重点。
2017	《援藏援疆万名教师支教计划实施方案》	优秀教师赴西部地区支教的计划。
2018	《中共中央国务院关于全面深化新时代教师队伍建设改革的意见》	提高了教师的补助标准，农村教师特岗计划的实施规模也由此扩大，培养"一专多能"的教师，优先满足老少边穷地区教师补充需要。
2019	《关于深化教育教学改革全面提高义务教育质量的意见》	提出优化教师资源配置，提高教师的权益和待遇，从而促进义务教育薄弱环节的改善。
2020	《关于加强新时代乡村教师队伍建设的意见》	重点将优秀人才引入乡村，提高他们的地位待遇，提升发展空间。

（三）发展青藏高原民族地区学生个性与能力教育的政策内容

随着培养全面发展的人成为时代的要求，对学生个性与能力需求的满足也逐渐成为教育政策制定的偏向。（见表三）

表三　发展青藏高原民族地区学生个性与能力教育的政策

年份	名称	主旨
1981	《关于加强民族艺术教育工作的意见》	国家政策要向民族艺术教育倾斜。
1983	《关于全日制普通中学全面贯彻党的基础教育方针、纠正片面追求升学率倾向的十项规定（试行草案）》	全国范围内的教育工作者都加强了对德育和体育的重视程度。

续表

年份	名称	主旨
1989	《全国学校艺术教育总体规划（1989—2000年）》	全国范围内的学校艺术教育都有了明显提升。
1999	《中共中央国务院关于深化教育改革全面推进素质教育的决定》	将美育看成推进素质教育、深化教育改革的必然要求。
2000	《教育部办公厅关于开展全国农村学校艺术教育实验工作的通知》	艺术教育相对薄弱的地区是农村地区，要通过建立农村艺术教育实验县加强对农村学校学生的艺术教育，培养其艺术方面的能力。
2001	《全国学校艺术教育总体规划（2001—2010年）》	为21世纪第一个十年确立了艺术教育的目标和行动规划。
2006	《关于进一步加强学校体育工作切实提高学生健康素质的意见》	明确所有体育训练及活动是选拔优秀体育后备人才的基础的首要文件。
2010	《国家中长期教育改革和发展规划纲要（2010—2020年）》	明确了坚持全面发展，全面加强和改进德育、智育、体育、美育的要求。
2011	《关于在义务教育阶段中小学实施"体育、艺术2+1项目"的通知》	提出各单位要结合本地实际的体育文化和艺术特点，在与学生身心发展特点相一致的基础上确定体育及艺术项目。
2011	《中等体育运动学校管理办法》	突出了职业技术训练并规定了学生训练、参赛、培训以及接受文化教育的时间安排等。
2013	《关于推进中小学教育质量综合评价改革的意见》	第一次在对学生的综合评价体系中加入了"兴趣特长养成"标准。
2013	《中小学书法教育指导纲要》	要求引导学生掌握书法的基本知识，还要求注重培养学生在练习时的体验以及个性化情感。
2014	《关于普通高中学业水平考试的实施意见》	倡导学生发挥长处避免短处，根据自身兴趣和特长选择科目进行考试。
2015	《关于加强和改进学校美育工作的意见》	支持学生根据自身特长选择课程。
2015	《关于加快发展青少年校园足球的实施意见》	提出学生运动员可以进行注册，建立了学生运动员注册制度。
2019	《关于切实加强新时代高等学校美育工作的意见》	把艺术课程纳入教学计划中，培养学生的艺术和劳动能力。
2020	《关于全面加强新时代大中小学劳动教育的意见》	提出学生在学习系统的文化知识外，还应有目的、有计划地参加劳动，建构劳动教育课程体系并强调将劳动教育融入其他课程。

续表

年份	名称	主旨
2020	《大中小学劳动教育指导纲要（试行）》	针对劳动教育的目标框架、劳动教育的育人价值定位以及劳动教育的内容提出了具体指导。
2020	《关于全面加强和改进新时代学校美育工作的意见》	本着加强顶层设计和聚焦突出问题的目的，提出应加强美育在各个教学领域中的渗透及融合，进一步拓展实施美育的路径，凸显美育的价值。
2020	《关于全面加强和改进新时代学校体育工作的意见》	两年后，各地中小学要都配齐体育教师，在符合教育培养目标的前提下开展体育课程，争取十五年后形成高质量的学校体育教育体系。
2021	《义务教育质量评价指南》	对学生的评价要采取综合评价与特色评价两种方式。

第四节 致力于高质量的教育

一、20世纪70—80年代由应试教育转为素质教育

20世纪70—80年代，我国处于社会主义建设初期，急需建设人才，此时的教育为社会培养建设人才服务，教育的质量被一系列标准衡量。1978年确立了改革开放的方针后，基础教育政策发生了很大变化，各行业人才的培养成了教育的重中之重。此时，教育质量的高低是以满足国家需要的程度为判断标准的，符合合标准的质量观（教育存在的意义就是为了满足社会的需要，教育不服务于社会就无价值可言）。[1]当时高质量教育的评判标准有三点：第一，教育规模的大小是显示教育质量高低的直接因素，教育规模不仅包括学校的办学面积还包括学生、教师的总人数；第二，教育质量的高低受该地文盲率的影响，扫盲率成为当时判断教育质量的关键因素；第三，"三率"（入学率、升学率、扫盲率）是判断该校教育质量的重要指标。社会本位论是合标准质量观的逻辑起点，社会的价值处在教育第一位，突出了当时教育的工具性，其目的是为社会服务而不是为个体发展服务。（关于质量观的详细阐述在本书第九章）

合标准质量观引导下的教育实践存在许多问题，如学校教师及领导只顾提高升学率，忽视学生的课业负担等。为解决这些问题政府颁布了一系列政策，教育界的学者也通过他们的研究影响了政府制定政策的方向，推

---

[1] 魏宏聚.教育质量观的内涵、演进与启示［J］.教育研究与评论（中学教育教学），2010（7）：91-92.

动教育质量政策由防止应试教育转向实行素质教育。《关于全日制普通中学全面贯彻党的基础教育方针、纠正片面追求升学率倾向的十项规定（试行草案）》于1983年颁布，提出对学校的评定应正确、全面，改变只重视培养劳动力、重视少数学生的观念。另外，该规定还针对当时中小学生课业负担重的问题提出了具体的解决措施，并且提出平等对待后进生，对青藏高原民族地区学生身心健康发展发挥了显著作用。五年后，《国家教委关于全日制普通中学端正办学方向、纠正片面追求升学率倾向的督导评估的几点意见》颁布，在前一个政策的基础上对片面追求升学率的问题作出了指导，提出应致力于提高教育质量。同年7月，《国家教委、全国人大教科文卫委员会印发"抓住关键、综合治理——论克服片面追求升学率倾向"一文的通知》颁布，提出应试教育模式的范围呈扩大趋势，包含了我国整个基础教育阶段，不顾一切追求升学率的情况十分严峻。在20世纪70—80年代这一段时期中，教育质量难以提升的重要原因之一是受到应试教育模式的影响，而国家也致力于摆脱应试教育的束缚，经过教育领域各方不断地研究、协商，总结出只有实施素质教育才可以改变这一局面，由此，国家开始制定有关素质教育的政策。

二、20世纪90年代素质教育和创新教育并存

20世纪90年代初，国际上教育的趋势逐渐朝人文教育的方向发展，学会生存、学会认知和学会做事被作为联合国教科文组织向全球推广的教育价值追求。① 在这种教育思潮的影响下，我国的教育质量观由合标准的质量观转变为合需要的质量观（将学生的利益放在第一位，实施能提高学生整体素质的教育），素质教育以及创新教育在全国范围内的推行是教育质量观转变的标志。秉持合需要质量观的学校衡量教育质量的指标是看该校学生是否达到了全面发展的目的以及达到的程度。具体的评价标准主要包括以下两个方面：第一，对学生的内在要求是否满足，是否坚持促进学

---

① 古翠凤，周劲波. 我国基础教育质量政策变迁的路径特征［J］. 教学与管理，2008（30）：3-5.

生的个性化发展；第二，该校实施的教育是否满足学生对创新思维的需求，是否有利于提高学生的创新能力。创新教育是对素质教育的深化，将素质教育向前推到了一个新阶段。另外，合需要的教育质量观倾向于个人本位论，将人的发展放在教育的第一位，致力于满足人的内在需求，认为教育的主体是人，同时也改变了主要服务于社会的观念，认为目的应是使人发展。

在合需要质量观的引导下教育实践仍然存在问题，国家也通过颁布相应的政策来解决这些问题，致力于寻求高质量的教育。各省市设立的重点学校看似提高了教育质量实则却拉大了校际间的差距，不利于实现教育公平发展，另外，死记硬背的学习方式与学生思维发展特点相违背。《关于减轻义务教育阶段学生过重课业负担、全面提高基础教育质量的指示》于1993年出台，针对仍未解决的中小学生负担问题提出两点创新型政策，即建议取消重点学校以及将教育重点放在指导学生学习方法上。但是该指示并没有提到有关道德方面的政策，因此该指示对于素质教育的推动作用仍是杯水车薪。次年，《中共中央关于进一步加强和改进学校德育工作的若干意见》颁布，该意见重视到了学生意识形态层面的重要性，致力于推动学校德育工作的改进，其中素质教育的概念被首次提出，是我国以素质教育为特征的教育质量政策开始的标志。同年11月，《国家教育委员会关于全面贯彻基础教育方针，减轻中小学过重课业负担的意见》颁布，将教育质量的评价标准制定为基础教育任务完成的程度，促进了青藏高原民族地区学生德智体等诸多方面的发展。对中等基础教育的结构进行改革有利于缓解中小学生的课业负担，由此，国家开始注重"分流"，开始发展职业教育，职业教育可以承接培养社会建设者的任务，可以看出我国教育质量的政策开始从教育内部寻求出路。《中华人民共和国国民经济和社会发展"九五"计划和2010年远景目标纲要》于1996年颁布，是我国首次明确提出改变应试教育模式，推动其向素质教育模式转变的政策。次年10月，《关于当前积极推进中小学实施素质教育的若干意见》颁布，该意见将素质教育列为了新世纪的挑战。为此，政府有关部门采用行政干预的手段,清除素质教育实施路上的阻碍,使素质教育上升为提高教育质量政策的内涵。时任国家总理朱镕基在《政府工作报告》中提出:"大力推进素质教育,注重创新精神和实践能力的培养,使学生在德智体美等方面全面发展。"① 可以看出,素质教育的内涵是创新。三年后,《面向 21 世纪基础教育振兴行动计划》颁布,该计划再一次强调了创新。同年,《关于进一步深化普通高等学校招生考试制度改革的意见》颁布,对高考制度进行了改革,提出"3+X"政策,有利于青藏高原民族地区中小学教育质量的提高,从而促进教育公平发展。

三、21 世纪致力于发展更高质量的教育

精英教育伴随着新时代到来了,如今精英教育在致力于向大众化教育过渡。虽然以上提到 20 世纪 90 年代教育质量观的主导是合需要质量观,但由于教育产品具有复合型的特征,所以,合标准的质量观仍然存在并发挥作用。客观的教育产品是可以通过书面或视频显示出来的,是看得见的,因此需要合标准性质量观评价;而素质教育提倡的能力,如实践能力、合作能力等是看不见的,必须依附于合需要质量观的标准来评价。21 世纪我国的质量观必然是融合的,只有这样才能顺应全球教育发展的总趋势。总的来说,合标准的以及合需要的质量观并不是非此即彼的关系,二者都存在自身的优势和劣势,教育质量观的发展是后者不断丰富前者的过程,不同于完全取代与被取代的关系,一个时期的教育观是在满足时代基本需要的基础上再满足某种特定的质的规定性。

在融合的观念引导下,国家宣布从 2000 年开始实行"二次高考"政策,使高三学生升学的心理压力降低,缓和了教育育人的紧张氛围,也是在一定程度上改变应试教育模式的措施。次年 6 月,《基础教育课程改革纲要(试行)》出台,使素质教育缩小到了微观层面,是解决应试教育对教育质量影响的根本性措施。《2003—2007 年教育振兴行动计划》颁

---

① 余瑞冬.朱镕基十届人大一次会议上所作政府工作报告全文[EB/OL](2003-03-19). http://www.chinanews.com/n/2003-03-19/26/284397.html.

布,开发并实施"质量工程",提出坚持"巩固、深化、提高、发展",①此处的提高指的就是提高教育质量。《高等学校本科教学质量与教学改革工程》于 2007 年实施,明确了高校本科质量评估的原则,为高校保留特色、提高教育质量提供了方向。三年后,《国家中长期教育改革和发展规划纲要(2010—2020 年)》颁布,指出我国学生的创新、创业能力还不足以满足需求,应致力于提高教育质量,培养复合型人才。《义务教育评价指南》于 2021 年颁布,多样化的评价方式有利于关注到学生的全面发展,因此提出对学生的评价要采取综合评价与特色评价两种方式,既有利于培养学生的知识能力也有利于培养学生的个性能力,进而提高教育质量。

总之,国家在致力于高质量教育的政策上由重社会需要转为重学生需要、由重应试转为重素质、由重知识能力转为重个性能力,质量是教育发展永恒的主题。②

---

① 国务院.国务院批转教育部 2003—2007 年教育振兴行动计划的通知 [EB/OL]. (2004-03-03). http://www.gov.cn/gongbao/content/2004/content_62725.htm.

② 苗耀祥.我国高等教育质量保证政策研究 [D].沈阳:东北大学,2015.

第五节　问题与对策

一、教育公平与教育质量之间存在的问题

习近平总书记在党的十九大报告中提出"努力让每个孩子都能享有公平而有质量的教育",①这是顺应中国教育发展方向的承诺。但是,教育公平与教育质量之间存在契合也存在冲突,冲突不解决,就没有办法同时实现教育公平而有质量的发展。二者之间的冲突主要体现在以下几方面:

第一,人为地将教育公平与教育质量割裂。随着时代的发展、人民生活水平的提高,社会成员对教育质量的需求也不断提升,这一现象促使教育不公平问题由社会成员的基础需求升级为高质需求,人们不再满足于教育的机会公平而是渴望寻求更优质的教育资源,达到教育的结果公平。人为地将教育公平与教育质量割裂的重要因素与政府的倾斜政策密切相关,因为倾斜政策很大程度上导致了不合理的教育资源配置,这种人为的因素比以往导致不公平的历史、文化、经济等因素更加复杂。如今的教育公平被赋予了新时代的印记,不同于早期各地资源无差距均衡(均衡意味着保障受教育的权利与入学机会平等)配置的模式,这一模式只是关注到了教育公平的外层含义,并没有从本质上保障教育公平。教育公平等于教育平均是对教育公平最大的误解,只有相关部门加大立法力度、积极颁布适宜的教育政策才可能保障适龄学生尤其是青藏高原民族地区适龄学生的受教育权与入学机会的平等。另外,适龄学生的个性发展也不容忽视,学生的

---

① 习近平.决胜全面建成小康社会 夺取新时代中国特色社会主义伟大胜利——在中国共产党第十九次全国代表大会上的报告[M].北京:人民出版社,2017.

个体差异也应成为教育的关注点，最大程度地实现个体发展。对于非个体自身因素，有关部门必须协同外界，加大补偿力度，从而缩小先天差距实现教育公平发展。

第二，"形式"上过分追求公平而忽视教育质量的内在本质。以高考为例，应试教育制度是基于我国国情下难以改变的制度，相应的高考就成了教育与非教育的临界点，成为基础教育与高等教育连接的纽带。我国高考制度中一系列不合理的部分不仅没有促进教育公平，反而再一次人为地将教育公平与教育质量割裂，如部分院校在录取新生时没有重视到东西部、城乡之间的差异或是将录取名额分配到发达地区，忽视少数民族地区。尽管以上问题在我国宏观教育政策支持下有一定好转，但是高考制度的弊端对于实现教育公平来说仍然是较大的问题。改革开放至今，每个人都有参加高等教育入学考试的权利是社会成员对于高等教育的诉求，然而高考虽然表面倡导以"分数论英雄"，但是它对于学生个性与能力的忽视使其深陷应试教育的沼泽，十分不利于素质教育的实施与发展，难以提升教育质量。

第三，教育公平和教育质量受到我国现行高等教育体系结构的影响。首先，如今的高等教育不再是少数人享有的教育，接受高等教育的机会随着对高等教育大众化的倡导而不断增加。另外，高等教育资源投入的增加也是增加高等教育机会的原因之一，但是由于没有优化配置这些教育资源使其优势发挥时难以顾及教育过程和质量。其次，教育对于社会主义建设需求的满足程度是判断教育质量高低的重要依据，但是我国现行高等教育体系结构中一些不合理的部分使教育最终培养的人才难以符合时代的要求，其自身价值也难以实现，如培养的人才类型、质量以及层次难以符合市场的需求。因此，我国现行高等教育体系结构虽然在一定程度上保障了机会公平，但是整体教育质量却因高等教育资源配置问题大幅度下降，循环往复地对教育公平及质量产生消极影响，打乱了教育公平与教育质量之间的和谐。

第四，教育公平与质量之间的冲突因高等教育资源配置模式进一步加剧。在我国，高等教育学校有着不同的类型以及层次，这种设定与教育的发展规律是相符合的，同时，也符合了社会对人才多样化的需求。但是在高等教育资源配置方面却一直按照高等教育学校的行政级别分配，这一分配模式就容易使高校之间产生不良的竞争，部分高校领导为了获取更多、更优质的教育资源不惜牺牲该校的特色及优势。高等教育以权力为导向的教育资源配置模式造成了高校对政府的依附关系和高校内部行政权力与学术权力的对立[①]，进而导致学术权力逐渐边缘化，这与教育高质量的特点是相悖的，长期以往对我国高等教育的教育质量提升会产生不利影响。

二、促进教育公平而有质量发展的策略

针对二者之间的冲突可以从以下几方面入手解决，进一步实现公平而有质量的教育。

第一，正确理解教育公平与教育高质量的内涵并科学把握二者的关系。本章第一节和第二节深入地剖析了教育公平及教育质量的内涵，教育公平并不只存在于教育学之中，还存在于经济学的范畴里，同时，它不仅包括教育制度还包括社会成员的需求、取向等，是涵盖面非常广的概念。教育公平与教育质量之间虽然存在以上几方面的冲突，但是二者并不是互相矛盾的存在，公平的教育内在地包含教育高质量的结果，教育高质量的结果又是推动教育公平发展的必然。因此，教育公平与教育高质量相辅相成，呈螺旋式发展的趋势。

第二，优化配置高等教育资源，推进合理的高等教育结构体系建立。合理、优化配置教育资源不应只以权力为导向，还应关注学校的学术质量、办学特色、人才培养质量等，加强对高校自我定位的引导，达到教育资源分配的平衡，提高教育质量。高等教育结构体系应符合我国高等教育大众化的背景，致力于推进高等教育大众化，转变行政主导的配置模式，加强对学术主体的重视程度。如高等教育学校将普通教育与职业教育进行明确区分，将职业教育由传统的人才培养模式转为与就业相适应的应用型人才培养模式等。

---

① 靳培培.教育公平与教育质量的关系析论[J].教育导刊，2013（12）：15-18.

第三，通过改革制度和政策达到教育公平与质量之间人为冲突的弱化。一方面，政府应转变观念，树立全局意识，加大对弱势群体适龄儿童的补偿力度以及优化配置教育资源，从而促进义务教育的均衡发展，只有基础教育的质量得到了保障，青藏高原民族地区学生接受高等教育的权利才可能得到保障；另一方面，政府还应加大对民族地区优质教育资源的投入，利用教育高质量的结果推动教育公平发展；另外，高考制度的改革刻不容缓，政府应积极打击高考腐败现象，推动高校选拔和高考监督机制的建立及完善，对于招生名额也应科学合理地按照省际进行分配，缩小东西部区域间人才数量的差距；同时国家应改变现行的高校分类方式，使高校不再以行政级别或学术作为唯一标准进行分类，发挥高等教育公平的整体效应。

第四，采用个性化的培养方案，坚持"以人为本"的教育理念。学校应加大对人才培养质量的重视程度，将社会发展需求与学生身体发展特点结合作为培养人才的目标，保留自身学校的特色，使社会对各层次以及各类型人才输出结构的需要得到满足，使青藏高原民族地区的适龄儿童在享有教育机会公平的基础上享有高质量的教育，从而实现教育结果公平，促进青藏高原民族地区适龄儿童的最优化发展。另外，教师教学质量的提高是教育质量提升的关键，只有教学质量提高了学生的综合素质才有可能提高。首先，学校应保留自身特色。义务教育倡导内涵式均衡发展，内涵式指的是学校应结合自身实际情况，多方面寻找解决促进的方法，可以从本校的师资力量、家长反映、班级建设等方面入手，将自主权落实到位，将个性与特色真正赋予学校文化之中，进而达到教育质量提升的目的。其次，学校应尊重学生的个体差异性。学校领导以及教师都应基于学生的身心发展特点开展教育活动，使每位学生的潜能都得到最大程度的开发，推进学校教育理念、模式等要素的改革，致力于培养多样化、富有个性的人才。这就要求学校不仅要使各教育要素富有选择性，还要加快推进学校管理制度的变革。最后，发挥学生主体性和创造性以及对于创新人才的培养之间存在一定的冲突，要想达到目的就要把三者结合起来，依据具体情况进行具体分析，直至实现教育公平而有质量的发展。

第五，发挥市场作用，提供多种层次的供给进而满足需求的多样化。教育的供求关系随着"后普九"时代的到来而发生了变化，优质教育短缺的问题逐渐上升为教育公平的主要矛盾，而我国政府单一的力量是有限的，仅仅依靠政府提供的资源不足以满足人民日益增长的需要。因此，政府需发挥市场的作用，积极调动各方教育资源，使社会资源的利用率达到最大化。政府为此可以采用适当的政策、建立适切的制度，如市场运行机制和教育公共服务参与机制，促进共同发展格局的形成，满足多样化需求。按照国际惯例来看，致力于满足人民基本教育需求的是公立学校，致力于满足人民多样化需求的是私立学校，前者具有普惠性，后者具有多样性并且优质教育资源较丰富。但是我国与外国不同，我国优质资源主要集中在公立的中小学校中。因此，我国要推进教育改革，一方面促进公立学校形式的多样化发展，培养多样化人才；另一方面支持、鼓励私立学校发展，引导其保留特色，提供优质、具有选择性的教育。

第六，建立科学的公平—质量评价体系，增强衡量标准的科学性。如今政府已经重视到了教育评价的重要性以及教育评价制度的弊端。2010年颁布的《国家中长期教育改革和发展规划纲要（2010—2020年）》中提出，要加快教育质量评价改革以及人才评价制度的改革；四年后，《教育部关于全面深化课程改革落实立德树人根本任务的意见》（教基二〔2014〕4号）颁布，鼓励中小学校改变教育质量观念，采用的评价指标体系应多元化；2017年在普通高中课程标准中提出将质量标准具体到每个学科之中。但是尽管国家已经颁布了以上政策，我国单一的评价体系仍没有完全改变，需求侧的质量与供给侧的公平仍处在脱节状态。①因此，应与时俱进地更新教育观念，树立科学的教育质量观，促进教育领域的综合改革，使教育不仅"有选择"还"可选择"。另外，应在第四代评估等新方式的基础上建立多元的评价体系，赋予其人本主义的价值，使公平—质量的评价体系不仅具有评价功能还具有对公平—质量评价过程的回应能力。

---

① 杨九诠. "公平而有质量的教育"的双重结构及政策重心转移[J]. 教育研究，2018，39（11）：42-49.

参考文献

[1] Eugenio J Gonzalez, Joseph Galia, Isaac Li.Scaling Methods and Procedures for the TIMSS 2003 Mathematics and Science Scales.[EB/OL] http：//isc.bc.edu/PDF/t03_download/T03_TR_Chap11.pdf：253-273.

[2] UNICEF.Defining Quality of Education[C].Education Working Paper.Programme Division.New York.A Paper Presented by UNICEF at a Meeting of the International Working Group on Education，Florence，Italy，2000.

[3] 安富海.我国少数民族学校课程政策：历史、特点及展望[J].西北师大学报（社会科学版），2015，52（2）：88-94.

[4] 白婷.南京国民政府时期（1927—1949）西北高等学校与边疆社会关系研究[D].兰州：西北师范大学，2014.

[5] 毕正宇.教育政策执行模式研究[D].武汉：华中师范大学，2006.

[6] 蔡健.教师流动政策的取向：从"被流动"到"要流动"——基于文献的研究[J].教育学术月刊，2010（10）：47-49.

[7] 曹勇.新时代民族地区教育管理信息化发展策略探究[J].西部学刊，2020（15）：55-57.

[8] 草珺.社会主义教育公平观及其实践对策研究[D].兰州：兰州大学，2017.

[9] 常青，杨颖秀.协调性：教育政策执行不可忽略的属性[J].湖南师范大学教育科学学报，2010，9（1）：66-69.

［10］陈栋.底线与上限：论教育公平的立场、内涵和限度——兼论新教育公平的实践路径［J］.教育发展研究，2017，37（2）：32-41.

［11］陈立鹏，李娜.我国少数民族教育60年：回顾与思考［J］.民族教育研究，2010，21（1）：5-13.

［12］陈秋苹.基础教育市场化的政策反思及其展望［J］.教育发展研究，2012，32（Z2）：69-72.

［13］陈瑞生，田腾飞.基础教育质量监测对我国教育政策的启示［J］.教育导刊，2013（9）：24-26.

［14］程凤春，卫喆.再论教育质量及其衡量标准——基于ISO9000族标准的分析［J］.教育研究，2012，33（6）：56-60.

［15］褚宏启.我国基础教育行政管理体制改革30年简评［J］.中小学管理，2008（11）：4-8.

［16］崔珂琰.中国百年少数民族教科书政策研究［D］.长沙：湖南师范大学，2015.

［17］代蕊华，于璇.教育精准扶贫：困境与治理路径［J］.教育发展研究，2017（7）9-15+30.

［18］戴颖.我国教师交流政策发展与地方实施述评［J］.教育评论，2015（6）：14-16.

［19］单志艳.中小学教师培训政策的价值取向变迁——基于1986年和2011年国家关于中小学教师培训《意见》的文本分析［J］.教师教育研究，2013，25（3）：42-46.

［20］邓小平.邓小平文选第三卷［M］.北京：人民出版社，1993：120.

［21］丁红.改革开放以来我国社区教育政策发展的梳理、评析及展望［J］.教育与职业，2018（24）：66-72.

［22］丁生东.青海解放70年教育事业取得的成就及经验启示［J］.青海教育，2019（10）：6-8.

［23］杜文军，胡爱兵.新中国成立以来民族基础教育扶贫政策回顾及展望［J］.喀什大学学报，2018，39（4）：98-104.

［24］杜宇宁.改革开放40年义务教育公平政策变迁研究［D］.长春：

东北师范大学，2019.

［25］段丽华.教育公平：制度视域研究［D］.长春：东北师范大学，2015.

［26］凡勇昆，邬志辉.建国以来我国政府与学校变革关系历史嬗变［J］.现代教育管理，2012（1）：29-35.

［27］凡勇昆，邬志辉.政府与学校变革关系的类型研究［J］.现代教育管理，2014（1）：27-33.

［28］凡勇昆，邬志辉.政府与学校变革关系的三个理论问题［J］.现代教育管理，2013（3）：1-6.

［29］樊改霞，陈扬.新中国成立以来我国教育质量观的演变逻辑与价值旨趣——基于教育政策的审思［J］.教育理论与实践，2020，40（16）：10-14.

［30］范国睿，孙闻泽.改革开放40年教育体制机制改革的历史与逻辑分析［J］.教育研究，2018，39（7）：15-23+48.

［31］范国睿.教育政策词典［M］.上海：华东师范大学出版社，2017：258-260.

［32］范国睿.教育制度变革的当下史：1978—2018——基于国家视野的教育政策与法律文本分析［J］.华东师范大学学报（教育科学版），2018，36（5）：1-19+165.

［33］范文卿.县管校聘教师流动政策的实施困境与破解路径［J］.教学与管理，2020（1）：9-11.

［34］方清云.贫困文化理论对文化扶贫的启示及对策建议［J］.广西民族研究，2012（4）：158-162.

［35］傅佑全.教育扶贫是实施精准扶贫国家战略的根本保障［J］.内江师范学院学报，2016，31（5）：80-83.

［36］高鸿.甘孜藏区教育扶贫的困境与路径创新［J］.吉林省教育学院学报，2017，33（10）：120-123.

［37］高原.论隐喻形态的学生观：历史回溯与现实观照［D］.芜湖：安徽师范大学，2013.

［38］格桑达瓦.西藏日喀则地区义务教育发展与政府责任研究［D］北京：中国矿业大学，2014.

[39] 龚爱红.政府与高等学校的关系：从历史演变到未来趋势［J］.商洛学院学报，2010，24（1）：88-91.

[40] 苟芳年.西藏琼结县教育扶贫问题研究［D］.武汉：中南民族大学，2019.

[41] 古翠凤，周劲波.我国基础教育质量政策变迁的路径特征［J］.教学与管理，2008（30）：3-5.

[42] 顾明远.教育大辞典［M］.上海：上海教育出版社，1998：85.

[43] 管培俊.我国教师教育改革开放三十年的历程、成就与基本经验［J］.中国高教研究，2009（2）：3-11.

[44] 郭彩琴.教育公平论——西方教育公平理论的哲学考察［M］.徐州：中国矿业大学出版社，2004：35，192.

[45] 郭丛斌，丁小浩.教育与代际流动［M］.北京：北京大学出版社，2009：15.

[46] 郭飞君，杨清溪.改革开放以来我国教师培训政策演变的回顾与反思［J］.教育与职业，2012（21）：54-55.

[47] 郭娅娟，马宏.从"筛"到"泵"：以特色评价驱动教师专业成长［J］.中小学管理，2020（10）：24-27.

[48] 国家中长期教育改革和发展规划纲要（2010—2020年）［M］.北京：人民出版社，2010：13-14.

[49] 郝保伟.教师流动政策的合法性缺失及其重建［J］.中国教育学刊，2012（9）：5-8.

[50] 何波.论民族教育改革与发展的政策取向［J］.青海民族研究，1999（4）：80-85.

[51] 胡建华.20世纪90年代以来中日两国高等教育改革的若干比较［J］.现代大学教育，2006（3）：70-74+84.

[52] 胡锦涛在中国共产党第十八次全国代表大会上的报告［EB/OL］.（2012-11-08）.http://cpc.people.com.cn/n/2012/1118/c64094-19612151.html.

[53] 扈中平.教育目的应定位于培养"人"［J］.北京大学教育评论，2004（3）：24-29.

［54］黄东兵.全面提升西部基础教育质量，巩固脱贫攻坚成果［J］.中国科技产业，2021（3）：42-44.

［55］黄荣怀，王运武.中国教育改革40年教育信息化［M］.北京：科学出版社，2018：12.

［56］黄崴.关于政府与学校关系模式及其变革问题［J］.华南师范大学学报（社会科学版），1998（6）：46-53.

［57］江超.毛泽东民族教育思想研究［D］.湘潭：湘潭大学，2019.

［58］江泽民.在全国教育工作会议上的讲话［N］.中国教育报，1994-06-20（1）.

［59］姜丽美.多维视角下教育精准扶贫研究［J］.吉林工商学院学报，2018，34（1）：97-99.

［60］姜文阁，韩宗礼.简明教育词典［M］.西安：陕西人民出版社，1988：435.

［61］教育部 国家统计局 财政部关于2019年全国教育经费执行情况统计公告［EB/OL］.（2020-10-28）.http：//www.mof.gov.cn/zhengwuxinxi/caizhengxinwen/202011/t20201104_3616607.htm.

［62］教育部.教育部关于印发《教育信息化十年发展规划（2011—2020年）》的通知［EB/OL］.（2013-03-13）.http：//www.moe.gov.cn/srcsite/A16/s3342/201203/t20120313_133322.html.

［63］教育部.教育部印发《教育信息化十年发展规划（2011—2020年）》［J］.中国教育信息化，2012（8）：95.

［64］教育部基础教育质量监测中心网站［EB/OL］.http：//www.eachina.org.cn/introduce.php#02.

［65］教育部印发《关于在部分全国重点高等学校试办少数民族班的通知》［EB/OL］.（1980-06-21）［2015-10-1］.http：//www.seac.gov.cn/gjmw/mzjykj/2004-06-29/1194334511360349.htm.

［66］解德渤.我国公立高等学校法人制度改革研究［D］.厦门：厦门大学，2017.

［67］靳培培.教育公平与教育质量的关系析论［J］.教育导刊，2013(12)：

15-18.

［68］孔祥娟.PISA对构建我国基础教育质量监测体系的启示［J］.课程与教学，2009（7）：36.

［69］蓝洁.少数民族职业教育改革发展研究［D］.天津：天津大学，2014.

［70］劳凯声.中国教育改革30年［M］.北京：北京师范大学出版社，2009：165.

［71］劳凯声.中国教育改革30年［M］.北京：北京师范大学出版社，2009：175.

［72］李锋."获得感"提升视角下民族贫困地区教育扶贫的困境与出路［J］.民族论坛，2017（3）：100-104.

［73］李广来.改革开放以来我国教育法制建设的回顾与思考［D］.青岛：中国海洋大学，2006.

［74］李海萍.改革开放40年中国基础教育公平政策的推进策略与演进逻辑［J］.全球教育展望，2019，48（7）：72-86.

［75］李吉和，王希隆.甘肃保安族教育发展中存在的问题及对策［J］.中央民族大学学报（哲学社会科学版），2002，29（5）：102-107.

［76］李佳霖.改革开放40年我国高等教育教学政策的变迁与展望［J］.武汉交通职业学院学报，2018，20（4）：1-7+15.

［77］李建忠，刘松年.从教育政策的演进看我国的教育公平［J］.教育财会研究，2009，20（1）：10-15.

［78］李建忠.欧盟教育质量监测的指标和基准［J］.比较教育研究，2009，31（10）：21-26.

［79］李菊兰.非政府组织扶贫模式研究［D］.咸阳：西北农林科技大学，2008.

［80］李凯，吴霓.西藏教育扶贫的现状、问题及其对策［J］.西藏教育，2018（3）：13-16.

［81］李倩.和田市教育扶贫研究［D］.乌鲁木齐：新疆农业大学，2012.

［82］李蓉蓉，李桂.如何全面推进教育扶贫——少数民族地区的教育扶

贫工作[J].山西财税,2017(12):45-46.

[83]李兴洲.公平正义:教育扶贫的价值追求[J].民族研究,2017,38(3):31-37.

[84]李亚楠.从"成事"到"成人":我国教育信息化政策的价值走向新趋势[J].教育理论与实践,2016,36(31):21-25.

[85]联合国教科文组织.教学与学习——全民教育全球监测报告(2013-2014)[M].北京:教育科学出版社,2014:144.

[86]廉维亮.民建中央呼吁实现贫困地区同步小康[N].人民政协报,2015-03-20(4).

[87]梁存翊,彭志荣.新形势下教育精准扶贫路径探索——以广西壮族自治区为例[J].广西青年干部学院学报,2017,27(4):74-77.

[88]廖湘阳.改革开放以来我国高等教育管理改革政策文本分析[J].现代教育科学,2002(3):44-46.

[89]廖艳辉,王强.基础教育阶段教师素养自我评价指标体系研究[J].教学与管理,2016(9):115-117.

[90]林乘东.教育扶贫论[J].民族研究,1997(3):43-52.

[91]刘复兴.教育政策的价值分析[M].北京:教育科学出版社,2003:55.

[92]刘复兴.教育政策的价值分析[M]北京:教育科学出版社,2003:62.

[93]刘冠男.吉林省贫困地区教育扶贫问题研究[D].吉林大学,长春:2016.

[94]刘维忠.云南山区"开发式"扶贫模式与对策研究[D].乌鲁木齐:新疆农业大学,2010.

[95]刘垚玥.对我国基础教育信息化政策的梳理与思考[J].教育理论与实践,2016,36(4):30-33.

[96]刘永功.参与式扶贫规划与项目管理[M].北京:中国农业大学出版社,2007.

[97]刘勇.历史嬗变与现代蝶变——贵州民族教育六十年发展研究[M].

成都：电子科技大学出版社，2011.

[98] 龙宇晓.中国民族教育政策法规汇编［M］.北京：知识产权出版社，2017：174.

[99] 卢俊勇，陶青.对教师流动制的原理与问题分析［J］.现代教育管理，2011（4）：102-105.

[100] 罗必良.从贫困走向富饶［M］.重庆：重庆出版社，1991.

[101] 罗玉珍.教育公平视角下的少数民族教育优惠政策［D］.西南政法大学，2009.

[102] 吕学芳.民族地区扶贫对象依赖心理的主观成因探析［J］.吉首大学学报（社会科学版），2001（2）：55-59.

[103] 马晓瑞.论高校少数民族优惠政策的完善［D］.华中师范大学，2014.

[104] 苗耀祥.我国高等教育质量保证政策研究［D］.东北大学，2015.

[105] 南方周末.全国政协委员王平："不要鼓励农村孩子上大学"［EB/OL］.（2011-03-17）.http://www.infzm.com/content/56057.

[106] 聂竹明.区域基础教育信息化均衡发展政策供给探析——基于资源经济学视角［J］.中国教育信息化，2017（9）：83-86.

[107] 潘启富.中国民族地区教育行政制度研究［D］.中央民族大学，2006.

[108] 潘瑞萍.精准扶贫：边疆民族地区农村职业教育发展新路径［J］.河北大学成人教育学院学报，2017，19（3）：74-78.

[109] 庞丽娟，杨小敏，金志峰.乡村教师职称评聘的困境、影响与政策应对［J］.教师教育研究，2019，31（1）：31-36.

[110] 蒲蕊.政府与学校关系重建：一种制度分析的视角［J］.教育研究，2009，30（3）：81-85.

[111] 秦瑞芳，闫翅鲲."共生"视角下的农村教育扶贫路径探讨［J］.教学与管理，2011（8）：16-17.

[112] 瞿振元.素质教育：当代中国教育改革发展的战略主题［J］.中国高教研究，2015（5）：1-6.

［113］全敏.新自由主义视角下我国义务教育阶段政府与学校关系的转变研究［D］.海口海南师范大学，2016.

［114］仁青才让.浅谈青海贫困牧区基础教育发展的分析及对策［J］.中国教育研究论丛，2009：70-71.

［115］任胜洪，黄欢.乡村教师政策70年：历程回顾与问题反思［J］.吉首大学学报（社会科学版），2019，40（6）：41-50.

［116］润洲.我国现阶段教育公平问题的理论探讨［D］.曲阜：曲阜师范大学，2002.

［117］沈淳德.基础教育质量标准："双基"还是"双高"［J］.教育科学研究，2011（7）：1.

［118］沈红.中国历史上少数民族人口的边缘化——少数民族贫困历史的透视［J］.西北民族学院学报（哲学社会科学版），1995（2）：53-60.

［119］沈红.中国贫困研究的社会学评述［J］.社会学研究，2000（2）：91-103.

［120］沈南山.基础教育质量监测：学业评价制度分析视角［J］.教育科学研究，2010（7）：37-40.

［121］石玉昌.西部地区教育公平70年："要上学"与"上好学"［J］.西南大学学报（社会科学版），2019，45（6）：20-28+201.

［122］石中英.教育公平政策终极价值指向反思［J］.探索与争鸣，2015（5）：4-6.

［123］司成勇，李雨霜.基础教育质量观"三问"［J］.教育科学研究，2019（4）：5-9.

［124］司树杰，王文静，李兴洲.中国教育扶贫报告［R］.

［125］苏德，薛寒.我国民族高等教育政策的历史演进与逻辑透视［J］.贵州民族研究，2020，41（5）：155-161.

［126］苏霍姆林斯基.给教师的建议（上）［M］.北京：科学教育出版社，1980：151.

［127］苏启敏.中小学教育质量观：误区、反思与重构［J］.中国教育学刊，2017（1）：3-9.

[128] 孙刚成, 吴锐. 基于中国知网文献分析的教育扶贫研究热点与前沿 [J]. 当代教育论坛, 2020 (3): 20-32.

[129] 孙华. 关于我国民族地区教育扶贫攻坚的梯度思考 [J]. 黑龙江民族丛刊, 2013 (3).

[130] 孙华. 关于我国民族地区教育扶贫攻坚的梯度思考 [J]. 黑龙江民族丛刊, 2013 (3): 174-178.

[131] 孙锦涛. 教育政策论 [M] 武汉: 华中师范大学出版社, 2002: 216.

[132] 孙孔懿. 素质教育概论 [M]. 北京: 人民教育出版社, 2001: 9.

[133] 谈松华. 有质量的公平须正视个体差异 [N]. 中国教育报, 2016-03-04 (5).

[134] 唐圣权. 将PISA应用于我国义务教育质量监测不可无视的两个问题 [J]. 广西师范大学学报 (哲学社会科学版), 2012, 48 (1): 106-108.

[135] 唐智彬, 刘青. "精准扶贫"与发展定向农村职业教育——基于湖南武陵山片区的思考 [J]. 教育发展研究, 2016 (7): 79-84.

[136] 陶惠施. 十六大以来我国基础教育公平政策研究 [D]. 长沙: 湖南师范大学, 2016.

[137] 滕星, 杨红. 西方低学业成就归因理论的本土化阐释——山区拉祜族教育人类学田野工作 [J]. 广西民族学院学报 (哲学社会科学版), 2004, 26 (3): 2-17.

[138] 田娟, 孙振东. 改革开放40年我国基础教育质量观的演进与反思——基于国家教育政策文本的分析 [J]. 现代教育管理, 2018 (11): 19-25.

[139] 同心同行70载 改革创新铸辉煌——青海高等教育改革发展与成就 [J]. 青海教育, 2019, (Z2): 9-10.

[140] 汪三贵, 曾小溪. 后2020贫困问题初探 [J]. 河海大学学报 (哲学社会科学版), 2018, 20 (2): 7-13.

[141] 王本陆. 面向二十一世纪的学生观 [J]. 学前教育研究, 2000 (1): 76.

[142] 王超, 乔德军, 陈超. 大数据时代下高校教育管理信息化创新发展路径[J]. 佳木斯职业学院报, 2021, 37 (4): 113-114.

[143] 王国玲. 青海贫困地区教育扶贫问题探析[J]. 攀登, 1998 (4): 77-80.

[144] 王国明. 从"培养目标"到"质量目标"——"教育质量"观发展演变的一种趋势[J]. 当代教育科学, 2012 (19): 38-40.

[145] 王国平. 教育公平与优质教育研究[M]. 杭州: 杭州出版社, 2013: 601.

[146] 王嘉毅, 封清云, 张金. 教育与精准扶贫精准脱贫[J]. 教育研究, 2016 (7): 12-21.

[147] 王晋. 论政府和学校的关系[J]. 现代教育论丛, 2016 (5): 8-12.

[148] 王敏捷. 中国共产党百年民族教育思想发展研究[D]. 西安: 陕西师范大学, 2019.

[149] 王世忠. 关于教育政策执行的涵义、特征及其功能的探讨[J]. 培训与研究(湖北教育学院学报), 2001 (1): 64-68.

[150] 王小强, 白南风. 富饶的贫困——中国落后地区的经济考察[M]. 成都: 四川人民出版社, 1986: 56-62.

[151] 王勇鹏. 教育公平观: 问题和对策[J]. 教育发展研究, 2006 (10): 44-49.

[152] 王瑜, 叶雨欣. 多源流理论视角下我国教育扶贫政策的变迁分析[J]. 当代教育论坛, 2020 (6): 19-27.

[153] 王振岭, 丁生东. 青海藏族地区基础教育发展的背景、现状及对策[J]. 民族教育研究, 2007 (1): 66-72.

[154] 魏宏聚. 教育质量观的内涵、演进与启示[J]. 教育研究与评论(中学教育教学), 2010 (7): 91-92.

[155] 吴回生. 学校权力与学生权利问题探析[J]. 教育研究, 2012 (5): 36-41.

[156] 吴理财. 论贫困文化(上)[J]. 社会, 2001 (8): 17-20.

[157] 吴明海. 中国少数民族教育史教程[M]. 北京: 中央民族大学出

版社，2006：366-367.

[158] 吴霓，等.中国民族教育发展报告2012[R].北京：科学教育出版社，2013：55.

[159] 吴霓.教育扶贫是实现民族地区精准扶贫的根本措施[J].当代教育与文化，2017（6）：1-5.

[160] 武彦民，李明雨.关于财政分配对教育公平基础性作用的实证分析[J].现代财经，2010（2）：3-9.

[161] 武雨晴.新世纪我国教育信息化政策结构分析研究[D].保定：河北大学，2020.

[162] 习近平.决胜全面建成小康社会 夺取新时代中国特色社会主义伟大胜利——在中国共产党第十九次全国代表大会上的报告[M].北京：人民出版社，2017.

[163] 黎攀，罗猛，魏恒.习近平总书记参加广西代表团审议侧记[EB/OL]（2015-03-09）.http：//cpc.people.com.cn/n/2015/0309/c64094-26662156.html.

[164] 夏仕武，姚计海.试点区县义务教育学校教师流动政策实施的实证研究[J].教师教育研究，2016，28（3）：36-42.

[165] 肖军虎，张艳茹，王静静.中小学教师培训政策实施存在的问题及对策——以山西省为例[J].教育理论与实践，2018，38（19）：32-35.

[166] 谢君君.教育扶贫研究述评[J].复旦教育论坛，2012（3）：66-71.

[167] 谢敏.推进边疆民族地区教育精准扶贫研究的思考[J].郑州铁路职业技术学院学报，2017（2）：85-87.

[168] 谢尚果，胡美术.少数民族地区精准扶贫问题研究[J].学术论坛，2016（9）：118-123.

[169] 谢延龙，李爱华.我国教师流动政策：困境与突破[J].当代教育与文化，2013，5（5）：88-92.

[170] 徐今雅.论新时期中国教师培训政策体系的构建[J].教育探索，2005（5）：113-114.

[171] 薛二勇，傅王倩.新时代教育改革的战略规划与顶层设计——全国

教育大会的思想、形势、战略与政策分析［J］．河南大学学报（社会科学版），2019，59（1）：11-22．

［172］薛二勇．论教育公平发展的财政政策创新——基于美国的政策分析［J］．教育研究，2011（10）：95-100．

［173］薛继红，张俊友．基础教育质量观的哲学转向——价值论的视角［J］．教育理论与实践，2019，39（16）：8-11．

［174］牙祖元．少数民族地区教育扶贫攻坚的思考［J］．当代广西，2017（11）：43．

［175］严明．区域教育质量监测的实践研究［J］上海教育科研,2014(10)：10-14．

［176］严庆．注重教育在民族地区扶贫工作中的独特作用［N］．中国民族报，2017-04-21（7）．

［177］严万跃．论现代教育的扶贫功能［J］．深圳职业技术学院学报，2006（4）：77-80．

［178］杨九诠．"公平而有质量的教育"的双重结构及政策重心转移［J］．教育研究，2018，39（11）：42-49．

［179］杨军．统筹规划 推进民族地区义务教育均衡发展［J］．中国民族教育，2010（4）：7-9．

［180］杨通知，田海洋．习近平时代学生观探究［J］．继续教育研究，2019（2）：17-20．

［181］杨尊伟．改革开放40年我国高等教育管理体制改革的回顾与前瞻［J］．河北师范大学学报（教育科学版），2018，20（5）：13-19．

［182］姚俊英：论民族地区发展有效教育的必要性［J］．民族教育研究．1996（1）：15-19．

［183］叶忠．学校与政府关系的转型：从国家管理到公共治理［J］．教育科学研究，2009（8）：24-27．

［184］易帆．学生参与高校教学管理工作的研究文献综述——以生为本理念下［J］．学理论，2014（11）：243-244．

［185］尹力．致力于更加公平的教育：义务教育政策三十年——基于改

革开放30年义务教育政策与法制建设的思考［J］.清华大学教育研究，2008，29（6）：43-49+73.

［186］余雅风，蔡海龙等著.中国教育改革开放40年政策与法律卷［M］.北京：北京师范大学出版社，2019：259.

［187］袁振国.教育政策学［M］.南京：江苏教育出版社，2001：321.

［188］臧涵，王晋.义务教育阶段教师流动政策的发展历程与完善策略探究［J］.当代教师教育，2018，11（1）：50-54.

［189］张继平.高质量高等教育公平的主要特点及实现机制［J］.高等教育研究，2016，37（2）：13-18.

［190］张澧生.社会资源禀赋视域下湘西教育精准扶贫路径研究［M］.北京：北京理工大学出版社，2017：6.

［191］张立伟.什么是法治思维和法治方式［N］.学习时报，2014-03-31（A5）.

［192］张灵.教师流动政策的执行路径冲突及其非均衡效应［J］.教育发展研究，2016，36（Z2）：19-23.

［193］张裴.中国特色社会主义教育政策的演变研究［D］.兰州：兰州交通大学，2020.

［194］张善鑫.民族教育发展：优惠政策、经验与展望——新中国民族教育发展回顾［J］.民族教育研究，2009，（5）：5-10.

［195］张艳红.青海基础教育发展的现状与对策［J］.攀登，2007（5）：76-78.

［196］赵春娥.近代青海教育考析（1912—1945年）［D］.武汉：武汉大学，2013.

［197］赵靖茹.我国藏族的民族教育政策研究［D］.上海：复旦大学，2012.

［198］赵连根.对义务教育价值取向与质量标准的再认识［J］.教育发展研究，2003（Z1）：112-115.

［199］赵小荣.学生观的历史演进及其对教学的启示［D］.兰州：西北师范大学，2005.

［200］郑浩瑜.论拉丁美洲国家教育扶贫政策在消除贫困代际传递中的作

用［J］.山东社会科学,2016（4）:171-175.

［201］郑巧.效率 素质 公平——改革开放以来基础教育政策话语的变迁［D］.上海:华东师范大学,2009.

［202］中共中央国务院关于深化教育改革,全面推进素质教育的决定［EB/OL］.（1999-06-13）.http://www.moe.gov.cn/jyb_sjzl/moe_177/tnull_2478.html.

［203］中共中央关于全面深化改革若干重大问题的决定［EB/OL］.（2003-11-15）.http://cpc.people.com.cn/n/2013/1115/c64094-23559163.html.

［204］中共中央,国务院.中国教育改革和发展纲要［J］.中国高等教育,1993（4）:8-17.

［205］国务院.国务院批转教育部2003—2007年教育振兴行动计划的通知［EB/OL］.（2004-03-03）.http://www.gov.cn/gongbao/content/2004/content_62725.htm.

［206］钟慧笑.教育扶贫是最有效最直接的精准扶贫——访中国教育学会会长钟秉林［J］.中国民族教育,2016（5）:22-24.

［207］仲米领.城乡义务教育教师流动政策常规变迁的问题研究［J］.教师教育研究,2020,32（6）:54-59.

［208］周兰领.论政府与公立学校的行政法律关系［D］.北京:中国政法大学,2007.

［209］周薇.教育信息化进程中的基础设施发展战略［J］.文化创新比较研究,2019,3（2）:192-194.

［210］周学桃.谈少数民族贫困地区教育扶贫与教师队伍建设［J］.民族教育研究,2002（3）:65-68.

［211］周作宇.论教育质量观［J］.教育科学研究,2010（12）:27-32.

［212］朱金花.教育公平:政策的视角［D］.长春:吉林大学,2005.

［213］余瑞冬.朱镕基十届人大一次会议上所作政府工作报告全文［EB/OL］.（2003-03-19）http://www.chinanews.com/n/2003-03-19/26/284397.html.

［214］朱之文.扎实推进教育脱贫着 力阻断贫困代际传递［J］.行政管理改革,2016（7）:4-10.